中国优秀传统文化的传承发展研究

丛树娟　杨　光　刘翠玉◎著

线装書局

图书在版编目（ＣＩＰ）数据

中国优秀传统文化的传承发展研究 / 丛树娟，杨光，
刘翠玉著. -- 北京 ：线装书局，2023.7
　　ISBN 978-7-5120-5416-5

　　Ⅰ．①中… Ⅱ．①丛… ②杨… ③刘… Ⅲ．①中华文
化－研究 Ⅳ．①K203

中国国家版本馆CIP数据核字(2023)第055774号

中国优秀传统文化的传承发展研究

ZHONGGUO YOUXIU CHUANTONG WENHUA DE CHUANCHENG FAZHAN YANJIU

作　　者：丛树娟　杨　光　刘翠玉
责任编辑：白　晨
出版发行：线装書局
　　　　地　址：北京市丰台区方庄日月天地大厦 B 座 17 层（100078）
　　　　电　话：010-58077126（发行部）010-58076938（总编室）
　　　　网　址：www.zgxzsj.com
经　　销：新华书店
印　　制：三河市腾飞印务有限公司
开　　本：787mm×1092mm　　　　1/16
印　　张：10
字　　数：240 千字
印　　次：2024 年 7 月第 1 版第 1 次印刷

线装书局官方微信

定　　价：58.00 元

前　言

　　文化是国家的精神信仰，也是民族的灵魂。中国优秀传统文化是推进国家精神文明建设的不竭动力，更是提升国民文化自信的精神源泉。面对中国优秀传统文化，我们应该积极传承，进而挖掘优秀传统文化的当代价值，本书通过研究中国优秀传统文化中蕴含着的丰富思想进而详细论述中国优秀传统文化的传承与发展，将之融入到社会主义精神文明建设实践中，让优秀传统文化得以健康、科学、可持续发展。

　　本书在内容的安排上共分为六章，第一章内容概述了中国优秀传统文化的基本概念，主要从广义文化与狭义文化两个角度介绍中国优秀传统文化的内涵与思想；第二章内容研究了中国优秀传统文化的精神与观念，论述了我们民族坚韧不拔、永远进取的精神特征；第三章内容研究了中国优秀传统文化的载体，具体分析了优秀传统文化中的语言文字、文房四宝、文化典籍等相关内容；第四章内容探究了在悠久的中华文明进程中，中国优秀传统礼仪文化的发展与完善；第五章研究了中国优秀传统文化传承与发展的作用，重点论述了中国优秀传统文化融入教育改革的作用以及中国优秀传统文化带动文化产业的发展；第六章研究了完善中国优秀传统文化的传承机制与对策。

　　中华优秀传统文化是中华民族的文化根脉，是人类命运共同体思想形成的文化本源。理清中华优秀传统文化的发展，正确把握文化内涵，推动中华文化走出去，对共建人类美好未来都具有重大的理论意义和现实价值。

　　本书在撰写过程中，作者查阅了大量资料，参考、借鉴了有关专家、学者的学术书籍，在此表示诚挚的谢意。由于作者水平有限，书中难免存在疏漏与不妥之处，欢迎广大读者给予批评指正！

目　录

第一章　中国优秀传统文化概述

第一节　优秀传统文化的内涵

一、中国传统文化的概念

文化是一个包含多层次多方面内容的统一体系，主要从广义文化与狭义文化两个角度考虑。广义文化一般指人类在历史发展过程中各种活动方式以及由人类活动创造的物质财富、精神财富及其他一切成果的总和。广义文化体系复杂，分析其内在逻辑结构和层次时一般将广义文化分为物质文化、精神文化、行为文化、制度文化四个层次。物质文化多指人类物质生产方式及其劳动产品的总和，主要满足人类衣、食、住、行等生存需要。精神文化指人类在长期社会实践中形成于物质形态之上的思想观念等精神成果的总和，包含文学艺术与思想观念等。制度文化多指人类在社会实践活动中建立的社会规范的总和，包括经济、政治、宗教等制度与组织形式。行为文化多指人类交往中形成的风俗习惯等。广义文化的四个方面相互联系，体现了人与自然、人与社会、人与自身等多重关系。狭义文化主要指精神文化。本书主要针对狭义文化中观念形态文化进行研究，以正确地继承中国传统文化的精华，批判其糟粕。

中国传统文化，就是指有中国特点的传统文化。"中国"突出了文化具有的民族属性，体现了中华民族的创造性。"传统文化"则体现文化的历史继承性。中国传统文化的定义，学术界有多种理解。顾冠华指出，中国传统文化主要是指中国几千年文明发展过程中在特定的自然环境、经济形式、政治结构、意识形态作用下形成的积累和流传下来并且至今仍在影响着当代文化的"活"的中国古代文化；有的学者认为，中国传统文化是从过去发展起来的文化，是现代文化的反映；还有的学者认为，中国传统文化是存在于民族土壤中的稳定的东西，但又是动态的过去与现在的交融，渗入了各个不同时代的新思想、新血液。笔者认为，中国传统文化主要指中华民族在历史发展过程中传承下来的、能够影响整个社会的、具有相对稳定性的精神成果的总和。

二、中国传统文化的基本特征

中国传统文化源远流长，博大精深，与西方文化形成了比较鲜明的对照。中国传统文化不仅铸造了伟大的中华民族，并在世界范围内产生了深远的影响，推动了人类文明的不断进步。

（一）刚健有为

中华民族在人类的发展史上谱写了灿烂的篇章，创造了辉煌的文化，这与中华民族"刚健有为"的民族精神是密不可分的。《易传》云"天行健，君子以自强不息"，就是要求有志向、有作为的人像自然的变化发展一样，生生不息，永远向前。世界是不断发展的，人类是不断进步的，刚健有为、自强不息是人类前进的动力。中国的哲人早在2000多年前，对此已做出了精辟的论述。《中庸》云："天地之无不持载，无不覆帱，譬如四时之错行，如日月之代明，万物并育而不相害，道并行而不相悖，小德川流，大德敦化，此天地之所以为大也。"《墨子·法仪》云："天之行广而无私，其施厚而不德，其明久而不衰，故圣王法之。"这些哲人从自然规律的角度探讨人生精神，为中国文化注入了勃勃生机。人类在与自然界的矛盾斗争中不断发展进步，人类时时被自然界所制约，人类又时时在改造着自然界，人类对自然界认识的不断加深，就是人类对自身命运的进一步把握。从这个意义上讲，刚健有为正是中华民族完善生命、把握自身、百折不挠、自强不息的力量源泉。中华民族很早就已进入了比较发达的农业社会，中国传统文化也就必然深深烙上农业文明的印迹。在农业社会中尤其是在生产力还很落后的情况下，人类在与自然界的斗争中是处于弱小地位的。正是这种弱小与强大的斗争，使中华民族更崇尚自强不息的精神，因此，在中国的古代传说中，不停地讴歌着夸父逐日、精卫填海、愚公移山这些明知不可为而为之的英雄。

（二）中庸平和

"中庸""平和"思想，是中国传统文化的重要内容。儒家经典之中，《中庸》位列四书，处于重要地位。《中庸》开宗明义，在第一章中就讲道："天命之谓性，率性之谓道，修道之谓教。道也者，不可须臾离也；可离，非道也。是故君子戒慎乎其所不睹，恐惧乎其所不闻，莫见乎隐，莫显乎微，故君子慎其独也。喜怒哀乐之未发，谓之中；发而皆中节，谓之和。中也者，天下之大本也；和也者，天下之达道也。致中和，天地位焉，万物育焉。"

（三）天人协调

天地苍茫，星河浩瀚，古往今来的人们置身宇宙之中，无时无刻不在探索着人与自然的关系。在天人的关系上，中国传统文化与其他文化有着根本的差异。"天人合一"是中国传统文化中一个重要命题。

在中国文化中，对天的认识和思考决定了中国人的人生方向。郭象云："天者，万物之总名。"（《庄子·齐物论注》）就是中国古代对天的认识的高度概括。中国古人认为，天是万事万物的根源，天是万事万物的总和，天道是宇宙万物的法则，更是人生应该遵循的必然规律。《易传》曰："古者庖牺氏之王天下也，仰则观象于天，俯则观法于地，观鸟兽之文与地之宜，近取诸身，远取诸物，于是始作八卦，以通神明之德，以类万物之情。"《易传》总结的就是中国古人对自然界的认识过程，剥去其神秘的面纱，其实是人类探索自然规律、遵循自然规律的力证。在这个探索中，天被神秘化了，天成为囊括一切、昭示一切、主宰一切的本源。这在《易传》其他章句中可以充分证明。

随着人们对天的认识的不断加深，人们对人与天的关系如何定位提出了各种理论。如儒家的"唯天为大，唯尧则之"（《论语·泰伯》）。道家的"天地与我并生，万物与我为一"（《庄子·齐物论》）。荀子的"天人有分"、刘禹锡的"天人相胜"等。但在中国文化的主流上，人们对天人关系的定位是"天人合一"。

至汉儒董仲舒时代，"天人合一"的思想被体系化了。董仲舒从形体方面入手，以阴阳五行学说糅入儒家思想，提出了"天人相类"的理论。

（四）道德本位

中国的传统社会是一个泛道德主义的社会，中国的传统文化是一种道德本位的文化。在这个历史和社会中，任何个人的言行都要受到道德价值的制约与评价。从帝王以至庶民，都有一套道德体系约束着。每个人的社会活动本身就是一种道德实践。因此，从这个意义上说，中国传统文化的价值系统是以道德价值为核心的，由此引发其他一切判断。正如儒家经典《大学》所讲："大学之道，在明明德，在亲民，在止于至善。""自天子以至于庶人，壹是皆以修身为本。"中国传统文化对整个社会个体的要求就是每个人都遵守自己所应遵守的道德规范，每个人都全身心地去实现自己的道德价值。孔子曾经讲："君子怀德，小人怀土；君子怀刑，小人怀惠。"（《论语·里仁》）所谓君子，就是指品质优秀、道德高尚的人，他们应该时时谨守道德规范，关心国家的典章制度，依法度行事，须臾不可放松自己的言行；而作为与君子相对照的小人，则念念不忘的是自己的生活处境，只顾获取个人的小利。孔子举出正反两个方面的例子，正是为了鞭策人们时时以君子为榜样，以道德礼法约束自己，从而使整个社会和谐稳定，不断发展。中国传统文化长期受道德本位影响，使中国社会政治表现为伦理政治的特色，道德价值表现在社会的各个方面。

第二节　优秀传统文化的思想

一、儒家思想

儒家思想是中国传统文化的主体，对中华民族乃至世界的发展产生过深远的影响，但儒家思想的主体地位并不是开始就有的，它的形成、发展、兴盛和衰落反映着历史发展的规律，与中国封建社会的兴亡息息相关。

（一）儒家的产生

探讨儒学的产生和发展，首先要面对儒的问题。究竟什么是儒，关系到儒学的性质，我们可以大体进行一下考证。

东汉许慎云："儒，柔也，术士之称。从人需声。"（《说文解字·人部》）东汉郑玄云："《儒行》者，以其记有道德者所行也。儒之言优也，柔也；能安人，能服人。又，儒者，儒也，以先王之道，能儒其身。"（《礼记·儒行》之《正义》引郑玄《目录》）

西汉扬雄云："通天地人曰儒，通天地而不通人，曰伎。"（《法言·君子》）西汉韩婴云："儒者，儒也。儒之为言无也。不易之术也。"（《韩诗外传·卷五》）

东汉应劭云："儒者，区也，言其区别古今。居则玩圣哲之词，动则行典籍之道。稽先王之制，立当时之事，此通儒也。若能纳而不能出，能言而不能行，讲诵而已，无能往来，此俗儒也。"（《后汉书·杜林伟》注引《风俗通》）

《周礼·天官》云："儒以道得民。"郑玄注曰："儒，诸侯保氏有六艺以教民者。"贾公彦疏曰："诸侯师氏之下又置一保氏之官，不与天子保氏同名，故号曰儒。"

由以上关于"儒"的记载和训诂我们可以看出，无论解释为柔、优还是儒，儒都是一种具有特殊行为方式或品格倾向的人。这种人最初是与"方士""伎"联系在一起的。儒的产生是早于儒家学派的，而且儒家学派建立之后，也有些方士虽不是儒者却照样称儒。儒作为一类人究竟是怎样出现的，不同学者有不同看法。胡适认为儒最初是殷民族的教士；冯友兰认为儒不与殷民族有关；郭沫若则说儒本来是邹鲁之士缙绅先生们的专号。总之，最初的儒应是有知识、懂礼仪、具有独立人格的一些知识分子，他们在春秋战国奴隶制度土崩瓦解的过程中发展成为一个特殊群体，他们凭借自身的知识，依托于各诸侯、大夫为生计。

现代意义上的儒是孔子建立儒家学派以后产生的。儒家作为一个独立的学派，在太史《史记》中始有评论。《史记·太史公自序》载："儒者博而寡要，劳而少功，是以其事难尽从。然其序君臣父子之礼，列夫妇长幼之别，不可易也。""夫儒者以六艺为法。六艺经传以千万数，累世不能通其学，当年不能究其礼，故曰博而寡要，劳而少功。若夫列君臣父子之礼，序夫妇长幼之别，虽百家弗能易也。"

后来班固在《汉书》中又把儒家列为诸子之首，言曰："儒家者流，盖出司徒之官，助人君顺阴阳明教化者也。游文于《六经》之中，留意于仁义之际，祖述尧舜，宪章文武，宗师仲尼，以重其言，于道最为高。"（《汉书·艺文志》）

这段话全面说明了儒家学派的来历、宗旨、始祖、宗师、经典以及影响。

（二）孔子及其思想

1. 孔子的家世与生平

孔子，名丘，字仲尼，春秋鲁昌平乡陬邑（今山东曲阜东南）人。生于鲁襄公二十二年（前551年，周灵王二十一年），死于鲁哀公十六年（前479年，周敬王四十一年），享年73岁。

孔子的先人，为宋国贵族，是殷商后代，时人孟釐子曾说："孔丘，圣人之后，灭于宋。"（《史记·孔子世家》）服虔曰："圣人谓商汤。"杜预曰："孔子六世祖孔父嘉为宋华督所杀，其子奔鲁也。"（《史记·孔子世家》）始居鲁者，为孔子五世祖。孔父嘉之前为史籍所称道尚有二人：十世祖弗父何，本宋湣长子，当继嗣有国，以让国于弟鲋祀（宋厉公），声誉大振，世为宋大夫。七世祖正考父，佐宋之戴、武、宣三公，愈受命而愈恭谨，故考父庙之鼎铭云："一命而偻，再命而伛，三命而俯，循墙而走，亦莫余敢侮。"（《左传》昭公七年）偻、伛、俯，其愈恭敬，人亦愈尊重。及居鲁后，孔子之父叔梁纥曾以战功显，因先妻所生九人皆女，妾生子孟皮又有足疾，故晚年乃娶颜氏女徵在为妻，而生孔子。叔梁纥与徵在年龄悬殊，婚时纥或在64岁之后，有违于礼仪，故《史记》称"纥与颜氏女野合而生孔子"。

孔子生3岁叔梁纥死，自幼全靠母徵在哺育教养。"孔子为儿嬉戏，常陈俎豆，设礼容。"（《史记·孔子世家》）孔子自言："吾少也贱，故多能鄙事。"（《论语·子罕》）在孤儿寡母的艰辛生活之中，孔子奋力自学的情景是不难想象的。"吾十有五而志于学"（《论语·为政》），17岁时就颇以"知礼"而闻名，是年，鲁大夫孟釐子将死，即告诫其子："今孔丘年少好礼……若必师之。"（《史记·孔子世家》），一说此事当在孔子24岁之时（清崔述《洙泗考信录》卷一），其时，孔子母亲亦死，尚未弱冠的孔子便开始了独立谋生的生活。"及长，尝为季氏史（吏），料量平；尝以司职吏而畜蕃息。"（清崔述《洙泗考信录》卷一）此即《孟子》所讲"委吏"与"乘田"，为季氏管理仓库账目与牛羊。大约自此之后，孔子曾去鲁，之齐逐乎宋、卫，困于陈蔡，返鲁，适周问礼等，一直到孔子50岁时，由于史传记载甚少，难以确系其事。鲁定公九年，孔子51岁，"定公以孔子为中都宰（中都县长），一年，四方皆则之。由都宰为司空，由司空为大司寇"。定公十年，孔子参与了齐鲁"夹谷之会"，表现了相当的胆识与外交才能。十三年夏，孔子提出"臣无藏甲，大夫毋百雉之城"的建议，并策划实施"堕三都"的活动。"定公十四年，孔子年五十六，由大司寇行摄相事"，"与闻国政三月，粥羔豚者弗饰贾，男女行者别于涂，涂不拾遗"（《史记·孔子世家》），由于"堕三都"受阻，内政已颇有危机，又值齐国以"女乐文马"腐蚀鲁国国君，使鲁君"往观终日，怠于政事"。既然道不得行，孔子只好出走，周游列国，开始了长达14年的游荡生活。"孔子之去鲁凡十四岁而反乎鲁"，"然鲁终不能用孔子，孔子亦不求仕"（《史记·孔子世家》）。此后，孔子即把主要精力用于古代典籍的整理工作，直至终老。

2. 孔子思想体系的核心"仁"

孔子作为中国儒家学派的奠基人，首先就在于思想体系的奠基。就是说，儒家学派的一系列思想学说，均以孔子的思想学说为根基和源头。孔子既开创了儒家学派，又是儒学的第一位大师，是"儒之所至"或"至圣"；而后世儒者，多数不能直接受教于孔子，其间私淑传承的纽带就是思想学说的联系。仁，是孔子及儒家思想学说最基本的范畴之一。近代多数学者认为，孔子思想体系的核心就是仁，这是符合实际的。《吕氏春秋·不二》篇曾以一字列举春秋战国时期十家之所贵，其中孔子即为"贵仁"。《庄子·天道》载老聃问孔子学说之"要"，孔子答曰："要在仁义。"《尸子·广泽》言"孔子贵公"，"公"字所指，亦为人际关系的平等，无偏无私，实亦"仁"也。说孔子思想体系的核心是仁，表明孔子思想的各个组成部分正是环绕于"仁"而形成一个整体。

"仁"字在《论语》中出现百次以上，其含义宽泛而多变。每一次仁的用法和用意都各有不同，但从整体上来看，孔子的仁学思想是一个由近及远的四重结构，而这四重结构又互有交叉渗透。孔子的仁学思想在中国传统文化中处于极其重要的地位。

（三）董仲舒及其思想

1. 董仲舒的生平

董仲舒，广川（今河北枣强县东北广川镇）人。据清人苏舆推算，约生于汉文帝前元年（前179年），卒于汉武帝太初元年（前104年）。少治《春秋》，孝景时为博士。尝"下帷讲诵，弟子传以久次相授业，或莫见其面。盖三年不窥园"（《汉书·董仲舒传》）。"仲舒治学，精思专一，志无他顾。故菜园虽在门庭，亦无暇窥视。或曰，仲舒尝乘马，而不觉其牝牡，亦言其志在经书。"（见《太平御览》八百四十引邹子语）此人品格，亦很受称道："进退容止，非礼不行，学士皆师尊之。"（《汉书·董仲舒传》）武帝征贤良对策，颇得赏识，"天子以仲舒为江都相，事易王"。易王虽骄悍好勇，仲舒亦能"以礼谊匡正，王敬重焉"（《汉书·董仲舒传》）。董仲舒治国，主张以《春秋》灾异之变推阴阳所以错行，从而采取相应的措施。时有辽东高庙、长陵高园殿灾，仲舒以为这是上天对当政者的谴告，并由此推说当杀亲近权贵以自省。说刚草具，被主父偃偷而上奏，几乎招致杀身之大祸。由是仲舒不敢再说灾异。与仲舒并世的公孙弘亦治《春秋》，其学不如仲舒，却以曲阿迎逢之术，位至公卿。仲舒为人廉直，声望益高，弘嫉之，欲加害仲舒。武帝之兄胶西王刘端为人纵恣暴戾，曾数害大臣，弘乃荐"独董仲舒可使相胶西王"。幸刘端亦知仲舒为当世大儒，竟"善待之"。仲舒亦恐时久获罪，乃称病免归。居家始终不问产业，专以修学著书为事。朝廷或有大议，尝使使就其家而问之。终老于家。

《春秋繁露》本传言："仲舒所著，皆明经术之意，及上书条教，凡百二十三篇。而说《春秋》事得失，《闻举》、《玉杯》、《蕃露》、《清明》、《竹林》之属，复数十篇，十余万言，皆传于后世。"依此，则《春秋》诸说当在"百二十三篇"之外。又，《汉书·艺文志》载，《诸子略》儒家类有"《董仲舒》百二十三篇"，《六艺路》《春秋》类有"《公羊董仲舒治狱》十六篇"。至《隋书·经籍志》，始于《春秋》类著录"《春秋繁露》十七卷"，"《春秋决事》十卷"。今存者，仅《春秋繁露》十七卷、八十二篇。另有本传中之"天人三策"，及《汉书》《食货志》《五行志》中所引仲舒疏奏之片段。对于"繁露"（或"蕃露"）二字何解，《南宋馆阁书目》曾言："'繁露'之名，先儒未有释者。"案《逸周书·王会解》："天子南面立，冕无繁露。"注云："繁露，冕之所垂也。有联贯之象。《春秋》属辞比事，仲舒立名，或取诸此。"（《二十二子·春秋繁露》卷首）董仲舒的主要思想观点，均见于此书及"天人三策"等文字中。

2. 天人感应学说

天人感应学说，是一种以天为主宰的天人合一论。这既是董仲舒思想的核心，也是西汉今文经学的主导观点。

（四）朱熹及其思想

1. 朱熹的生平

朱熹，字元晦，一字仲晦，号晦庵，别称紫阳，亦称晦翁、云谷老人；沧州病叟、遁翁等。徽州婺源（今属江西）人，生于南宋高宗建炎四年（1130年），卒于宁宗庆元六年（1200年）。父朱松，字乔年，号韦斋，与李侗同学于罗从彦之门，曾举进士，历官司勋、吏部郎，因不附和议忤秦桧，出任福建尤溪县尉。建炎四年罢官，寓尤溪城外毓秀峰下郑氏草堂，遂生熹。"熹幼颖悟，甫能言，父指天示之曰：'天也。'熹问曰：'天之上何物？'松异之，就傅，授予《孝经》，一阅，题其上曰：'不若是，非人也。'尝从群儿戏沙上，独端坐以指画沙，视之，八卦也。"（《宋史·朱熹传》）

熹年十四丧父，遵遗嘱师事籍溪胡原仲（胡宪）、白水刘致中（勉之）、屏山刘彦冲（子翚）三人。刘勉之以女妻之。二刘早殁，熹从胡宪习业最久。年十九登进士第，授左迪功郎，泉州同安主簿。其间治绩卓著，公余并究释老之学。年二十四徒步数百里往受学于延平李侗，承洛学传统，悟二氏之非。28岁（绍兴二十七年）自同安罢官归里，此后曾三次往延平问学，师事李侗，久益不懈。孝宗即位（1162年），诏求直言，熹上封事言："帝王之学，必先格物致知，以极夫事物之变，使义理所存，纤悉毕照，则自然意诚心正，而可以应天下之务。"又言："修攘之计所以不定时者，讲和之说误之也。夫金人于我有不共戴天之仇，则不可和也明矣。"（《宋史·朱熹传》）次年（隆兴元年），复召人对，再申前议，主"今日所当为者，非战无以复仇，非守无以制胜"（《宋史·朱熹传》）。并陈古先圣王强本折冲、威制远人之道。时宰相汤思退力主和议，熹之主张不被用，于是4年之间，虽屡蒙召用，辞不赴召者达6次之多。淳熙二年（1175年），吕祖谦来访，留居旬日，共编《近思录》，又由吕祖谦邀请，与陆九渊兄弟会于鹅湖，因与陆讲论不合而散。淳熙五年（1178年），年49岁，辞官隐居已逾20载，知南康军，访白鹿洞书院遗址，奏复其旧，作学规。逾3年，陆九渊来，熹请陆讲《论语》"君子喻于义，小人喻于利"章，以为切中学者时弊，同年（淳熙八年），除直秘阁，任提举两浙东路常平茶盐。不久，因弹劾唐仲友并与宰相王淮不和辞归。自此，虽屡有任命，多辞不就，而屡向孝宗直谏，无所顾忌。淳熙十五年（1188年）上"戊申封事"，言："今天下大势，如人有重病，内自心腹，外达四肢，无一毛一发不受病者。且以天下之大本与今日急务，为陛下言之；大本者，陛下之心；急务则辅翼太子，选任大臣，振举纲纪，变化风俗，爱养民力，修明军政，六者是也。"（《宋史·朱熹传》）

时朱熹之名渐重，屡仕而又去。诋毁朱学者亦渐重。陈贾为监察御史，面对孝宗，首论之曰："道学者，大率假名以济伪。愿摈弃勿用。"盖指朱熹。本部侍郎林栗曾与朱熹论《易》《西铭》不合，因劾曰："本无学术，徒窃张载、程颐绪余，谓之'道学'。所至辄携门生数十人，妄希孔、孟历聘之风，邀索高价，不肯供职，其伪不可掩。"（《宋史·朱熹传》）上曰："林栗言似过。"太常博士叶适亦上疏与栗辨，谓其言无一实者，道学云云，无实尤甚。遂黜栗。宁宗即位，赵汝愚首荐熹及陈傅良，除焕章阁待制、侍讲，辞，不许。多所献替。曾奏勉上讲德云："愿陛下日用之间，以求放心为之本，而于玩经观史，亲近儒学，益用力焉……而又因以察其人才之邪正短长，庶于天下之事各得其所。"（《宋史·朱熹传》）时韩佣胄自恃有定策功，居中用事。朱熹即上疏斥言左右窃柄之失，在讲筵复申言之。遂除宫观。庆元二年（1196年），沈继祖为监察御史，诬熹十罪，诏落职罢祠，门人元定亦送道州编管。自此，"熹登第五十年，仕于外者仅九考，立朝才四十日"（《宋史·朱熹传》）。自朱熹去国，韩佣胄势力日张，中司何澹希旨，首论专门之学，文诈诂名，乞辨直伪。刘德秀亦因在长沙时不为张拭之徒所礼，恨之。及为谏官，首论留正（时为宰相）引伪学之罪。"伪学"之称自此始，太常少卿胡纯亦谓"比年伪学猖獗，图为不轨"。右谏议大夫姚愈亦论道学权臣结为死党，窥伺神器，或竟有上书乞斩朱熹者。时"土之绳趋尺步、稍以儒名者，无所容其身。从游之士，特立不顾者，屏伏丘壑；依阿巽懦者，更名他师，过门不入，甚至变异衣冠，狎游市肆，以自别其非党。而熹日与诸生讲学不休，或劝以谢遣生徒者，笑而不答"（《宋史·朱熹传》）。庆元四年，熹已年近七十，申秘致仕，五年依所请。逾年，卒，年七十一。朱熹死后，于嘉泰（1201年）初，学禁稍弛。后韩佣胄死，嘉定元年（1208年）赐谥曰文，故世人称朱文公，理宗宝庆三年（1227年）追封信国公，绍定三年（1230年）追封徽国公，淳祐元年（1241年）配祀学宫。

朱熹的著作，依《宋史·朱熹传》有：《周易本义》《易学启蒙》《耆卦考误》《诗集传》《大学、中庸章句》《或问》《论语》《孟子集注》、《太极图说解》《遗书解》《西铭解》《楚辞集注》《楚辞辩证》《韩文考异》。

所编次者有：《论孟集议》《孟子指要》《中庸辑略》《孝经刊误》《小学书》、《通鉴纲目》《宋名臣言行录》《家礼》《近思录》《河南程氏遗书》《伊洛渊源录》，又《仪礼经传通解》未脱稿。平生所为文，成《文集》百卷及《语类》80卷、《别录》10卷。

2. 朱熹的理气说

朱熹思想体系的核心是天理论，其天理论以理气说为中心内容，这是承袭二程，特别是程颐的理气说，又吸收周（周敦颐）、张（张载）的思想综合而成。

理与太极。朱熹认为，理或天理是宇宙的根源、根本。《语类一》曰：未有天地之先，毕竟也只是理。有此理，便有此天地；若无此理，便亦无天地，无人无物，都无该载了！有理，便有气流行，发育万物。

理是宇宙的根本。天地、人物都因理而有，都由最根本的理所产生、囊括、负载。"该载"，即是囊括、负载之意。有理才有气，由气化流行而发育万物。

宋代理学探讨宇宙存在之原理，基本上以一元论为根据。周敦颐言太极，邵雍言先天，张载言太虚之气，皆归宇宙万物为一个本原。朱熹以理为宇宙根源，以为天地万物总是一个天理，大体是继承周敦颐以太极为宇宙本体的思想。周子《太极图说》之第一句："自无极而为太极。"朱熹解之曰："上天之载，无声无臭，而实造化之枢纽，品汇之根柢也，故曰无极而太极。非太极之外，复有无极也。"（《太极图说解》）他以"上天之载，无声无臭"解"无极"，以为宇宙本体是超离人的认识的；又以"造化之枢纽，品汇之根柢"谓"太极"，则说明此本体俨然存在，毫无可疑，是为实体。因此又说："不言无极，则太极同于一物，而不足为万化之根。不言太极，则无极沦于空寂，而不能为万化之根。"（《文集》卷三十六，《答陆子美书》）朱熹以"无极而太极"概括理、气两个方面，而以为太极即是理，其为宇宙本体非属气，亦非理气之外别为一物。曰："太极只是一个'理'字。""太极只是天地万物之理。在天地言，则天地中有太极；在万物言，则万物中各有太极。未有天地之先，毕竟是先有此理。动而生阳，亦只是理；静而生阴，亦只是理。"（《语类一》）太极即是宇宙之本体（理），它作为本体是超越时间、空间，遍在充塞者，故朱熹在《答陆子静书》中曰，太极"无方所，无形状。以为在无物之前，而未尝不立于有物之后。以为在阴阳之外，而未尝不行乎阴阳之中。以为通贯全体无乎不在，则又初无声臭影响之可言也"（《文集》卷三十六）。无方所，无形状，无乎不在，通贯全体。这里对于"太极"性状的描绘正合"未有天地之先，毕竟是先有此理"中"理"的含义。

理、气。理、气本是朱熹取自程颐的思想，但在程颐的理、气关系未得充分之发挥。朱熹论理、气关系，以理为本，而认为气是依附于理的，理、气有形而上与形而下之别。《语类一》曰："天下未有无理之气，亦未有无气之理。理未尝离乎气。然理形而上者，气形而下者。自形而上下言，岂无先后！理无形，气便粗，有渣滓。气以成形，而理亦赋焉。"

二、道家思想

道家思想在中国传统文化中占有重要地位，发挥过重要作用。道家思想包含有两个重要组成部分，其一是以老子、庄子为代表的道家学派及其思想；其二是尊崇老子为尊神的"道教"宗教思想，这两者既有联系又有根本性的差别，共同构成道家思想。

道家思想源远流长，但道家作为诸子百家之一的学术流派，产生于春秋战国时期。在这一时期，中国社会生产力发展水平、政治制度以及阶级关系都在发生显著变化。诸侯争霸，群雄并起，阶级矛盾日益尖锐，思想斗争也无比激烈，正是在这种情况下，道家学派应运而生了。道家学派的创始人是老子，他也是后世道教尊奉的尊神。

（一）老子及其思想

1. 老子的生平

老子是道家学派的创始人在学术界早已达成共识，但老子究竟是什么样的人，《老子》一书成于何时，历来众说纷纭，莫衷一是。关于老子记载最多的是《史记》，其文曰："老子者，楚苦县厉乡曲仁里人，姓李氏，名耳，字聃，周守藏室之史也。孔子适周，将问礼于老子。老子曰'子所言者，其人与骨皆已朽矣，独其言在耳。且君子得其时则驾，不得其时则蓬累而行。吾闻之，良贾深藏若虚，君子盛德，容貌若愚。去子之骄气与多欲，态色与淫志，是皆无益于子之身。吾所以告子，若是而已。'孔子去，谓弟曰：'鸟，吾知其能飞；鱼，吾知其能游；兽，吾知其能走；走者可以为罔，游者可以为纶，飞者可以为矰。至于龙，吾不能知，其乘风云而上天。吾今日见老子其犹龙耶！'老子修道德，其学以自隐无名为务。居周久之，见周之衰，乃遂去。至关，关令尹喜曰：'子将隐矣，强为我著书。'于是老子乃著书上下篇，言道德之意五千余言而去，莫知其所终。或曰，老莱子亦楚人也，著书十五篇，言道家之用，与孔子同时云。盖老子百有六十余岁，或言二百余岁，以其修道而养寿也。自孔子死之后百二十九年，而史记周太史儋见秦献公曰：'始秦与周合，合五百岁而离，离七十岁而霸王者出焉。'或曰儋即老子，或曰非也，世莫知其然否。老子，隐君子也。老子之子名宗，宗为魏将，封于段干。宗子注，注子宫，宫玄孙假，假仕于汉孝文帝。而假之子解为胶西王卬太傅，因家于齐焉。世之学老子者皆绌儒学，儒学亦绌老子。'道不同不相为谋'，岂谓是耶？李耳无为白化，清静自正。"（《史记·老庄申韩列传》）《史记》关于老子就给出好几种说法，可见老子的确切情况，当时已无法考证。今参照《史记》考证于其他文献，一般以为老子就是老聃。《礼记·曾子问》记载了孔子述老聃之言四事，其中有这样的话："昔者，吾从老聃助葬于巷党，及堩，日有食之。老聃曰：'丘，止枢就道右，止哭以听变……'"此外，《庄子》之《天道》《天运》《田子方》都记载孔子求教于老聃之事。而《天道》从上下文贯通来看，是肯定老聃就是老子的。《天地》《知北游》亦记载有孔子、老子的问答。此外，《吕氏春秋·当染》亦云"孔子学于老聃……"由此来看，老子就是老聃证据是充分的。

老子的著作《老子》又称《道德经》，书仅5000余言，然则博大精深上篇37章称"道篇"，集中阐述道的问题；下篇44章称"德篇"，围绕德的问题展开论述。老子《道德经》言简意赅，以5000多字阐发了宇宙的起源、世界的存在方式、事物的发展规律、社会的种种矛盾及其解决方法等。古往今来对《老子》一书仁者见仁，智者见智，各得其妙用。注《老子》之书更是数不胜数，足以见得老子的思想深邃精奥。

2. 老子的哲学思想

《老子》哲学，在我国古代哲学史上，享有开山祖的重要地位。它的卓越贡献，是把"道"作为哲学的最高范畴。"道"，在我国古代最初用于表示人的路。《说文》云："道，所行道也。从首走，达谓之道。"段注："首走，行所达也。"《释宫·文行部》称四达谓之衢，九部称九达谓之道。按：许之称当是一例，当作一达谓之道，从首走，"道"，人所行也，故从走。因此，道，最初用于表示人走的路。这种"道"已含有"必须遵循"之意。后来引申为道理、方法、原则。随着思维的发展，人们又把具有道理、方法、原则等含意的"道"，同天、地、人联系起来，从而产生了天道、地道、人道等概念。在此基础上进一步升华，产生了《老子》所说的"道"。这个"道"，既不同于平常说的道理、方法、原则等概念，也不同于天道、地道、人道等范畴。它是《老子》哲学的最高范畴。天道、地道、人道等，最终都要服从于"道"。《老子》说："人法地，地法天，天法道，道法自然。"人、地、天都要效法"道"。"道"，则是自己如此，自然而然。因此，"道"在《老子》哲学体系中高于一切、决定一切、推动一切。"道"含有如下两层意思：一是作为生育万物的本体；二是作为事物运动变化的规律。《老子》哲学就是围绕这两重属性而展开，并构成自己完整的体系。

《老子》对宇宙本原的探讨。"道"，在《老子》那里，首先被看作生育天地万物的本原。第一章说："无名天地之始，有名万物之母。"这里的"无名""有名"就是"道"的代名词，它们分别为"天地之始"与"万物之母"。这实际上是把"道"看作万物的始祖或母体。第四章说："道，……渊兮似万物之宗。"第六章说："谷神（即道）不死，是谓玄牝。玄牝之门，是谓天地根。"不难看出，这里说的"万物之宗""天地之根"，同第一章所说的"万物之母""天地之始"意义相同，都是把"道"看作生育天地万物的本原。这一点，在第二十五章也有明显地透露。该章说："有物混成，先天地生，可以为天地母。"

（二）庄子及其思想

1. 庄子的生平

庄子名周，蒙（今河南商丘东北）人。做过蒙地的漆园吏。蒙地在春秋和战国前期属宋，战国后期属梁。刘向《别录》称："宋之蒙人也。"陆德明《经典释文·序录》称："梁国蒙县人也。"庄周之生卒年月已不可详考，《史记》称其与梁惠王、齐宣王同时。据马叙伦《庄子年表》及其他史料考证，约生于前369年（梁惠王二年），卒于前286年（魏昭王十年）。

关于庄子生平事迹，史籍记载甚少。《史记·老子韩非列传》记述了有关庄子生平的一些片段，结合其他资料，大致情况如下。

过着十分艰苦的生活。《外物》说："庄子家贫，故往贷粟于监河侯。"《列御寇》说："处穷闾厄巷，困窘织履，杭项黄馘。"说明其生活十分穷困，靠编织草鞋为生，有时还向别人借贷。由于营养不良，他的颈子干细，面容黄瘦。《山本》说："庄子衣大布而补之，正緳系履而过魏王。"与国君相会，是一件庄重的事，庄子却穿着补过的粗布大衫，脚上系着草鞋，这也说明他很穷困。

庄子不愿做官。《史记》本传谓楚王遣使臣请庄子去楚国为卿相，被他拒绝了。《列御寇》也说："或聘于庄子，庄子应其使曰：'子见夫牺牛乎，衣以文绣，食以刍叔，及其牵而人于太庙，虽欲为孤犊，其可得乎？'"表现出远祸全身、无官自轻的思想倾向。又《秋水》说："惠子相梁，庄子往见之。或谓惠子曰：'庄子来，为代子相。'于是惠子恐，搜于国中三日三夜。庄子见之曰：'南方有鸟，其名鹓鶵（凤类），子知之乎？夫桐子，发于南海而飞于北海，非梧桐不止，非练实不食，非醴泉不饮。'于是鸱（鹞鹰）得腐鼠，过之，仰而视之曰：'吓！今子欲以子之梁国而吓我邪！'"这虽是一个寓言，但也可说明庄周厌弃政治，以高洁而自由的凤凰自居，在他眼中，梁国的相位不过是一只发臭的死鼠，贪恋相位的惠施则是一只讨厌的鸱鸟。

庄子对生死比较超脱。《列御寇》说：庄子将死，弟子欲厚葬之。庄子曰："吾以天地为棺椁，以日月为连璧，星辰为珠玑，万物为赍送。吾葬具岂不备邪？"他的学生说：我们怕乌鸦和老鼠把你吃了啊！庄子说：在上让乌鸦吃，在下让蝼蚁吃，"夺彼在此，何其偏也"。这是说，让天上的乌鸦和地上的老鼠蝼蚁都来吃吧，何必厚此薄彼，那不是太偏心吗？《至乐》说："庄子妻死，惠子吊之，庄子则方箕踞，鼓盆而歌。"惠施责备他不近人情。庄子说："不然，是其始死也，我独何能无概（同慨）然察其死而本无生；非徒无生也，而本无形；非徒无形也，而本无气。杂乎芒芴之间，变而有气，气变而有形，形变而有生，今又变而有死，是相与为春夏秋冬时行也。"庄子把生与死看作自然的变化，因而主张不用为死人悲伤。

庄子的著作。《庄子》一书是研究庄子学派思想的基本依据。最早说到《庄子》这部著作的人是司马迁。他说："其著书十余万言，大抵率寓言也。作《渔父》、《盗跖》、《胠箧》，以诋孔子之徒，以明《老子》之术。《畏累虚》、《亢桑子》之属，皆空语无事实。"（《史记·老子韩非列传》）这里只说"其著书十余万言"及其思想倾向，未言书名和篇章数目，更无内、外、杂篇之分。《汉书·艺文志》著录"《庄子》五十二篇"始有《庄子》之名。

2.《庄子》的哲学思想

《庄子》的本体论。《庄子》同《老子》一样，把"道"作为产生世界万物的最后本体。它说："夫道有情有信，无为无形；可传而不可受，可得而不可见；自本自根，未有天地，自古以固存；神鬼神帝，生天生地；在太极之先而不为高，在六极之下而不为深，先天地生而不为久，长于上古而不为老。"（《大宗师》，下引《庄子》只注篇名）

这段话明确告诉我们，"道"虽然不能为人的感受所感知，但它确实是一种"自古以固存"的客观实体，它不仅能"神鬼神帝"，而且能"生天生地"。可见，"道"是产生世界万物的最后本原。

那么《庄子》的"道"究竟是物质的还是精神的呢？对于这个问题的答复，《庄子》存在互相矛盾的两种见解。

《则阳》说："是故天地者，形之大者也；阴阳者，气之大者也，道为之公。"这就是说，所谓道，就是指天地、阴阳的共性，这个共性不是别的东西，而是阴阳之"气"，故曰："通天下一气耳。"在庄子看来，万物之化生，无非是阴阳二气相交的结果。《田子方》曰："至阴肃肃，至阳赫赫。肃肃出乎天，赫赫出乎地，两者交通和，而物生焉。"毫无疑义，这个"道"（气）是产生世界万物的原初物质。

但是，这一观点，在《庄子》中并没有贯穿到底。它在承认"气"是万物本原的同时，又提出了一种"无有"的概念。《天地》说："泰初有无，无有无名；一之所起，有一而未形。物得以生，谓之德；未形者有分，且然无间，谓之命；流动而生物，物成生理，谓之形；形体保神，各有仪则，谓之性。"

《庄子》的规律观。《庄子》书中的道，除了有本体的含义之外，还被视为存在于物中的客观法则。这表现在他阐述的道物关系中。

从"道"与"物"的关系来看，《庄子》始终没有把"道"独立于物质世界之外，而是肯定道不离物。《庄子》的道，同帝王、神灵、日月、星辰等社会、自然现象是密切联系在一起的，并且是贯穿和渗透于万物流动变化之中的。《知北游》说："物物者与物无际（无分际），而物有际者，所谓物际者也。不际之际，际之不际者也。谓盈虚衰杀，彼为盈虚非盈虚，彼为衰杀非衰杀，彼为本末非本末，彼为积散非积散也。"这里的"物物者""彼"皆指道。它说明自然界的盈虚、衰杀、本末、积聚之变化都体现着道的作用，同时又说明"道"是贯穿于一切事物运动变化之中的。

《庄子》把"道"看作世界万物的根本法则或固有规律，这是对《老子》提倡"知常"的思想的继承和发挥。它表明道家已经意识到，客观世界有其固有规律可循，只要我们认真探索，是可以顺应天道，获得改造客观世界的应有成效。这正是道家探索自然的根本目的。

《庄子》的发展观。《庄子》哲学在继承《老子》哲学的同时，将《老子》的朴素辩证法推向极端，形成了中国哲学史上最为典型的相对主义哲学体系。

（三）道教及道教思想

道家思想发展到东汉后期，开始向宗教形式演化。道教是中国土生土长的宗教，这与佛教是完全不同的。为什么推崇无神论的老子最后被奉为道教祖师？一个学术流派发展成一个宗教派别，这是有其深刻思想渊源的。就道教的信仰根源来讲，它与中国古代巫术、方术、原始宗教有着不可分割的联系。道教的所谓"道"，就与原始宗教有着千丝万缕的联系。《周易》云："观天之神道，而四时不忒，圣人以神道设教而天下服矣。"（《周易·观·象辞》）这里面的"神道设教"就是中国原始宗教。《中庸》曰："所谓鬼神之为德，其盛矣乎！视之而弗见，听之而弗闻，体物而不可遗，使天下之人斋明盛服，以承祭祀，洋洋乎如在其上，如在其左右。"这也是中国古代早已有鬼神崇拜的真实记载。迄今发现的甲骨文记载中，鬼神崇拜与巫术的内容更是比比皆是，这说明中国上古是存在着比较发达的原始宗教的，而且原始宗教是以鬼神崇拜为核心内容的。东汉道教产生的初期，又称鬼教，由此可见道教与中国古代原始宗教鬼神崇拜的关系。

在中国上古，巫术也十分发达。中国古代从事巫的女者称巫，男者称觋。许慎《说文解字》曰："巫，祝也，女能事无形，以舞降神者也。""觋，能斋肃神明也。"巫术，就是巫觋的职业或技能，即通过歌舞、祝祷、符咒等手段交通人神，预测吉凶，消灾祈福等。巫术的种类极多，包括祈禳、禁咒、占筮等，主要用于降神、驱鬼、祈雨、医病、预言等。巫觋在殷周时期是一种官职，《周礼·春官宗伯》曰："司巫，掌群巫之政令。若国大旱，则帅巫而舞雩；国有大灾，则帅巫而造巫恒。……男巫，掌望望衍授号，旁招以茅。冬堂赠，无方无算。春招弭，以除疾病。王吊，则与祝前。女巫，掌岁时拔除、衅浴。旱则舞雩。若王后吊，则与祝前。凡邦之大灾，歌哭而请。"巫觋随着奴隶制的解体而衰落，但巫术却一直流传下来，这也成为道教思想的又一重要来源。

神仙信仰也是道教思想的另一源头，神仙之说来源于人们对自然种种神秘现象的幻想。《山海经》所记载的种种传说，就是此类。此外，如屈原之《楚辞》云："闻赤松之清尘兮，愿承风乎遗则；贵真人之体德兮，羡往事之登仙……"（《楚辞·远游》）又如《庄子》思想中的真人、神人等都为人们提供了神奇的想象空间。《史记·封禅书》还记载了战国方士"为方仙道"的事情。秦始皇、汉武帝也热衷于仙术，武帝时的方士李少君、公孙卿等人，鼓吹求仙、炼丹等，都深得皇帝信任。淮南王刘安，招门客方术之士数千人，作《内书》20篇，《外书》甚众，又有《中篇》八卷，言神仙黄白之术，共20余万言。同时还有署名刘向的《列仙传》，记载上古三代至汉成帝的神仙70多人，鼓吹神仙事迹。

此外，当时流行的诸多方术以及阴阳五行学说的盛行，都在思想上为道教的出现做了准备。

早期道教的形成标志是《太平经》的出现，最早的《太平经》成书于汉成帝时。《汉书·李寻传》称西汉成帝时"齐人甘忠可许造《天官历包元太平经》十二卷"，这部书言"汉家逢天地之大终，当更受命于天，天帝使真人赤精子，下教我此道"。这部书的重要意义在于，首先，它构筑了一个天帝—真人—方士的传授体系；其次，它把本来超然物外的神仙赋予了参与和影响现实社会的职能，因而具备了宗教经典的特征。此后，东汉顺帝时又出现了一部《太平经》，又名《太平青领书》。《后汉书·襄楷传》记载："初，顺帝时，邪宫崇诣阙，上其师干吉（一作于吉）于曲阳泉水上所得神书百七十卷，皆缥白素、牛介、青首、牛目，号《太平青领书》。其言以阴阳五行为家，而多巫觋杂语……"此后，张陵又有《太平洞极经》144卷问世，自称太上亲授。《太平经》成书汉代，版本众多，卷帙浩繁，今人考证多认为干吉、张陵的《太平经》是在甘忠可《天官包元太平经》基础上增添补充而成的。

《太平经》一书是融道家哲学、阴阳五行学说、原始宗教思想、方术巫术以及儒家观念为一体，建立起来的庞杂的宗教神学理论体系，标志着道教的产生。一个宗教有了经典，还必须有宗教信徒，才能称其为宗教。甘忠可是否组织了一定规模的宗教活动已无据可考。现存文献载至东汉顺帝时道教已有了一定形式的组织。早期道教组织有两大派别：一为五斗米道；一为太平道。

"五斗米道"，又称天师道、正一道或正一盟威之道。创始人为沛国丰人张陵。道教徒称其为张道陵、张天师、正一真人等。其子张衡被称为嗣师，孙张鲁则被称为系师。张陵创立五斗米道于西蜀鹤鸣山，《后汉书·张鲁传》载：张陵"客蜀，学道鹄鸣山中，造作道书，以惑百姓，从受道者出五斗米，故世号米贼。陵死，子衡行其道，衡死，鲁复行之"。《后汉书·刘焉传》记载与此相同，但鹄作鹤。《华阳国志·汉中志》亦作鹤。据晋葛洪《神仙传》载：张陵，字辅汉，沛国丰人。汉留侯张良之后。少年时即精研道德经，旁及天文地理、河洛图纬之学。曾入太学，通达五经，举贤良方正直言极谏科。明帝时任巴郡江州令。后隐居北邙山，学长生之道，朝廷征为博士，不应。和帝征为太傅，三诏不就。顺帝时，修道于蜀中鹤鸣山。称得太上老君"授以三天正法，命为天师"，为"三天法师正一真人"，并造作道书24篇，创五斗米道。其道尊老子为教主，奉《老子五千文》为经典。

早期道教另一派别为"太平道"，张角所创《后汉书·皇甫嵩传》载："初，钜鹿张角，自称大贤良师，奉事黄老道，畜养弟子，跪拜首过，符水咒说以疗病，病者颇愈，百姓信向之。角因遣弟子八人使四方，以善道教化天下，转相诳惑。

十余年间，众徒数长吏多逃亡，旬日之间，天下响应，京师震动。"从这段记载我们可以看出，张角等奉黄帝、老子为尊神，自称"大贤良师"，乃取意于《太平经》中"众星亿亿，不若一日之明也；柱天蚑行之言，不若国一贤良也"，所以其经典为《太平经》。

五斗米道与太平道共同的特点都是尊奉老子为尊神，各有经典、信徒，这正是宗教所具备的特征，所以后世把五斗米道与太平道作为道教的最初组织形式。黄巾起义失败后，太平道因受镇压而消亡，五斗米道却随着张鲁降魏和其北迁，得到进一步传播与发展。此后五斗米道（或天师道）迅速发展，内容进一步丰富，理论更加完善，传播范围更加广泛，终于成为在中国历史上产生深远影响的宗教

随着士大夫阶层的加入，五斗米道逐渐被改造成真正意义上的道教，并分化出许多重要的派别。除了原来的天师道继续作为道教的一个重要派别传播外，还出现了上清、灵宝等派别，道教的经典和神仙体系也得到了壮大发展。但由于道教的形成和传播多在民间进行，道教不同派别对教义的领会差别很大，组织形式还不完善等，这些弊端使道教矛盾也日益突出。这个时候，南朝陆修静和北朝寇谦之先后在南北方对道教进行了改造和完善，使道教逐渐走向成熟。

陆修静和寇谦之吸收儒家思想系统地整理了道教经典，修改道教的教规戒律，完善道教宗教仪范，使道教在与佛教的激烈斗争中发展成熟。隋唐时期，随着国家的统一，南北方道教逐渐融合，又因为统治者的信任与支持，道教终于发展成熟，并在宋朝达到鼎盛。

在唐王朝政权建立过程中，道教曾发挥重要作用。如茅山道领袖王远知，本与隋炀帝交往甚密，杨广曾对他执弟子礼，但当他看到李渊要取得政权时，就立即向李渊"预告受命之符"。《混元圣记·卷八》载："初，高祖诏玉清观道士王元知，授朝散大夫，赐金缕冠，紫丝霞帔，以远知常奉老君旨，预告受命之符也。"这正是李氏政权对道教的回报。除此以外，为感谢道教对李氏王朝建立的支持，李渊登皇帝位后，对道教大加提倡，并追认道教祖师李耳为自己的祖先。这样，既使李氏统治者借助老子的名声提高了自己的门第，又使李氏政权获得了神化。当然，获得益处最大的还是道教。为提高道教的地位，李渊曾三次召集儒、道、释三教进行辩论，在辩论没有结果的情况下强行规定道大佛小。武德八年颁布《先老后释诏》明确规定道在儒、释之上。李渊之后，李世民在争夺皇位中又得到道士的有力支持。《旧唐书·王元知传》载："武德中，太宗平王世充，与房玄龄微服以谒之。远知迎谓曰：'此中有圣人，得非秦王乎？太宗因以实告，远知曰：'方作太平天子，愿自惜也。'"滑州道士薛颐，也向李世民密告符命曰："德星守秦分，王当有天下，愿王自爱。"所以李世民继位之后，再次下诏规定道士、女冠在僧、尼之上。此后，道教仅在武则天当政时期受到短暂压抑，一直顺利发展，

在封建政权的支持下道教理论不断丰富，道教信徒人数空前增多。宋王朝建立后，历代皇帝都对道教信奉有加，宋徽宗赵佶甚至自封"教主道君皇帝"，以道教教主自居。他还大肆封赏道士，大修宫观，倡学道经，令学者治《御注道德经》，依儒学贡仕法，选考道官。在皇帝的狂热信奉下，道教空前繁荣，达到了鼎盛时期。宋灭元兴，道教并未受到太多冲击。历代统治者出于各种原因，依然对道教给予很大支持。道教天师派、全真派依然在民间有极大影响，与其他派别渐渐呈现出融合趋势。明朝朱元璋取得政权后，一方面继续利用道教，优待道教领袖；另一方面加强了对道教的管理和控制。清王朝取得政权后，基本继承了明朝的宗教政策，乾隆皇帝即位后，开始实施贬抑道教的政策。总的来说，元明以降，道教开始走向衰落。

第二章　中国优秀传统文化的精神与观念

第一节　优秀传统文化中的基本精神

一、奋进精神

中华民族素有开拓进取、自强不息的奋进拼搏精神。成书于先秦时代的《周易》中就有"天行健，君子以自强不息"的词句。所谓"健"，亦即刚健，能动之意；所谓"自强不息"，亦即积极向上，永不停止之意。这句话，真切地道出了我们民族坚韧不拔、永远进取的精神特征。

（一）积极强烈的主体意识

春秋战国时期，围绕着统一中国的目标，各诸侯国展开激烈竞争，富国强兵，广揽人才；在均等的机会下，为施展抱负，实现理想，诸子并起，群贤角逐，百花齐放，百家争鸣。在这种背景下产生的《四书》，也就展示了朝气蓬勃的文化思想，健康向上的社会心态，积极强烈的主体意识。因此有"日日新，又日新"、"万物皆备于我""故天将降大任于是人也""如欲平治天下，当今之世，舍我其谁也"等思想，这种主体意识激励着一代又一代中华儿女。李白曾写下"天生我材必有用，千金散尽还复来"的名句。正是凭借这一精神，即使在近代中国处于落后、挨打的情况下，炎黄子孙也不曾失去民族自信心。毛泽东"问苍茫大地，谁主沉浮？""指点江山，激扬文字，粪土当年万户侯"的诗句，正是中华传统文化中这种主体意识的升华。

（二）参与精神

以儒家思想为主体的传统文化，主张积极入世，主张深入现世生活，参与社会政治，主张"齐家""治国""平天下"。致力于高扬一种投入、参与的精神，要求人们超越他们自己个体和群体的利害得失，而发展对整个社会的关注，也就是怀着强烈的社会使命感、责任感和义务感，"以天下为己任"。楚狂接舆以"凤兮！凤兮！何德之衰？往者不可谏，来者犹可追，已而！已而！今之从政者殆而！"讽刺孔子，但孔子并没有因此避世；孔子又遭长沮、桀溺两隐士的嘲弄："滔滔者天下皆是也，而谁以易之？且而与其从辟人之士也，岂若从辟世之士哉？"孔子断然地说："鸟兽不可与同群。吾非斯人之徒与而谁与？天下有道，丘不与易也。"他这种不与鸟兽同群，而誓与积极用世的人为伍，以求政治清明的奋进精神，成为后世中国人积极参与社会政治的精神动力。孔子终身为之奋斗的目标是"老者安之，朋友信之，少者怀之"的理想社会，这也是中国人世代梦寐以求的愿望。近代洪秀全的"人间天国"、康有为的《大同书》、孙中山的"三民主义"，以及无产阶级的共产主义，都是对这种理想的不断探索和升华。为实现远大理想，古人告诫后人"士不可以不弘毅一任重而道远！仁以为己任，不亦重乎？死而后已，不亦远乎？"孙中山也曾留下遗嘱"革命尚未成功，同志仍须努力！"勉励后来者不可停滞，不可稍懈。

（三）进取精神

"自暴者，不可与有言也；自弃者，不可与有为也。"传统文化强调自强不息、积极进取，反对消极无为、自暴自弃这种精神从古至今激发人们积极向上，奋发有为。这种精神不仅表现在反抗外敌侵略、推翻黑暗统治和改造山河的斗争中，还表现在治学和其他一切事业中。苏秦刺股、匡衡凿壁、孙敬悬梁、刘向燃藜、孙康映雪、车胤囊萤、江泌借月……这些都堪称中华民族勤奋好学、刻苦成才的典范。"昔西伯拘羑里，演《周易》；孔子厄陈、蔡，作《春秋》；屈原放逐，著《离骚》左丘失明，厥有《国语》孙子膑脚，而论兵法；不韦迁蜀，世传《吕览》，《韩非囚秦》，《说难》，《孤愤》；《诗》三百篇，大抵贤圣发愤之所为也。"司马迁曾得罪下狱，身受宫刑，但正是在这种精神的感召下，"故述往事，思来者"而写成光辉巨著《史记》。卧薪尝胆、祖生击楫等动人故事，激发出后来人们"闻鸡久听南天雨，立马曾挥北地鞭"的壮举。毛泽东研究中国历史和传统文化，得出结论说："人类总得不断地总结经验，有所发现，有所发明，有所创造，有所前进。停止的论点，悲观的论点，无所作为和骄傲自满的论点，都是错误的。"这不仅是对我国传统文化中这种自强不息、有所作为的精神的理论概括，而且为弘扬这种精神提供了哲学指导。

二、崇尚一统的执着精神

我国的文化传统是以儒家思想为核心，儒释道合一。这种文化传统提倡大一统，重视整体利益，促进人民的团结和谐。我们现在所提倡的集体主义，从历史渊源上看，可以说是对传统的大一统思想扬弃的结果。

（一）天人合一的大一统境界

在人与自然的关系上，中国强调天人合一。战国时子思、孟子首先提出这种理论。后来汉儒董仲舒又强调"天人之际，合而为一"。宋儒张载则说："天人异用，不足以言诚。"程颢认为："天人本无二，不必言合。"朱熹也说："天人一物，内外一理；流通贯彻，初无间隔。"他们的理论虽未尽善尽美，但人是自然界的产物，人也是自然的一部分，"天人合一"观有其合理因素。"天人合一"可以说是大一统思想的理论基础。大一统的最高境界即天人合一。天人合一的大一统思想在中华民族的发展史上，对国家的统一，民族的团结，乃至人际关系的和谐，都产生了巨大而深刻的影响。

（二）天下为公的执着追求

中华民族由于家族本位的社会结构和礼教文化的传统，熏陶出一种群体主义的精神。在此基础上，把家族、群体的和谐相处作为重要的价值取向，进而扩大到整个国家。孟子说："人有恒言，皆曰天下国家。天下之本在国，国之本在家，家之本在身。"以儒家为代表的传统伦理道德一贯重视个人、家庭和国家三者之间的关系。"大道之行也，天下为公。"中国传统文化的大同境界的基本精神，就是一个"公"字。大公无私的共产主义精神就是"天下为公"传统在新的历史时代的升华。"民为贵，社稷次之，君为轻"是天下为公的体现。在实践上则为老吾老以及人之老，幼吾幼以及人之幼，天下可运于掌，这就是天下安定与统一之"王道"。此外，我们所推崇的"以天下为己任""先天下之忧而忧，后天下之乐而乐""国家兴亡，匹夫有责""落红不是无情物，化作春泥更护花""四海之内皆兄弟"等都闪耀着"为公"精神的光华。

三、"厚德载物"的凝聚精神

《周易》中的"厚德载物"在历史长河中升华为中华民族讲团结、宽容、宽厚的精神。我国民间广泛流传着"五双筷子折不断"等故事。其寓意无一不在倡导团结一统意识。孟子以攻守城池的胜败，雄辩地证明"天时不如地利，地利不如人和"的真理。《史记》记载着廉颇蔺相如将相和而强国的史实。这许多生动的事例都表明，中国人历来把团结视为力量的源泉，尤其是在外敌入侵的紧要关头，更能迅速形成抗敌的统一意志。如果没有这样一种团结意识、凝聚意识，我们这样一个人口众多的多民族国家就不能够繁衍到今天。经历千百年的锤炼，中华民族形成了一种无比宽阔的襟怀。为了国家和民族的利益，追求和谐、崇尚统一，这种执着的精神对于增进民族团结、增强民族的凝聚力，产生了巨大的作用。

四、追求崇高的人格精神

中华传统文化中道德内容十分丰富。孔子曾概括为："志于道，据于德，依于仁，游于艺。"要求人们立志于道，据守于德，依倚于仁，游憩于礼乐射御书数六艺之中，陶冶与塑造完美的人格。一般来说，中国传统文化中包括传统道德思想和学说、传统道德风俗习惯、民族传统道德心理三个方面。中国传统道德的原则和规范就主要体现在上述三方面。

（一）人本思想

人本思想是中华传统文化中优秀的、进步的内容之一。中国传统文化中的人本思想与西方传统文化中以神为本的思想有很大的不同。它强调人兽之别，强调天地间人为贵，强调人的价值。孟子强调"无恻隐之心，非人也；无羞恶之心，非人也；无辞让之心，非人也；无是非之心，非人也"。这四者为仁、义、礼、智之端，这"四善端"是人与兽的根本区别。人若了解自己这种优势并且把它扩大、充实，那社会就会像火刚刚点燃，像泉水刚刚流出一般。如果能充实它，就足以安定天下；如果不去充实它，则不足以侍奉自己的父母。人与动物的这种区别，正如鸡蛋能孵出小鸡，卵石永远是卵石一样。这是我国传统道德思想和学说的核心之点。人有道德的自觉，作为一个人就应遵循道德原则，坚持独立的人格尊严。孔子说："三军可夺帅也，匹夫不可夺志也。"人有独立意志，也承认别人有意志，坚持意志的独立性，亦即保持人格的尊严。"士可杀不可辱"强调的就是人格的尊严、人的价值。人对国家社会负有责任，因此对社会要有责任心。人有能动性，"人能弘道，非道弘人"。这些都是中华传统文化中人本主义思想的内容。它构成中国传统伦理道德的理论基础。

（二）理想人格

传统道德的思想基础在于人之所以为人的自觉，亦即人格意识。传统观念中对于"为人之道"的认识，首先在于肯定自己是一个人，生活行动要遵守做人的原则，要坚持自己的独立意志与独立人格。"一箪食，一豆羹，得之则生，弗得则死。呼尔而与之，行道之人弗受；蹴尔而与之，乞人不屑也。"这就是说，生命是宝贵的，但是有比生命更宝贵的，即人格的尊严。人格的尊严在于道德的自觉，有道德自觉的人才是一个高尚的人。这种人格意识是传统道德的思想基础。

　　传统文化对理想人格的设计成为这种文化中的一个重要内容。它通过对理想人格的设计，从人生远景上影响和塑造个体人格，从而使其道德价值观获得普遍的心理认同。理想人格的影响力是巨大的。孟子说圣人，百世之师也，伯夷、柳下惠是也。故闻伯夷之风者，顽夫廉，懦夫有立志，闻柳下惠之风者，薄夫敦，鄙夫宽。奋乎百世之上。百世之下，闻者莫不兴起也。所谓"理想人格"，就是对一种人格模式的理想化的设计，是人们在自己的心目中塑造出来的、最值得追求和向往的、最完美的人格典范，是人格所应达到的最高境界。这种"应当"的境界不是现实的，但又具有现实的可能性。人们可以通过持续的选择性活动过程不断接近它。理想人格的设定，从人生远景上回答了做什么样的人的问题，提供了一种人格追求的最高典范和做人的"楷模"。人们对理想人格的追求就是对更高的人生价值的追求。理想人格是一种价值目标。在代表中国传统文化精神的历代儒学典籍中，都把圣人先王作为理想中的伟大人物。如孟子说："圣人，人伦之至也。"能达到这种最高人生境界的人称为"大丈夫"或"君子"。历代圣人曾"引无数英雄竞折腰"。但从发展看，都只能"各领风骚数百年"。这正表明了理想人格是发展的，具有历史和时代的内容特色。

（三）"内圣外王"

　　以儒家思想为代表的传统文化不但精心设计了理想人格，而且还具体地规定了达到理想人格境界的途径。中国古代典籍中对此有极为丰富的论说，几乎涉及人生的各个方面。这些论说可归结为"内圣外王"，也即"修身、齐家、治国、平天下"。儒家道德体系都是建立在人们"性相近，习相远"的基础之上的，认为"人皆可为圣贤"。中国传统道德思想认为，个人人格必须先在一般人格中规定其范畴。圣人只是一个共同范畴，一个共同典型，只是理想中的一般人格在特殊人格上的实践与表现。圣人即是最富共通性的人格。"内圣外王"强调两个方面的统一，即人格主体自身必备的德行和外部的成就，内足以资修养，外足以资经世。这便是中国传统文化所设计的走向圣人、形成理想人格的基本道路。所谓"内圣"，就是通过不断的内心反省和修炼，达到圣人所具有的那些品格和德行。然而，"内圣"只是走向圣人人格的一个方面。个人还必须亲身参与"外王"的事功致用，从中真正领悟到个人在现实社会中的人生位置。因为，人的生活不是孤立于社会之外的，只有积极入世，参与社会生活，沉入现世之中，通过"齐家"、通过"治国"、通过"平天下"，才能体现出人生价值和人格尊严来。

（四）重德修身

　　传统文化重视道德的作用，"德，国之基也"，把道德视为国家兴亡，政治成败的基础和关键。"太上有立德，其次有立功，其次有立言。虽久不废，此之谓不朽也。"三不朽说把道德摆在三立之首位。"有德必有人，有人必有土，有土必有财，有财必有用。德者，本也；财者，末也。"也指出德、人、土、财几者之中，唯德以为宝。中华传统化以美好的道德品质为核心。而形成高尚的道德品质并非可望而不可即。因为"圣人之于民，亦类也。出其于类，拔乎其萃"。即是说，圣人对比于百姓，也是同类。产生于同类之中，远远超于同类。这是为什么？原因只是圣人重人格修养，形成了向内探求自我完善的主体性道德精神。"自天子以至庶人，壹是皆以修身为本。"从天子一直到普通的民众，一心所要行的，都是把修身看作根本。人的道德品质的提高还要靠教育。孔子认为教育的目的，不只是传授知识，更重要的还是培养人的道德品质。在他的教学活动中，将德行列为诸科之首。他相信教育的力量可以改变人的素质，主张"有教无类"。孟子进一步阐发了这种德教主义传统。"善政不如善教之得民也。善政民畏之，善教民爱之。善政得民财，善教得民心"。汉代贾谊也说礼者禁于将然之前，而法者禁于已然之后。他们从不同角度论证德教为立国之本，儒家的观点为汉武帝所肯定。这也是汉王朝独尊儒术的原因之一。

（五）由义及仁

"仁，人之安宅也；义，人之正路也。旷安宅而弗居，舍正路而不由，哀哉！"孟子告诫人们：仁，是人们最安逸的住所；义，是人们最正确的道路，空着最安逸的住所不住，抛开最正确的道路不走，可悲啊！在儒家那里，"仁"不仅是一种社会政治思想和最高的道德规范，也是理想人格的核心内容，是完善人格的最高境界。"义"则是通向"仁"的正确道路。孔子反对"言不及义"，主张"见利思义"，提倡"见义勇为"。孟子提倡先义后利，以义统利，在二者不可得兼时应"舍身取义"。以道义为人的根本特点和价值取向，是中华民族道德精神的精髓。它升华为"生以载义""义以立生"的人生观，具体化为"富贵不能淫，贫贱不能移，威武不能屈"的道德追求。"仁，人心也；义，人路也。舍其路而弗由，放其心而不知求，哀哉！"在孟子看来，仁，是人的本性；义，是人必走的路。舍弃正确的路不走，丧失了本性却不知道去寻找回来，真可悲啊。有的人丢失了鸡、狗，知道去找回来，丧失本性却不知道去找回来。做学问的方法没有别的，就是寻找回那丧失了的本性罢了。

第二节　优秀传统文化中的道德观念

一、提倡人伦价值的伦理观

（一）推崇仁爱原则

"仁"的思想是孔子最先提出来的。在春秋末期的社会大动荡时代，为维护统治阶级的社会秩序，孔子第一个提出了"仁"的学说，以仁作为调整人与人之间关系的总则。在《论语》中，孔子针对不同的对象，从不同角度，反复论述"仁"的就有五十八章，提到"仁"字的就有105次之多。其含义具体可理解为：

1. 克己复礼为仁

孔子说："克己复礼为仁。一日克己复礼，天下归仁焉。"（《颜渊》）"克己"是约束自己，"复礼"是将不合礼的言行纳入礼的规范。这句话的意思是说，一个人若能做到约束自己，使自己符合礼的原则，就是仁，一旦能做到这一点，天下的人都会公认他做到了"仁"。克己是复礼的基本条件，而"仁"的具体标准是复礼，即要求人们在视、听、言、行等具体行动中不要超越礼的范围，这才是"仁"。因此，真正处于核心地位的是仁，而不是礼，礼是"仁"的具体标准。

2. "孝悌"为"仁之本"

孔子提倡"孝悌"，目的把他的思想核心"仁"的实现，落实到"孝悌"的行为中。"孝"是指后辈对前辈说的，以维系宗族纵的关系。"悌"是指平辈中弟弟对兄长要尊敬，以维系宗族横的关系。他说："君子笃于亲，则民兴于仁；故旧不遗，则民不偷。"在孔子看来，只要在上位的人能用深厚的感情对待亲族，老百姓就会走向仁德；在上位的人不遗弃老同事、老朋友，老百姓也就会厚道了。这样的行为，就是做人的出发点，就是仁道的根本。

3. 仁者"爱人"

孔子在回答学生问仁时说："爱人"。（《颜渊》）孔子提倡的"爱人"，是处理人与人之间关系的道德准则，它指的是统治阶级宗族内部的爱，在此基础上延伸，扩及全社会，所以也包括统治者对被统治阶级中的庶民乃至奴隶的"爱"。当然孔子讲的"爱人"是"有等差"的，即必须按照自己的等级名分去"爱"，不能超越"礼"而"过其所爱"。同时，"爱人"又有不同的形式，表现在爱父母方面是"孝"；表现在爱兄弟方面是"悌"；表现在爱朋友方面是"信"；表现在爱民族、国家方面是"忠"，等等。在奴隶制瓦解的时代，孔子提出"仁者爱人"，无疑是一大进步，客观上是支持奴隶的解放，有助于产生新的生产关系，它是地主阶级兴起和奴隶解放潮流的反映，是"重民""爱民"思想的表现。这在当时具有较大的理论和实践意义。

（二）提倡人伦价值

中华民族传统美德的一个重要方面，就是人伦美德。所谓"人伦"，在封建社会是指人与人之间的关系中应当遵守的行为准则。自有人类以来，随着生产的发展和社会交往的增加，人与人之间必然会产生一系列关系，在社会发展的不同历史阶段，人与人之间关系有继承又不完全沿袭。一般来讲，建立与当时社会发展相适应的人与人之间关系的目的，是希望能维护社会的稳定和达到社会和谐。中国长期处于封建社会，封建社会的生产关系和社会结构需要与之相适应的伦常或纲纪，也就是要提倡人伦价值。

中华民族提倡的人伦观念，较为集中地体现于儒家思想中。《孟子·滕文公上》中明确提出："使契为司徒，教以人伦：父子有亲，君臣有义，夫妇有别，长幼有序，朋友有信。"这五种基本的社会关系，称为"五伦"，其中除朋友有信外，其他四伦都体现封建的宗法等级关系。所以，人伦又是封建制度下社会伦理关系的概括。儒家进行道德教育的最基本要求就是要"明人伦"，要求人们在君臣、父子、夫妇、兄弟、朋友五伦中寻找自己所处的位置，自觉地乐其名分，并由此进一步修身去达到求贤求圣的道德境界。在儒家最重要的典籍《礼记》中，有一篇把道德与政治融为一体的篇章——《大学》，其中明确要求，"为人君，止于仁；为人臣，止于敬；为人子，止于孝；为人父，止于慈；与人交，止于信"。还指出了"大学之道，有明明德，在亲民，在止于至善"。"明德"，就是对仁、敬、孝、慈、信的总结，对社会人伦道德的归纳。"明人伦"教育的实质意义，在于强调个体与社会的统一，强调只有把个体置于日常人伦这一网络之中，才能显示其地位和意义。这样，教育的目的就不是造就发达的个体，而是养成乐其名分的道德自觉。

中国是最重人伦道德的国家，也是一个人情味特别浓郁的国家。中国封建社会的宗法家族制度和等级尊卑制度，使中国封建社会属于伦理——政治中心主义。天上地下，万事万物，天人合一，无非伦理二字。此理通于天，故有"天不变，道亦不变"，而所谓"道"，又重在伦理或政治。所以，当论及五伦中的君臣关系时，常比为父子；而当论及师生师徒关系时，又比作父子。前者带有明显的政治倾向和时代烙印，后者则反映了人伦观念普遍为群众所接受，故"一日为师，终生是父"得以流传至今，常被人们引用。毛泽东同志在新中国成立后会见青少年时代的老徐特立同志时，就曾引用过这句古语，被传为佳话。

中华民族重人伦价值，也是我们民族具有凝聚力的重要原因之一。人伦思想作为伦理道德的一个重要组成部分，必然有其时代特征。封建社会的人伦思想是为封建制度服务的，核心就是要维护封建宗法家族制度和封建等级尊卑制度，这就使传统的人伦思想中不可避免地带有历史的痕迹。对此，我们必须批判地继承，注意剔除其封建糟粕。另外，传统的人伦思想又根植于人民群众之中，在其形成与发展过程中，一定程度上反映了人民群众的合理愿望和对理想人格的追求，也吸收了历代知识分子思想中的精华，尤其是人民群众在实践人伦思想的过程中形成的不少内容，逐步形成了中华民族传统的人伦美德。这些美德世代相传，在今天的社会条件下，仍有其积极的意义。这不但需要我们认真继承，而且还应当在新形势下去发展和补充新的内容。

二、向往理想人格的精神境界

在中华民族的传统文化中，重视道德的自我修养，追求崇高的精神境界，被先辈们看作人生诸种需要中最高层次的需要。这种对"道""义""仁"的追求，直至对理想人生境界的向往，超过了对衣食前程、生死安危的关注。"朝闻道、夕死可矣"，为了某种理想目标，宁愿"舍生取义""杀身成仁"。当这种理想目标与国家兴亡、民族富强相联系时，便成了人们无私奉献、爱国爱民的精神支柱。"先天下之忧而忧，后天下之乐而乐"的范仲淹，"人生自古谁无死，留取丹心照汗青"的文天祥，"不为五斗米折腰"的陶渊明，还有无数的圣哲先贤，正是这种理想人格的追求者和实践者。他们抱定理想目标，富贵不能淫，贫贱不能移，威武不能屈，甚至"宁为玉碎，不为瓦全"，表现出浩然正气，从而使向往理想人格这一道德要求成为中华民族传统美德中的又一个重要方面。

（一）"舍生取义"的人生境界

中华民族传统美德中，一贯重视道德修养，推崇仁爱原则，并把这种理想人格置于较高的地位。在《论语》中，仁字出现了105次，礼字出现了75，足见孔子对仁爱原则、对道德修养的重视。对于仁德修养，孔子提出了许多重要的思想，如"为仁由己"，强调道德自觉；要立志，"吾十有五而志于学"；要"求诸己"，从自己做起；要自省，"见贤思齐焉，见不贤而内自省也"；要力行，"君子耻其言而过其行"；要改过，"过则勿惮改"，"过而不改是谓过矣"。孔子不仅把仁德作为个人修养的核心，强调要弘扬仁道。他说："士不可以不弘毅，任重而道远。仁以为己任，不亦重乎？死而后已，不亦远乎？""仁以为己任"，就是要把弘扬仁道作为己任。这不仅是个人的道德修养，而且是为理想社会而奋斗，这是人生最高的境界，是人生价值之所在，必须奋斗终生，死而后已。当个人的自然存在与道德原则发生冲突而不能两全的时候，应该舍弃生命以维护理想的道德原则和成全仁道。他说："志士仁人，无求生以害仁，有杀身以成仁。"仁德的修养，个人的人格，比生命的价值更重要。因此，志士仁人决不能为"不义而富且贵"的物质享受所诱惑，也不能为"一箪食，一瓢饮"的贫困生活所动摇，更不能在死亡的威胁面前，为求生而害人。这样才能真正实现人生的价值。综观孔子一生，虽四处奔波，到处碰壁，但他推崇仁德的理想始终没有动摇，从而体现出一个历史人物的伟大人格。

孟子继承和发扬孔子的思想，继续弘扬仁道。孔子说"仁者，爱人"，孟子提出"仁也者，人也"。这是继承了孔子的观点。但孔子讲仁，还没有把义作为一个独立的问题提出来。孟子则仁义并提。他说："仁，人之安宅也；义，人之正路也。"仁是安身立命的基础，义则是人生应遵循的轨迹。孟子总是同时提出这两个方面，他对提出的修养要求是"居天下之广居，立天下之正位，行天下之大道"，"居天下之广居"是指仁，"行天下之大道"就是义，"立天下之正位"则是礼，就是要求人们居于仁、行于义、立于礼。当个人的自然生存与道德原则相矛盾的时候，孔子强调要"杀身成仁"，孟子则提出"舍生取义"。在《孟子·告子（上）》中，孟子用比喻的手法阐明了这一观点，他说："鱼，我所欲也；熊掌，亦我所欲也，二者不可得兼，舍鱼而取熊掌也。生，我所欲也；义，亦我所欲也，二者不可得兼，舍生而取义者也。生亦我所欲，所欲有甚于生者，故不为苟得也；死亦我所恶，所恶有甚于死者，故患有所不辟也。如使人之所欲莫甚于生，则凡可以得生者，何不用以？使人之所恶莫甚于死者，则凡可以辟患者，何不为也？由是则生而有不用也，由是则可以辟患而有不为也。是故所欲有甚于生者，所恶有甚于死者，非独贤者有是心也，人皆有之，贤者能勿丧耳。"意思是说，生命是我所喜欢的，但是不该用卑鄙的手段去苟且偷生；为了正义，也不该用卑鄙的手段去躲避祸患。这种以义为贵的精神，在孟子看来是每个人所固有的主体人格意识，只是贤人能保持它而不丧失罢了。"贤者"，相当于孔子所提的"君子"，是理想人格的范型，只有那些能"杀身成仁""舍生取义"的人，才能成为君子，成为贤者，才具有儒家所倡导的理想人格。

荀子在《正名》篇中说人之所欲，生甚矣；人之所恶，死甚矣。然而人有从生成死者，非不欲生而欲死也，不可以生而可以死也。意思是说，人们生存的欲望是很强烈的，人们厌恶死亡的心情也是很强烈的；然而人们有希求生存的机会而以死亡为结果的，这不是他们不愿生存而求死亡，而是由于他们考虑到在当时情况下生存是不对的，而死亡是对的。荀子认为，每一个人都有恶死好生的欲求，但"不欲生而欲死"是由于他以为死得其所，合乎礼的要求，即道德原则的要求。

孔子、孟子、荀子都认为，当个体的自然生存与道德原则发生冲突而不能两全的时候，应该舍弃生命以维护道德原则。由于这三人的思想体系各有侧重，因而分别从"成仁""取义""尽礼"的角度去诠释。荀子在《正名》篇中的那段话，是对"杀身成仁""舍身取义"的抽象概括。对后世影响最大的，当数孔孟的"成仁"与"取义"。历史上的正义之士、民族英雄与革命志士，都把为维护民族和国家利益而舍弃生命看成"成仁""取义"的正义行为。"杀身成仁""舍生取义"的道德观的践履，为培养中华民族的浩然正气和爱国主义的高尚情操起了积极的作用。

（二）"富贵不能淫，贫贱不能移，威武不能屈"

为理想中的道德原则"成仁"与"取义"，要有视死如归的勇气。孟子以为这不是一蹴而就的。于是他提出"养浩然之气"的主张："我知言，我善养浩然之气……其为气也，至大至刚，以直养而无害，则塞于天地之间。其为气也，配义与道》无是，馁也。是集义所生者，非义袭而取之也。行有不慊于心，则馁也。"孟子以为他有两个专长，一个是"知言"，即善于对他认为是错误的言论进行分析，抓住它们的弱点进行批驳；一个是"养浩然之气"。这里的气不是指客观存在的一种物质，而是指一种精神或心理状态，类似我们通常讲的"勇气"，是指表现于肉体活动或实际行动中的精神力量。这种浩然之气一旦养成，即自然外化为实际行动，它可以使人立于天地之间而无所愧行，无所畏惧，这就是所谓"至大至刚"。当民族和国家的利益要求个人做出自我牺牲时，就能自觉以身殉道，杀身成仁，舍生取义，这样的理想人格范型就是孟子所说，对世后影响极大的"富贵不能淫，贫贱不能移，威武不 能屈"的"大丈夫"。

孟子所推崇的"浩然之气"并不是一般的意气，而这宏大刚强的气概，是神圣不可侵犯的凛然之气，是博大无极的豪气。作为豪壮刚强的气势，它必须有承载的主体，这个主体就是"大丈夫"。他曾说："居天下之广居，立天下之正位，行天下之大道；得志，与民由之；不得志，独行其道。富贵不能淫，贫贱不能移，威武不能屈，此之谓'大丈夫'"。有个叫景春的人对孟子说，公孙衍、张仪这样的人难道不算大丈夫吗？他们"一怒而诸侯惧，安居而天下息"（《孟子·滕文公》（下））。孟子没有同意景春的说法，显然以为这是从外在的气势来说明大丈夫的特征，而没指出大丈夫的豪气在于内在的道德源泉这一动力。大丈夫住在天下最宽广的住宅（仁），站在天下最正确的位置（礼），走着天下最光明的大路（义）。得志时偕同百姓循大道前进，不得志时也坚持自己的原则，富贵、贫贱、威武等外在的压力都不能改变个人的志节，这才是真正的大丈夫。这里涉及了"志"与"气"的关系："夫志，气之帅也；气，体之充也。夫志至焉，气次焉；故曰：'持其志，无暴其气'。"意志是主宰，坚强的意志能使人浑身充满豪勇之气。所以孟子要求既要坚持行义的志向，又要不损伤自己的豪勇之气，此即"持其志，无暴其气"。孟子在造就理想人格的理论上，很强调意志的作用，他说"君子之志于道也，不成章不达"。这就是说，对于道的学习，要求每一步都有显著的成绩，而在这过程中必须始终不渝地发挥意志力的能动性，克服困难，进而在艰苦的环境中，"苦其心志，劳其筋骨，饿其体肤，空乏其身，行拂乱其所为"，视逆境为锻炼与造就自己的大好机会。

事实上，孟子本人便蓄志要成为士大夫的人格形象。这种大丈夫的本色集中体现在他的游说生涯中。其铢视轩冕，尘视金玉的气度，使他在与诸侯的周旋中，折射出啸傲诸侯的人格气势，身体力行地践履了自己"富贵不能淫，贫贱不能移，威武不能屈"的主张。这种以主体人格的崇高去压倒对手的威严，是由于孟子自信真理在手，道德原则内蕴在心，"仁人无敌于天下""辅世长民莫如德"。对不按照礼的规定而召见大臣的诸侯，他主张"非其招而不往"。他强调诸侯应该礼贤下士。历史上管仲尚且不愿被君王召唤，更何况我这样连管仲都不愿做的英才（"管仲且犹不可召，而况不为管仲者乎？"）。支持他这样做的，不是他和诸侯之间的赌气式的抗衡，而是随时准备为着正义事业、为着维护道德理想的自我牺牲精神："志士不忘沟壑，勇士不忘丧其元"。

孟子以后，"富贵不能淫，贫贱不能移，威武不能屈"的理想人格的内涵有了一些变化。一是沿着舍生取义的方向，以浩然正气为自己的寄托，孕育和造就了垂训后世的重义仁君、民族英雄、革命志士。二是为道德原则理想而献身的自我牺牲精神，成为有雄心壮志者的座右铭。后者又表现出两个方面的特点：第一，扬声留名的建功气概与不甘雌伏的奋发精神。第二，兼济天下的社会使命感与维护自身气节的责任感。孟子所倡导的"养浩然之气"以及由此产生的不甘雌伏的奋发精神，建功立名的进取气概，兼济天下的社会使命感与不降志辱身的气节，在历史上起到了振奋民族精神的积极作用。

（三）"宁为玉碎，不为瓦全"

如果说，与后世相比，先秦儒家更多地致力于理想人格的理论建构的话，后世受大丈夫人格意识影响的儒生，则更多地致力于实践的努力。杀身成仁，舍生取义，养浩然之气，为儒家一贯信奉的人格意识。在中华传统文化里，表现为两个方面：当外族入侵、民族矛盾成为主要矛盾时，它就演化为爱国主义精神，在这方面，岳飞、文天祥、陈天华等民族英雄当为代表；当民族矛盾缓和，而邪恶势力当道时，正直之士不屈服压力，坚持气节，伸张正义，百折不挠而为后世誉美，就这方面而言，明东林党人堪称楷模。

"一堂师友，冷风热血，洗涤乾坤"的东林党人，在君主专制变态的极盛期，与黑暗邪恶势力做斗争，始终不肯屈服。文天祥一生是自觉践履儒家义理的典范生无以救国难，死犹为厉鬼以击贼，义也。人格的高扬或堕落，在民族矛盾斗争特别尖锐的历史条件下，最能显示出人的本色。饮雪吞毡的苏武、精忠报国的岳飞、气贯长虹的史可法、以身殉难的夏允彝夏完淳父子……之所以为人们永远敬佩，是因为他们弘扬了理想的人格意识，践履了堪做榜样的人生准则。放眼近现代的历史，无数爱国的志士仁人，在民族危亡关头，坚持气节、伸张正义，勇于负起爱国救亡的重任，这其中有陈天华为救国蹈海自尽。他的行为，弘扬了"杀身成仁""舍生取义"的人格理想，谱写了中华民族新的正气歌。

三、积极进取的人生态度

在中国文化思想史上，思想家们对人生问题各抒己见，留下了宝贵的文化遗产。从不同的人生体验中，表现出一种积极进取的人生态度。

（一）对人生问题的探索源远流长

早在殷商、西周时期，已经出现了一些带有人生哲理的概念和思想，但尚没有形成完整的理论。春秋战国时期，随着社会政治、经济的发展和人们认识水平的提高，古代思想家对人生哲学的研究，开始进入了理想化的阶段。儒家人生哲学的创始人是孔子，他的人生哲学思想的核心是"仁"，认为人生的最高理想是行仁，并立志以仁修身济世。为了实现仁，"死而后已，不亦乐乎"，可以不惜牺牲自己。仁在这里表现为一种献身精神和理性的历史责任。这一思想对塑造中华民族的精神风貌起着积极的作用。在人生态度上，孔子特别强调不应计较个人的得失与享受。他认为，"不义而富且贵，于我如浮云"。他还认为一个人为了自己的人生理想，就要敢于"知其不可为而为之"，采取和提倡一种积极进取的人生态度。孟子把"仁"和"义"结合起来，作为人生哲学的核心，提倡五伦，主张性善论，认为人天生具有"恻隐之心""羞恶之心""恭敬之心"、"是非之心"等四种善端，认为"圣人"和普通人都能做到，"圣人与我同类者"，"舜人也，我亦人也"，既然都是人，就都有共同的人性，舜能做到的事，普通人只要努力，也能做到。这充分体现了孟子所倡导的是一种积极进取的人生态度。荀子以"性恶论"出发，认为人的本性就是好利恶害，优秀品质是后天教育和环境影响造成的。他主张，"礼者，人道之极也"，是人生的法度和纲纪。荀子还提出了"积善成德"的人生命题，认为只要有恒心，一点一滴地积累和争取，如同不间断地走路可以行千里一样，日久天长，习惯成自然，便可以达到圣人的程度。这一思想是中国古代人生哲学的精华之一，从中体现出来的积极进取的人生态度，直到今天仍然能启发和激励人们的奋斗之志。

（二）宋元的理想与反理学

经过宋元时期的程（程颢、程颐）朱（朱熹）理学后，"存天理，灭人欲"的人生哲学起了禁锢人民思想、延缓社会历史发展的反动作用。后起的陈亮、叶适的人生哲学，从兼营商业的中小地主阶级的立场出发，针对程朱理学，主张重视实际利益和实际功效，反对空谈义理、鄙薄功利的风气。他们主张要认真解决当时人民的物质欲求问题。陈亮提出"务实"的口号，认为一个人的才能和德行，都离不开实事实功，呼吁人们关心国计民生，培养于国于民有用的"各务其实"的人才。陈亮还提出"除天下之患，安天下之民，皆吾之责也"，认为人生的理想人格是做一个"有救时之志，除乱之功"的英雄。在当时南宋萎靡积弱的社会状况下，这一思想，无疑是有积极意义的。叶适也强调"修身以致治"，认为人生修养的目的，是为了平治天下，"立志不存在于当世，虽仁无益也"。他还认为，国家的治乱存亡，完全在于人事。人应当"奉天"，即顺应自然规律，做主观努力；而不应"责天"，废弃自己的努力，消极地适应天。人格的完善，只有在实事实功中才能实现。总之，强调无论是人生目的，还是人生理想，都必须在实际事功中检验其真伪善恶从而评定其价值。这一思想在中国封建社会里是很不容易的。从中体现了一种积极进取的人生态度和进步的人生思想。虽然他们讲的人生之道，并未脱离三纲五常的范围，但对于宋明理学的禁欲消极论者来说，无疑是有进步意义的。

（三）王夫之追求的人生态度

明末清初的思想家王夫之，明确提出"以身任天下"的人生哲学。他从"天与人""生与义""志与节"三个方面，阐述了激进的"以身任天下"的人生观。首先，他提出"天"是自然界及其规律，人不能"强天以从人"，应该根据自然提供的条件，遵循自然规律办事。但是，"天无为"，"人有为"，"任天而为，无以为人"；其次，王夫之认为，人必须"珍生"，如果轻视自己的生命，就无人生理想可言，人生就无意义。但"生"固然重要，"义"更加重要，生命不体现人生目的，就没有价值，为了人生理想的实现，要勇于"生可舍"；最后，王夫之强调志和节在人生中的意义。他说，"人之所以异于禽兽者，唯志而已"。他指出，一个人应当依据历史发展的必然趋势，努力"趋时更新"，抱定"以身任天下"的人生目的，"不为世所颠倒"，做到"宠不惊，辱不屈"，"生死当前而不变"，矢志不渝地为人生目的去奋斗。王夫之的人生哲学思想，重视人的地位和价值，提倡人生进取精神，是具有民主色彩的进步的人生观。

（四）近代的不懈追求

中国近代的人生哲学思想，一方面继承了中国古代人生哲学思想中的合理内核，另一方面吸收了西方近代资产阶级的某些人生哲学思想，提出了同封建人生哲学思想相对立的新思想，表现出积极进取的人生态度。如康有为主张"去苦求乐"，谭嗣同主张"冲决网罗"，严复主张"物竞天择，适者生存"，章太炎主张"进化论"，孙中山提倡"为主义奋斗"的人生观，都充分表现了资产阶级的改良派与革命派积极进取的人生观和革命理想，反映了民族资产阶级的利益和要求，在中国人生哲学的探讨中，留下了新的一页。

四、重视道德的自我修养

（一）讲德行，重修养

中国传统文化实质上是一种道德文化，传统道德构成了中国文化的主体和核心。中国传统道德体系中，讲德行、重修养的儒家道德体系处于核心和主体的地位。

从理论上说，儒家的性主要由良心、良知与良能三者构成。其中良心是情感，即在血缘情感基础上经过漫长的社会实践发展而形成的道德情感。良知为理性、即在血缘关系基础上形成的社会生活的理性，也就是君贤臣忠、父慈子孝、兄友弟恭等一整套的人伦原则。良能是指个人道德行为，强调个人的道德行为必须要符合社会要求，"见父自然知孝"，"见儒子入井自然知侧隐"。德行既是一种人文情感，又升华、外化为一种情操。儒家道德的特征和功用就是通过修养怡性，改变个人，以适应、维护社会的正常秩序。其主要运作机制是建立在重视道德的自我修养上，个人首先通过学习增强自我约束力，成为合格的家庭成员，进而成为合格的社会成员。儒家把整个国家看成一个"家"，所以合格的家庭成员才是基本的道德伦理角色。家庭成员－社会成员－国家公民，构成儒家的道德修养评价的统一对象。

道德作为上层建筑的一个重要组成部分和意识形态的一种特殊形式，有其自身的相对独立性。人们对道德修养的理解，除了社会条件的制约外，还有一个重要的方面，那就是道德的主观能动作用。儒家道德观认为"人皆可以为尧舜"。在他们看来，仁义的观念是每个人本身就具有的，只要本人能致力于道德修养、潜心克服人性中邪恶的劣根性，任何人都可以成为圣人。如孟子对梁惠王说：人皆有不忍之心，将此心发扬光大，如同折枝一样容易。认为不能做到不是不能，而是不努力去争取做到。在中国传统的道德思想体系中最普遍和最基本的特点就是几乎所有的道德学家都强调道德修养和主观努力。其次就是强调道德的主体能动性。他们认为"知行并进"，提出"知是行之始，行是知之成"，得出"知行合一"的认识。这就是"知之真切笃实处便是行"的朴实简单的道理。这阐明了儒家道德精神的内涵，一是主张自我修养，达到适应社会要求、国家的目的；二是强调主体的能动作用，通过自身的努力和潜心修行，即可达到圆满的道德修身结果。

（二）强调道德的主体能动作用

1. 孔子提倡"修身""克己"

孔子的道德观鲜明地表现了儒家道德学说的特色，他对"道"和"德"分别做了阐述，认为应"志于道，依于德"。他这里的"道"，在道德伦理学上，是指行为的规范和准则，肯定人的生活应当是"守道""适道"；强调人们只有遵循一定的规范和准则，才能成为有道德的君子。"德"是指个人的品德和精神风貌。孔子认为，德是靠内部修养来形成的符合社会需要的崇高品德和健康的精神面貌。孔子认为，一个有道德的君子必须要具备两方面的条件：一是适道，二是修德。有道德的人，一方面要立志学习和遵循社会规范，另一方面要有遵循社会规范的道德情操，两者都是君子必备的条件。孔子认为，只有通过"修身""克己"的心性修养和内心锻炼，才能达到君子的道德境界。"自天子以至庶人，壹是皆以修身为本"，强调了修身是成为君子的前提。孔子认为："苟正其身矣，于从政乎何有？不能正其身，如正人何？"这种正人先正己，治人先修己的道德要求，在《大学》里被系统化为"格致诚正"和"修齐治平"的儒家修身学说。作为一种传统道德修养学说，"修身"强调道德主体的自我修养和表率原则。

在儒家道德中，强调修身为本。格物、致知、诚意和正心是修身的方法，而齐家、治国、平天下则是君子修身的必然结果。因此修身体现了封建社会文化的基本特征和价值标准。修身在孔子的道德观中占有重要地位，这是由孔子开创的儒家道德体系结构中的良知系统决定的。在良知系统中把道德主体分为"心"和"身"的二重结构，其中"心"是道德的主体，而"身"是"心"的载体，是指人的欲望的集合体，"身"被"心"所控制和约束，"心"必须在"身"上实现。因此"身"必须要修炼，克服自身欲望中的弱点，剔除个人欲望中非道德的成分，才能使"心"的向善之性得到发扬光大。

孔子提倡的"克己"，是一种道德修养的方法，也是一种认识自己，克服自己思想意识、人伦欲望、行为规范中不符合社会要求的思想行为过程。孔子说的"克己"并非禁欲和苦行的意思，更不是将个人的情感、意志与创造兴趣都克制住，而是指个人在道德品质的培养和锻炼中，化己为群、化私为公、不损人利己、能为世人的利益奉献牺牲，换句话说就是将人生的目的由小我转变到大我，由利己转变到利人，由为私转变到为公。

孔子提出道德意识的树立和自我修养的方法有三条：学、思、行。学，主要是指学习礼的知识。孔子说："不学礼，无以立。"（《季氏》）孔子认为平凡的人生来具有追求良好道德品质的愿望，但是如果不向古籍中学习礼的知识，那么向善之心则会被埋没。他说："吾非生而知之者，好古，敏以求之者也。"（《述而》）说的就是继承传统，向古人学习加强自身修养的道理。孔子还强调要向社会学习具体的知识，增长见识，提高道德修养。《阳货》中提出了"六蔽好仁不好学，其蔽也愚；好知不好学，其蔽也荡；好信不好学，其蔽也贼；好直不好学，其蔽也绞；好勇不好学，其蔽也乱，好则不好学，其蔽也狂"。孔子认为，不学习礼节礼貌和古代圣贤的事迹言论，忠、孝、悌各种人伦意识就会发生流蔽；不向社会学习，加强自身修养的意识，智、仁、勇等道德思想就会产生各种混乱。这就如同爱亲人要懂得爱亲人的常识，爱君要懂得尊君的知识，不然就会成为痴孝、愚忠。只有学习各方面的知识，才能达到修身和提高道德境界的目的。

思，即思考、反省。《论语》中讲"思"的章节很多，孔子说："君子有九思"，观思明、听思聪、色思温、貌思恭、言思忠、事思敬、疑思问、忿思难、见得思义（《季氏》）。这几句话针对自我道德修养来说，就是自己要用思考和反省来检查言行是否符合道德要求。孔子认为每个人的道德修养包括两个方面的内容，一是感性方面的内容（学）；二是理想方面的内容（思）。"思"是理性的活动，这种理性活动的作用体现在两个方面：一是当本人发觉了自己的言行不符合或者违背了社会道德规范，就要立即改正过来；二是当检查自己的言行是符合社会道德标准的，就要有勇气坚持下去。孔子认为，学和思不能偏废。因为"学而不思则罔，思而不学则殆"（《为政》），强调学能使思更丰富，更明确，思能使学得到升华。"博学而笃志，切问而近思，仁在其中矣"（《子张》），阐明了思学结合才能使自己成为道德的人和适合社会需要的人。

行，是指和言论相对的行为或指对道德规范和标准的实行、履行。孔子这样说："君子耻其言而过其行。"（《宪问》）强调有道德修养的人应该做到言行一致，而不能言过其实。只说不做的行为是可耻的，是君子不能为的事。他又说："文，莫吾犹人也。躬行君子，则吾未之有得。"（《述而》）这里所讲的"躬行"即身体力行，也指道德生活中的实践活动。一个人的道德品质是否高尚，不能仅凭他的言论，重要的是要着他的实际行动。他还把"躬行"作为教育学生的必修科目，认为一个有良好道德的人，不仅思想意识要符合道德准则，而且在社会生活中要把这种意识转化为行动。"始吾于人也，听其言而信其行；吾于人也，听其言而观其行。"他认为，这是不容易做到的，比学习知识，掌握礼节要难得多。因此，每个想成为有良好道德风尚的人必须经常克服困难，勉励自己用行动来提高道德境界。

2. 孟子提倡"见贤思齐，见不贤而内省"

孟子把人后天道德修养的主观努力，看作提高人的道德品质的关键。他的道德理想，在于教人培养起正义感、责任感以及同逆境进行斗争的精神。这些思想强调了道德主体的能动作用。特别是他继续提倡孔子的"见贤思齐，见不贤而内自省也"（《论语·里仁》），更说明人的后天道德修养对于树立良好的道德品质的重要性。他认为"仁、义"虽然是人的本性中具有的"善端"，但只是向善的萌芽，而人们的实际道德水平，要看他保持和发展这种"善性"的程度。人们尽到自己最大限度的主观努力，刻苦修炼，积极向品德和才识比自己高的人学习，善于吸收，采纳别人的长处，把向善的萌芽发展成为"善德"，就一定能够成为道德修养很高的君子。正是由于人的主观努力和能动的学习，才会具有高尚道德。

孟子把人的"善端"发展成"善德"看作如同人工种植大麦、培育农作物一样。人工种植大麦，掌握时节、耕作手段和自然土质等条件都是一样，但收获的数量却有多少之分，其原因在于"人事之不齐也"。同样，人的"善端"相同，而经过后天的社会生活磨炼之后，道德却有高低之分，则是由于人的"养"与"不养"，"思齐"与"不思齐"所致。"苟得其养，无物不长；苟失其养，无物不消。"（《告子（上）》）这告诉人们，善与不善，既要从人的主观方面找原因，更需要从现实生活中的现象和形形色色的人的相互影响中去找原因。这种认识强调了人的主观努力是人的道德发展和提高道德水平的重要途径，是发展人的道德的先决条件。

孟子还认识到道德意识的相互影响及其潜移默化的作用。对于人与人的接触影响道德发展问题，孟子说："子服尧之服，诵尧之言，行尧之行，是尧而已矣。子服桀之服，诵桀之言，行桀之行，是桀而已矣。"（《告子（下）》）就是说，人与尧一样的人交往，能学到尧一样的高尚品德；与桀一样的人接触，便会受到桀一样的不良品德的影响。对于客观物质生活对道德发展的影响问题，他指出，丰衣足食造成年轻人的懒惰，缺穿少吃使得年轻人铤而走险。基于这种认识，孟子主张"制民生产"和"仁政教论"，提倡用"见贤思齐，见不贤而内自省"的个人主观努力，来克服物质生活带给人的不良影响，并强调改善物质生活水平，从外部促进人的善性发展，表现出朴素的唯物主义思想倾向。

孟子还认识到，符合社会规范的道德行为与不符合道德规范的思想常处于对立和斗争中，但有上进心的人应该"见不贤而内自省"，通过自我检查，思想斗争，认识"不善"的根源，采取闻善知过、闻善改过的态度，才能经常与自己的错误思想做斗争，向善和贤学习，逐渐成为具有道德修养的人。孟子认为，有道德的人不仅要与自己意识中的不道德思想做斗争，还要同逆境做斗争。他认为很多优秀的道德品质是在与各种困难环境进行顽强斗争的条件下形成的。所谓"穷不失义，达不离道"的见解，反映了人们不怕困难，认识和改造社会的勇气和信心，同时说明一个有良好道德品质的人，也应当是一个富有进取心的人。

孟子把道德修养首先看成一个艰苦锻炼、逐渐积累的过程，认为在这一过程中既不能放任自流，又不能急于求成；主张在道德情操上充分发挥人的主观能动性；重视思想和行为的相互影响；并且要重视气节，不为生死利害所动。

3. 曾子要求"三省吾身"

道德修养的目的是要达到道德品质的不断完善，以适应社会现实的需要。曾子提倡的"吾日三省吾身"，就是倡导人要充分发挥自觉能动性在道德修养中的作用。

曾子说："吾日三省吾身，为人谋而不忠乎？与朋友交而不信乎？传不习乎？"意思说，我每天多次自己反省，替别人办事是否尽心竭力呢？与朋友相交往是否诚实守信呢？老师传授我的知识是否复习了？这是强调道德主体内心进行的评价活动。反省自己是件严肃的事情，作为社会主体，也是道德活动主体的人能经常认真地对自己的思想意识、行为活动进行反省，检查错误，发扬正确的思想，虽然他有这样那样的错误和不足，但能通过反省，不断改正，那他就是一个非凡的人。因为他在反省的过程中会释放出社会人特有的光华。反省，既要反思自己的思想行为是否符合社会规范，达到提高德修养境界的目的，还要认真思考道德对社会进步的推动作用，只有坚持这种反省，才能成为一个有道德的人，才能成为适应社会发展、合乎社会要求的人。反省还包括对现实生活中道德现象和道德行为的思考。只有明辨是非，才能决定取舍，只有对社会主流和本质有正确的认识，才能具有坚持正确的道德思想，正确的道德行为的信心和勇气。曾子的"三省吾身"的道德修养方法，提倡道德主体的修养和善于反省、善于思考的工夫。一个有志提高道德境界的人，应当在任何情况下都严格要求自己，善于反省，敢于取舍，敢于坚持正确的思想，反对错误的行为。这不仅需要高度的自觉性，还要求要有坚强的毅力，持之以恒，严于解剖自己，不断给自己敲警钟，不断给自己提出更高的道德目标。

4. 王阳明倡导"知行合一"

王阳明，继承孟子的"良知"道德学说，提出"致良知"的道德修身学说，倡导"知行合一"的道德修养途径。"知行合一"是一个道德命题，王阳明讲的"知"，是指如何把握社会的道德观念和道德意识，"知如何而为温清之节，知如何而为奉养之宜者，所谓知也"（《传习录》）。而他所说的"行"，是指对社会道德观念和意识的认识和实践，"凡所谓行者，只是着实去做这件事，若着实做学、问、思、辩的功夫，则学、何、思、辩便是行矣。""知行合一"这个命题的意思是说，知就是行、行就是知，知行统一于"良知"，"知是行之始，行是知之成"，"知之真实笃处即是行，行之明觉精察处即是知"。在这里，王阳明提倡认识道德思想、道德意识和道德行为的密切关系，特别强调"行"的作用，对加强社会主体的道德修养有着积极的作用。

"知行合一"的道德修养观，其一强调了理论与实践即知与行的统一。重视道德理论上有所学习和发现，又重视实践环节，注意道德理论在社会实践中的运用和指导作用。我国古代就主张"言轻行重",以为多说不如多做,既要听其言,又要观其行,但更重要的是观其行。简而言之,重知重行,言行一致,知行统一,这是中国道德传统中值得肯定的道德知行观。其二注重道德理论的系统性和实用性,强调伦理对社会道德行为的指导作用。学习理论是重要的,学习系统的理论尤为重要,但学习理论必须要用来指导社会实践,通过社会实践来实现社会道德理想。学习理论,掌握系统的理论知识,重要的是用理论来指导实践,这是中国道德传统中的优秀遗产。其三理论要联系实际,实践是检验真理的标准,只有从社会生活的实际需要出发,通过反复实践得到的符合社会发展需要的道德理论,才能科学地指导人们树立崇高的道德思想。

道德修养是一个长期的思想磨炼过程。要树立崇高的理想、信念和高尚道德情操,就必须特别重视自我修养,发挥道德主体的主观能动性。这既是中华优秀传统文化中的道德精华,也是当前我国思想道德建设和现代化建设的需要。

第三章　中国优秀传统文化的载体

第一节　优秀传统文化中的语言文字

汉语言文字是汉民族的语言文字，主要指中国语，现在其有着众多的称呼，如中文、华语等。汉语言文字的分布范围广。在全世界范围来讲，汉语言文字的分布区域比较广泛，是以中国为主，主要分布在东亚、东南亚等区域。汉语有着独特的艺术魅力，这不仅表现在读音上，更多地表现在其书写形式上。汉字在字体上类似于方块，比较工整，而且很多字在外形上对称。汉字作为一种书法，已经在世界范围内流行。特别是古代书法大家的书法作品拥有着极高的艺术价值，纷纷被收藏。

一、汉语言文字的特点

虽然汉语作为一种延续数千年的语言，但是还是存在着时代上的差别。自从新文化运动开始后，古代汉语与现代汉语在各个方面都存在着不同，下文主要是针对现代汉语的特点进行研究，包含以下几个方面。

（一）语音的特点

语音作为人类自我表达的形式，对于一种语言来说，有着某一特定区域的特性，因此也形成了其独有的特点。那么汉语在语音方面也有其自身的特点。

1.元音多。拥有数目庞大的元音是其语音的重要特点，也是区别于其他语言的主要因素。

2.没有复辅音。在汉语音节中，音节内辅音一般不连用，如没有bm、Ik等，因而噪声较少。

3.拼写上使用较少的附加符号。相对于其他语言特点，尤其是日语而言，汉语拼音很少在字母上加入附加符号。在使用中，汉语拼音只加入了两个附加符号，分别是声调符号和"ü"。

4. 音节整齐简洁。在语音音节中，大多数在结构组成上基本表现为辅音在前，单元音或复元音在后。很少出现辅音在后边的现象，这样就使得汉语音节的结构整齐而简洁，音节数目少。而且需要注意的是，汉语音节采用了双字母，对于英语等语言，汉语拼音在字母方面有所不同的是，汉语拼音采用了 zh、ch、sh、ng四个双字母，而英语的字母均为单字母。

5. 声调方面主要有四个调类。汉语拼音在声调方面主要采用阴平、阳平、上声、去声来表示汉字的调值，此来区别每个字的读音。

（二）汉字特点

汉语区别于其他语言最大的特点就是在于汉字。而且汉语的独特魅力也是来源于汉字。因此汉字的主要特点包括以下几个方面。

1. 汉字字形结构复杂，总体呈方块形状。汉字在外形上如同方块，在结构上主要分为上下结构、左右结构、半包围结构及全包围结构，这种独特的构字结构使得汉字在外形上就呈现出平面形方块体文字。

2. 汉字具有表意的功能。汉字作为象形文字具有表意的功能，有的汉字在外形上就同其含义相同，如汉字"山"，从外形上来看同山峰极其相似。3. 汉字具有一定的超时空性。虽然经历了数千年的变迁，但是汉字在字形、字音等大体上没有太大的改变。这使得虽然年代久远，但是后人对古代的文化、文学等相关的文字记载能够识别，这样就使得文化能够更好地得到传承。另外，虽然中国存在着众多的方言区，而且每种方言之间都存在着很大的差别，但是各大方言区的人们可以通过汉字来进行交流，加强各地区之间的联系。

（三）词汇的特点

1. 单音节语素多，尤以双音节词为主。汉语词形比较简短，在从古代汉语到现代汉语的发展过程中，其在词形方面逐渐由单音词向双音节词发展。如"欲—欲望""发—头发"等。而且现在新造的词汇也多为双音节词。

2. 构词广泛运用词根复合法。汉语中的很多合成词都是运用复合法的方式来使用词根构成，如"火山""江湖"等。

3. 同音语素多。例如"qí"就有"其、齐、骑、琪、旗、棋、祁、崎、岐、崎、麒"等相同音节的字。再如"liú"就有"留、刘、流、瘤、硫、榴、浏、琉、鎏、馏"等相同音节的字。

（四）语法特点

汉语虽然属于汉藏语系的一种，但是却又相对独立。汉语在语法方面其他语言相比有着自身独特之处。

1. 汉语很少通过字形来作为表示语法意义的方式，主要采用语序和虚词两种固定的方式。以英语为例，在表示语法意义的词形变化方面，汉语就与 其存在很大的不同。例如英语"He believes me"和"I believe him"中，同一个词"他"，处于主语（he）时和处于宾语（him）时词形存在不同。同是一个代词"我"，处于主语（I）时和处于宾语（me）时词形不同。同是一个动词"相信"，当主语是第三人称时"believe"要加"s"，主语是第一人称时则不用加。而在汉语中，"他相信我"和"我相信他"里中两个代词"他"和"我"无论处于什么位置，词的形态都是不变的。

2. 词句结构方面。汉语中的词句结构组成方式比较固定，都有着固定的语法结构。即主谓式、动宾式、偏正式、联合式、补充式。这种固定的语法结构不仅体现在构句上，而且体现在组词上。如词"河流"，短语"河水流动"，句子"河水流动了"，都是有陈述关系的主谓结构。

3. 量词和语气词比较丰富。在汉语中，量词的丰富使用是汉语的独特之处，相对英语的"a""an"，汉语有着众多的量词，如"一辆车、一条河、一座山"等。语气词的使用同样是汉语的特色，在同一句话中，不同语气词的使用往往会表达出不同的意思。例如"是你吗?""是你吧!"

二、汉语言文字之美感

中国的汉语属于汉藏语系。记录汉语的文字符号即汉字，是世界上最古老的文字之一。它是一种象形字，至今仍停留在表意阶段。这和西方以表音文字为语言符号的印欧语系相去甚远。汉语因此独特的文字符号，以及在此基础上形成的词汇和语法构成独特的汉语言之美。

语言是由语符、语义（此处指一个字符的意思）、词汇和语法四个要素组成。其中语符、语义属于一个层面，而词汇和语法属于另一个层面。"从内容和形式来看，语义是内容，语音是形式，语言是由语义和语音两个要素构成；从建筑语言的材料来看，词汇是材料，语法是规则，语言是由词汇和语法两个要素组成。"实际上。这四个要素中的最基本单位是语符（音符和形符），也即能指。它们构成了语言的实体部分，再通过横向联合形成词汇，并在语法结构的规则下组成句子，最终指向这个物理世界和心理世界。

语符包括音符和形符。清代沈德潜谈道："诗以声为用者也，其微妙在抑扬抗坠之间。读者静气按节，密咏恬吟，觉前人声中难写，响外别传之妙，一齐俱出。"朱子云："讽咏以昌之，涵濡以体之，真得读诗趣味。"这说明诗的美感首先是从语言的音符部分得来。

中国的律诗最能体现中国文字的音乐美。音乐美主要表现在两个方面：一是旋律的反复，一是节奏的起伏。这两点表现在律诗中就是句尾的押韵和联句的平仄对仗。《文心雕龙·声律篇》中提及"异音相从谓之和，同声相应谓之韵"，其中，韵就是韵脚，指在偶句句末上同一元音的重复，形成声音之回旋，正如音乐中旋律之再现，给人一种回旋之美；而"异音相从"是指诗中的平仄对仗。汉语言学家王力指出平仄交替就是一种节奏。在音乐中，节奏是强拍与弱拍的周期性交替，而诗歌中节奏是以"平平仄仄，仄仄平平"（这是四言诗的平仄之调，五言、七言中的平仄在此基础上加以变化）的图式交替出现，也是弱音（仄）和强音（平）的交替。特别值得提出的是，这种"平平仄仄"的抑扬顿挫之美是汉语所独有的。因为只有在汉语中，"平上去入"这四个声调的变化具有区别语义的作用。

那么，为什么能从声音高低，节奏强弱中感到诗的美呢？归根到底，语音和音乐一样，首先是诉诸感觉的。语音的轻重缓急引起感情上的喜怒悲欢。我国古代诗论里就曾对"四声"引起的不同情感做过生动描绘："平声平道莫低昂，上声高呼猛增强，去声分明哀远道，入声短促急必收藏。"

中国的汉字是一种表意的象形字，所以在语言的形符上，与表音的印欧语系的形符相比，更容易"望文生义"，也即汉字的形符和语义之间更有一种通透性。这与汉字的造字法有关。汉字造字法，传统有"六书"之说，即象形、指事、会意、形声、转注、假借六种。其中前四种是主要的造字法。象形，是把词所称谓的事物的形状、特征、用线条描画出来，以此记录该词；指事一般是在象形字的上面加上指示性的符号或用纯符号组合起来创造新字；会意是把两个或两上以上的象形字或意义相关的字拼合起来另造新字；形声是一种半意半音的造字法。其中，"形旁"是字的表意部分，"声旁"是字的表音部分。由此可见，汉字中大多数字是在象形字的基础上发展而来的。在这里，我们先撇开汉字本身间架结构的匀称、整齐之美不提（这是汉语书法学研究的对象），汉字作为记录汉语的符号，其形和其音一样具有功能作用，在一些文学作品中能达到独特的审美效果。这就是陈望道在《修辞学的中国文学观》中所说的"文章上这就不免很有些人在字音所致的'听觉效果'之外，并注意字形所致的"视觉效果'，而有所谓的'字面问题'了"。又如徐岱在《艺术文化论》中列举鲁迅先生的《阿长和山海经》里的一段描写："一到夏天，睡觉时她又伸开两脚两手，在床中间摆成一个'大'字，挤得我没有余地翻身。"认为这个"大"字，将长妈睡觉时大大咧咧的姿态刻画得活灵活现。确实，这个"大"字用在这里，与其说是利用它的语义，不如说是充分展示了它的形符，正是"大"字的形状，让人立刻想到了长妈不雅的睡态。这种效果只有重形象的汉字才能不着痕迹地表现出来。

三、汉语言文字对中国文学的影响

（一）汉语言文字使得中国文学更具有艺术魅力

汉语言文字作为中国人民智慧的结晶，已经拥有上千年的历史。一直以来，汉语言文字都肩负着传承中国文化的重任，使中华文明源远流长。从先秦至今，中国文学一直都以其深厚的思想影响着一代又一代的中国人。文学往往都是以语言文字的形式表现出来的，读者也都是通过阅读语言文字来了解文学所要表达的思想和内涵。因此，汉语言文字在一定程度促进了中国文学的发展，促使其思想内涵的传播。汉语言文字以其特有的方式记载和传承着中国文学。其独特的文字表现形式、结构、含义、语音，都使得中国文学具有独特的艺术魅力。因此，无论是唐诗、宋词，抑或是元曲，我们都可以看见汉语言文字赋予中国文学的独特魅力。

（二）汉语言文字赋予中国文学更为广阔的意境

意境美是中国文学历来所极力追求的，是文学艺术魅力的重要表现。千年以来，汉语言文字的形体、语音等都发生了重要的改变，同时也一直影响着中国文学。汉语言以其文字所体现的含义经过不同的组合展示出不同意境。中国文学正是通过这种汉语言文字的组合来营造出不同的意境，使中国文学体现出其独有的思想内涵。例如，唐诗里的诸多诗句，都是通过不同字句的组合来展现出不同的意境，从而反映出诗人的心境。又如，小说中的各种场景的描写、人物的刻画等，都是通过语言文字的叙述来营造出一种特有意境，从而引发读者的想象。

汉语言文字是世界上最古老的语言，目前发现最早的文字为甲骨文，而且汉语作为民族共同语最早出现在先秦时期。由此可见从数千年前至今，汉语从未间断过，具有极强的连续性。正式这种极强的连续性，使得汉语具有很高的艺术价值和历史意义，也方便后人对古代文化的研究，更便于文化的传承。从上述分析来看，汉语言文字具有独特的特性，也正是这种独特性使得其对中国文学产生着重要的影响。它作为中国文学的基础，是传承文学思想的形式和载体，其不仅赋予中国文学独特的艺术魅力，而且还使中国文学 更具意境美。

第二节　优秀传统文化中的文房四宝

文房四宝是笔（毛笔）、墨、纸（宣纸或书画纸）、砚的总称，是中国独特书写与绘画必备的文具与载体。中国古代绘画的工具和材料基本上是由笔、墨、纸、砚构成的，人们通常把它们称为"文房四宝"，大致是说它们是文人书房必备的四件宝贝，因为中国古代文人基本上都是又能书又能画，是离不开笔、墨、纸、砚这四件宝贝的。

中国画是用毛笔、墨以及中国画颜料，在特制的宣纸或绢素上作画。主要是通过线条的粗细、长短、曲直、刚柔，墨的干湿、浓淡变化，体现"笔精妙墨"的艺术效果。中国绘画具有独特的风格特征和形式语言，不是孤立存在的，它与所运用的工具材料、各种表现技法有关，能绘制出各种独特效果的画面。这些必备的材质就是我们通常说的笔、墨、纸、砚。笔、墨、纸、砚是我国传统的书写工具，也是中华民族艺术中绚丽的瑰宝。千百年来，它以独特的神韵和风采、精美博深的艺术造型，引发着使用者的激情和遐想，为灿烂的中华文化谱写出了累累篇章，被誉为"文房四宝"。

一、笔墨纸砚的发展渊源

文房一词最早起源于南北朝时期，意指官府掌管文书之处。唐代以后的文房则专指文人书房中的笔、墨、纸、砚，有"文房四士""文房四贵""文房四物"等别称。

文房四宝一直是文人雅士书斋中的珍爱之物，也是中华民族的国粹，是中华书法与绘画必备的工具与载体。文房四宝通过画面展现中国"文房"的雅韵所在，表现中国传统文化的魅力与悠久的历史。

（一）笔

在林林总总的笔类制品中，毛笔可算是中国独有的品类了。传统的毛笔不但是古人必备的文房用具，而且在表达书法和绘画的特殊韵味上具有与众不同的魅力。

毛笔的制造历史非常久远，早在战国时，毛笔的使用已相当地发达。最早的毛笔，可追溯到两千多年之前。西周以上虽然迄今尚未见有毛笔的实物，但从史前的彩陶花纹、商代的甲骨文等上可寻觅到许多用笔的迹象。东周的竹木简、缣帛上已广泛使用毛笔来书写。湖北省随州市擂鼓墩曾侯乙墓发现了春秋时期的毛笔，是目前发现最早的笔。古代的笔的品种很多，从笔毫的原料上来分，就曾有羊毛、马毛、麝毛、獾毛、狸毛、鼠须、狼尾、狐毛、獭毛、雉毛、猪毛、胎发等；从性能上分，则有硬毫、软毫、兼毫；从笔管的质地来分，又有水竹斑竹等竹、紫檀鸡翅等木、象牙、牛角、金、银、瓷等，不少属珍贵的材料；从笔的用途来分，有山水笔、花卉笔、叶筋笔、人物笔等。

现在我们常见的毛笔品种较多。软毫笔，一般是用羊毫加工制成，柔软，含水量大。大型的如"提斗""抓笔"等，中小型的如"鹤劲""鹤脚"等。兼毫笔，是用硬毫与软毫相间制成的，刚柔适中。如"紫毫""白云"等。

（二）墨

墨也是古代书写中必不可缺的用品。借助这种独创的材料，中国书画奇幻美妙的艺术意境才能得以实现。

《述古书法纂》上说：西周"邢夷始制墨，字从黑土，煤烟所成，土之类也"。说是黑土，可能是指黑色一类矿物质，或矿物颜料，那么甲骨文上的黑色字，倒出现得更早。说是煤烟所成，却是西汉以后的事。在人工制墨发明之前，一般利用天然墨或半天然墨来作为书写材料。据东汉应劭《汉官仪》记载："尚书令、仆、丞、郎，月赐愉麋大墨一枚，愉麋小墨一枚。"愉麋在今陕西省千阳县，靠近终南山，其山石松甚多，用来烧制成墨的烟料，极为有名。从制成烟料到最后完成出品，其中还要经过入胶、和剂、蒸杵等多道工序，并有一个模压成形的过程。墨之造型大致有方、长方、圆、椭圆、不规则形等。墨的外表形式多样，可分本色墨、漆衣墨、漱金墨、漆边墨。

墨的特点是："落纸如漆，色泽黑润，经久不褪，纸笔不胶，香味浓郁，丰肌腻理。"墨分"油烟"和"松烟"两种，油烟墨用桐油或添烧烟加工制成，松烟墨用松枝烧烟加工制成。油烟墨的特点是色泽黑亮，有光泽。松墨的特点是色乌，无光泽。

中国画的墨，一般是加工制成的墨锭。选择墨锭时，先要看它的墨色。看墨泛出青紫光的最好，黑色的次之，泛出红黄光或有白色的为最劣。磨墨的方法是要用清水，用力平均，慢慢地磨研，磨到墨汁浓稠为止。为了方便，现在一般书画都采用墨汁，以一得阁和曹素功所产为佳。但讲究用墨的人仍采用研磨徽墨的办法，创作书画。

（三）纸

纸是中国古代四大发明之一，曾经为历史上的文化传播立下了卓著功勋。即使在机制纸盛行的今天，某些传统的手工纸依然发挥着它不可替代的作用，焕发着独有的光彩，古纸在留传下来的古书画中尚能一窥其貌。

中国古时候绘画多画在干帛和绢上。大约到了宋元时代，人们才开始大量用纸作画。绢和纸各有特点，纸是植物制品，绢是丝织品。笔墨画在纸上，容易表现出笔墨和色彩的变化；画在绢上，其画的光洁度就更强一些。

我们现在主要是用纸作画，一般是宣纸。宣纸质地绵韧、纹理美观、洁白细密、经久不坏，并善于表现笔墨的浓淡润湿，变化无穷。古代诗人誉为"滑如春冰密如茧"，历代文人墨客书画名家无不珍爱喜用。用宣纸题字作画，墨韵清晰、层次分明、骨气兼蓄、气势溢秀、浓而不浑、淡而不灰，其字其画，跃然纸上，神采飞扬、飞目生辉，产生出特殊丰满的艺术效果。

（四）砚

古代的书斋中，除笔、墨、纸外，还有与之相配的砚，砚也是文房四宝中不可缺少的一员。砚是磨墨用的，要求细腻滋润，容易发墨，并且墨汁细匀无渣。大概在殷商时期，砚随墨的使用始以粗见雏形。砚也有石砚、陶砚、砖砚、玉砚等种类之分，最负盛名的是广东产的端砚和安徽产的歙砚。

砚即是砚墨器，又称砚台，它是绘画与书法的辅助品，砚如手足般配合笔墨纸，必然使书法与绘画达到尽善尽美之境界。

二、文房四宝的价值及意义

中国画独特的风格特征和形式语言不是孤立存在的，它与所运用的工具材料紧密相连，它是材质和技法的综合产物。在绘画过程中，表现技法和工具材料都有着同样重要的作用，使用特定的工具材料能制作出特定的笔墨肌理和创造出独特的画面效果，因此，绘画材料与笔墨之间相辅相成、缺一不可。在中国画中，毛笔、墨、宣纸、砚台是最基本的工具材料。在中国绘画中，笔墨是表现形象、塑造形体的重要工具，纸是中国绘画的载体，砚台是绘画与书法的辅助工具。在传统中国画中，普遍使用圆柱体的"毛笔"，它和宣纸、墨、砚形成了最佳组合，能表现出特有的笔情墨韵。由于中国画是运用较单纯的形式语言－笔、墨来塑造形体，所以中国画是非常讲究笔墨的。古代画家就说过："有笔有墨谓之画。"也就是说，只有有了笔墨，才能称为中国画，没有笔墨就不是中国画，或者说有笔无墨或有墨无笔，都不能算是好画。这说明笔墨对中国画来说是何等的重要。那么，用笔和用墨是怎样的呢？

一般说，用笔就是指线条。线条是中国画造型的基本手段。线条不仅用来表现物体的轮廓，也用来表现物体的质感和明暗。因此，中国画线条的变化是很丰富的，有轻、重、缓、急、粗、细、曲、直、刚、柔、肥、瘦等种种区别。单是中国古代画人物衣服的褶纹，就总结出了十八种描法。而且古代中国画家们在实践的基础上还总结出了用笔的"五忌""六要"。用笔五忌是指忌刻、板、枯、弱、结；用笔六要是指一要自然有力，二要变化有联系，三要苍老而滋润，四要松灵而凝练，五要刚柔相济，六要巧拙互用等。再说用墨，用墨主要目的是表现物体的色彩、明暗等。墨虽然是黑的，但中国画却有"墨分五彩"的说法，五彩是指黑、浓、淡、干、湿。古人说"墨即是色"，浓淡水墨可代替各种色彩。用墨讲求皴、擦、点、染交互为用，干、湿、浓、淡合理调配，以塑造形体，烘染气氛。用墨还要有浓谈相生相融，做到浓中有淡，淡中有浓，浓要有最浓与次浓，淡要有稍谈与更淡。这都是中国画的灵活用笔用墨之法。

一笔一画的深浅浓淡、渗透润化以及水分的多寡都极其讲究，这就对中国画的载体——纸的渗透性、晕化性、呈色性等方面的性能提出了很高的要求。同时，不同的形式语言对纸张的质地、形式和种类又有不同的要求，淋漓酣畅的水墨大写意要求渗透滋韵的生宣纸；潇洒灵动的小写意要求润化有度、托色承形的宣纸；兼工带写、刻画细致的"精笔画"要求上浆刷胶的半熟纸；精勾细染、谨细入微的工笔重彩则要求"滴水不漏"的熟纸。中国绘画有砚如手足般配合笔墨纸，必然使书法与绘画达到尽善尽美之境界。

文房四宝的悠久历史是中国劳动人民的创举与智慧结晶，不仅是几千年的文化用品，也是中华文明的一个象征。中国的毛笔是举世无双的书写工具，古埃及的麓笔、欧洲的羽毛笔早已退出历史舞台，而毛笔从漫长的历史岁月中走出来至今兴盛不衰足见其强大的生命力。中国的墨不仅是一种书写用品，它也是举世无双的艺术品，它的存在让纸和笔真正完美结合，融为一体，从而演绎了"挥毫泼墨，跃然纸上"的精神。而纸的发明是世界文明史上的大事，更是书法与绘画史上的大事。我国是世界上发明造纸术最早的国家，这是对世界科学文化的巨大贡献。砚台不仅仅是研磨器，还是中华民族文化的有机组成部分。国家有关领导人曾在中国文房四宝协会的大会中如此赞美道："笔佳十美警世，墨香百里可闻，纸好千年不变，砚固万代同辉。"

第三节　优秀传统文化中的文化典籍

中国是世界文明古国之一，具有五千多年的历史和灿烂的文化。浩如烟海的经史典籍、诗词歌赋、曲艺小说散文游记等，把中华风韵与历史人物及各地的自然社会风貌相结合，构成了华美的乐章，产生了巨大的魅力，对中国古典文学的鉴赏，不仅是一种美的享受，更能从中得到有益的启示。

一、中国古代文化典籍反映了中国的历史

中华民族，是富有历史意识的民族，在中国古代，记载中国历史的典籍是很多的。从中我们可以认识中国社会的兴替发展及其规律。例如，由孔子根据鲁国史料编纂而成的《春秋》，成书于公元前481年，不仅在中国而且在全世界是最早的一部编年体史书，它比西方最早的编年体史书—希腊希罗多德的《希波战争史》还早半个世纪。《春秋》记载了从鲁隐公元年（前722年）至鲁哀公十四年（前481年）间共242年的历史，涉及120多个国家。这一时期正是新兴的地主阶级逐渐取代奴隶主贵族统治的社会大变革时代。《春秋》的主要内容是记述当时各诸侯

国统治阶级人物的活动和纷繁复杂的历史事件，鞭挞混乱的社会现象，为后世确立作者心目中理想的是非标准。虽然《春秋》总共只有约1.8万字，记事过于简略，对历史事件只记结果，未述原因经过，而且记史中"为尊者讳，为亲者讳"，多用曲笔掩饰，但毕竟为后人留下了两千多年前珍贵的史料，使我们能从中窥见当时的社会变动规律。

古代典籍中另一部历史巨著，是汉朝司马迁呕心沥血写出的《史记》。明代李贽曾说："《史记》者，迁发愤之所为作也。"（《藏书·司马迁传》）。《史记》与《春秋》的体例不同，它是中国第一部纪传体通史，即以人物而不是以年代顺序为主体写史。全书130篇，分十二本纪、十表、八书、三十世家、七十二列传，以本纪和列传为主体，计52万多字，记述了自黄帝至汉武帝元狩元年（公元前122年）之间2600多年的历史。《史记》取材广泛，史料翔实，既记载了帝王将相的世系和他们的活动，也记载了当时人民群众反抗暴政的斗争和下层人物的事迹，广泛地反映了宏阔的社会政治生活。如《高祖本纪》记述了汉高祖刘邦反秦和统一中国的历史业绩和他冷酷、虚伪、狡诈的性格；《项羽本纪》塑造了项羽摧毁秦朝统治的英雄形象，指出了自矜功伐、骄傲自大是导致他失败的原因；把秦末农民起义领袖陈胜列入《世家》，充分肯定陈胜、吴广起义反秦的正义性和不朽功绩说明司马迁的见识；《廉颇蔺相如列传》通过完璧归赵、渑池之会、负荆请罪等事件的叙述，刻画了蔺相如的机智勇敢和先国后私的高尚品德，也表现了廉颇爱国和勇于改过的可贵精神；《游侠列传》写了侠义之士救危扶困、见义勇为的行为；《酷吏列传》则详尽描写张汤、义纵、王温舒、杜周等人的残暴，等等。因此，《史记》比较客观地反映了当时的历史，具有较高的历史真实性，体现朴素的唯物主义思想。

值得一提的是，《史记》不仅是一部记载历史的鸿篇巨制，而且还是一部优秀的文学名著，堪称文史结合的典范。在司马迁笔下，一个个人物塑造得有血有肉，鲜活灵动，栩栩如生地展现在读者面前；一个个事件描写得跌宕起伏，引人入胜，使人有亲临其境之感。因此，《史记》对后来的史书和其他文学作品产生了巨大的影响，曾被译成英、法、俄等多种文字，也被历代文人注释，广为流传。中国现代文学巨匠鲁迅将其誉为"史家之绝唱，无韵之离骚"，这是对《史记》极高的评价。

在历代众多的典籍中，还有一部由北宋著名的历史学家司马光编著的《资治通鉴》。这是中国第一部编年体通史，共294卷，300万字，上起周威烈王二十三年（前403年）韩、赵、燕三家分晋，下至后周世宗显德六年（959年），覆盖从战国到五代间1362年的历史。据司马光自述，他编著《资治通鉴》的目的，在于"鉴前世之兴衰，考当今之得失，嘉善矜恶，取是舍非"。这部史书详细记载了历代重大政治事件的发生和影响，以及历次战争的经过和交战各方采取的战略、策略，反映了各个时期经济政治制度的变革和人民生活的状况，还有河道、水利整治的情况等。从为封建统治者提供借鉴着眼，书中对历史上的统治阶级骄奢淫逸导致失败做了一定程度的揭露和谴责，对统治阶级内部的斗争做了详细的记载，特别是对历史上的农民起义，如赤眉绿林起义、黄巢起义等做了细致描写，从治国平天下的初衷出发，强调"为治之要，莫先用人"的思想，如齐威王与魏惠王论宝的一席对话，语言生动，含意深刻，体现了人才对于治理国家的重要性。可以说，司马光写《资治通鉴》，确实用心良苦。此书问世后，不仅对史学、文学领域产生很大影响，而且对后来经济、社会发展尤其是政治、军事斗争、治理国家有很大影响，许多统治者和领袖人物都把它作为必读书，从中吸取政治营养。

二、古典文学中充满爱国主义精神

中国几千年的历史中，涌现出许多爱国者，他们以文学作品言志或抒情，体现了崇高的爱国主义情怀。这些人物和他们的作品流芳千古，教育和鼓舞了一代代中国人。

屈原是伟大的爱国主义诗人，生活于战国后期的动荡年代，自幼受到良好的教育，培养了美好的政治理想和高尚的道德情操。他渴望举贤授能，修明法度，使楚国强盛，对祖国深存一份执着的热爱。由于触动旧贵族的利益，后遭党人诬陷，屈原被楚怀王疏远，黜退，但仍不改爱国之志。这种情感，表现在他的《离骚》《九章》等作品中。屈原为了表达宁为玉碎也不改节从俗，坚定地忠于理想，深信自己的信念，赋诗曰："民生各有所乐兮，余独好修以为常。虽体解吾犹未变兮，岂余心之可惩？"面对国家命运危在旦夕，屈原不惜以生命来反抗黑暗，体现了爱国主义的崇高气节："既莫足与为美政兮，吾将以从彭咸之所居。"屈原的精神，代表了中华民族在长期奋斗中所形成的爱国主义精神。这种精神，激励着后人，不少志士仁人在民族危亡时刻，都以屈原精神激励自己，表达自己的爱国热情。

宋代的民族矛盾非常尖锐，辽、西夏、金不断侵扰中原，1127年北宋王朝被金所灭；1279年南宋为蒙古军所亡。这一时期，许多爱国志士为抗击侵略，维护祖国统一，进行了英勇不屈的斗争，写下许多气壮山河、可歌可泣的爱国主义篇章。岳飞、陆游、辛弃疾、文天祥是其中最杰出的代表。

岳飞是南宋家喻户晓的民族英雄，其母在他背上刺下"精忠报国"四字，成人后统率岳家军抗金，多次重创敌军。他的《满江红》字里行间充满爱国精神："靖康耻，犹未雪，臣子恨，何时灭。驾长车，踏破贺兰山缺。壮志饥餐胡虏肉，笑谈渴饮匈奴血。待从头，收拾旧山河，朝天阙。"这首脍炙人口的爱国名篇，是岳飞用热血和生命谱写而成的，充分体现了中华儿女抗击外强、不可欺悔的豪情壮志。几百年来，每逢国家民族危亡之际，岳飞和这首《满江红》就成为鼓舞人们坚持民族气节，抵抗侵略的精神支柱。陆游出生不久，金兵大举南侵，北宋灭亡，受父辈爱国言行影响，立志要扫胡尘，清中原，为祖国统一献身。陆游一生坎坷，多年不得志，晚年罢官回归故乡山阴（今浙江绍兴），虽身为"野老"，但仍关心国事，始终坚持收复中原、统一祖国的壮志。弥留之际，陆游口占七绝《示儿》："死去原知万事空，但悲不见九州同。王师北定中原日，家祭无忘告乃翁。"这种临终仍念念不忘国家统一的爱国情怀，十分朴素，却十分感人。辛弃疾以词见长，也是从小受到爱国思想熏陶，素怀报国忠心，虽政治上屡遭打击，但始终不堕爱国之志。辛弃疾词具有鲜明的特征，即抒发对中原故国的怀念和收复失地、统一祖国的战斗激情。如他思念异族铁蹄下北方故土的词句："何处望神州，满眼风光北固楼"《南乡子》）。"郁孤台下清江水，中间多少行人泪。西北望长安，可怜无数山"（《菩萨蛮》）。抗敌御侮，收复中原成为他诗词的最强音："袖里珍奇光五色，他年要补天西北"《满江红》）。辛弃疾的词充满豪情，气壮山河，体现了热爱祖国、疾恶如仇的思想感情，在思想性和艺术性上代表了南宋爱国词的最高境界。

文天祥，号文山，庐陵（今江西吉安）人，宝祐四年进士第一，曾任右丞相兼枢密使。他在国家民族危亡之际，历经九死一生，囚禁中不受元军威胁利诱劝降，始终坚持民族气节，从容就义。其爱国精神被后人誉为"文山精神"。他的《正气歌》鲜明地体现了高昂的爱国主义精神和坚贞的气节："在齐太史简，在晋董狐笔，在秦张良椎，在汉苏武节；为严将军头，为嵇侍中血，为张睢阳齿，为颜常山舌；或为辽东帽，清操厉冰雪；或为《出师表》，鬼神泣壮烈；或为渡江楫，慷慨吞胡羯；或为击贼笏，逆竖头破裂。是气势磅礴，凛冽万古存。当其贯日月，生死安足论。"《正气歌》中所颂扬的坚持爱国精神和民族气节的英雄人物，是中华民族的脊梁，他们所体现的浩然正气，横贯日月，万古长存。

爱国主义精神是古典文学中永恒的主题，它对中国民族精神的形成和发展产生着重大而深远的影响。近现代以来，无论是秋瑾的"莽莽神州叹陆沉，救时无计愧偷生"（《感愤》），梁启超的"献身甘作万矢的，著论求为百世师"（《自励》），还是鲁迅的"寄意寒星荃不察，我以我血荐轩辕"（《自题小像》），毛泽东的"天若有情天亦老，人间正道是沧桑"《人民解放军占领南京》）等等，无不贯穿这一条爱国主义的主线，以至今天仍然激发人们热爱祖国的感情，它是鼓舞人们为祖国的统一而奋斗的强大力量源泉。

三、中国古典文学中对自然风光的描绘

历代的文人墨客，运用各种艺术手法，描绘祖国的大好河山，其风格淳朴自然，语言生动优美，感情真挚充沛，人们从中领略了大自然的美，激发了对祖国锦绣河山的无限深情。例如，汉末建安时期的一代枭雄曹操，在《观沧海》中描写大海："秋风萧瑟，洪波涌起。日月之行，若出其中。星汉灿烂，若出其里。"寥寥数十字，写出了大海碧波汹涌、吞吐日月、包孕宇宙的磅礴气势。南朝谢灵运，其诗寄情山水，多写江南山水名胜，细致精工，开山水诗之先声，给文坛带来清新气息。他在《登池上楼》中写道："潜虬媚幽姿，飞鸿响远音。薄霄愧云浮，栖川作渊沈。"诗中充分展现了大自然的恬静纯洁，读后令人耳目一新。

到了唐朝，诗坛名家群星荟萃，各种风格流派的作品百花争妍，歌颂自然风光的诗作大量涌现，达到创作繁荣的顶点。被誉为初唐四杰之一，以《滕王阁序》而负盛名的王勃，写过一首五言律诗《山中》，云："长江悲已滞，万里念将归。况属高风晚，山山黄叶飞。"短短20字，把奔腾而逝的大江、飒飒的秋风、漫山的黄叶和游人的怀归之情都包含其中。孟浩然是著名的田园诗人，他描写洞庭湖的景色："八月湖水平，涵虚混太清。气蒸云梦泽，波撼岳阳城。"这首诗清新流畅，有很强的韵律感，恢宏壮阔，酣墨淋漓，宛如一幅泼墨写意画，读之使人身临其境，深感洞庭湖烟波浩渺，雄浑有势。王维是用诗描写山水风光的丹青妙手，他笔下的大自然，景色清幽，优美如画。如他的《山居秋暝》："空山新雨后，天气晚来秋。明月松间照，清泉石上流。竹喧归浣女，莲动下渔舟。随意春芳歇，王孙自可留。"诗人运用丰富的想象，寓情、景于诗中，自然天成，山峰、明月、松树、清泉、睡石、竹林、浣女、荷塘、渔舟，构成一幅和谐、宁静的山水画，令人心旷神怡，美不胜收。

古典诗词中对自然风光的描写，还有另一种粗犷、雄浑的风格，主要体现在描写西北边塞的诗中。如岑参的名篇《走马川行奉送出师西征》："君不见，走马川，雪海边，平沙莽莽黄入天。轮台九月风夜吼，一川碎石大如斗，随风满地石乱走。匈奴草黄马正肥，金山西见烟尘飞，汉家大将西出师。将军金甲夜不脱，半夜行军戈相拨，风头如刀面如割。马毛带雪汗气蒸，五花连钱旋作冰，幕中草檄砚水凝。虏骑闻之应胆慑，料如短兵不敢接，车师西门伫献捷。"诗中描写了塞外之夜滴水成冰、狂风怒吼、飞沙走石的自然景象，以此衬托出守边将士不怕艰苦、不畏牺牲的英雄气概，读后使人感到热血沸腾，对英勇将士肃然起敬。

李白是中国古典诗歌浪漫主义的伟大诗人，写下许多描绘自然风光的优美篇章。对于蜀道之难，他的诗作可谓绘声绘色："上有六龙回日之高标，下有冲波逆折之回川。黄鹤之飞尚不得过，猿猱欲度愁攀援。青泥何盘盘，百步九折萦岩峦。

扪参历井仰胁息，以手抚膺坐长叹。问君西游何时还？畏途巉岩不可攀。但见悲鸟号古木，雄飞雌从绕林间。又闻子规啼夜月，愁空山。蜀道之难，难于上青天，使人听此调朱颜。连峰去天不盈尺，枯松倒挂倚绝壁。"李白这首诗大开大阖，气势如虹，荡气回肠，把艰难险峻的蜀道，生动地展示在人们眼前，其文采华美、语言生动，具有高度的艺术审美价值，不愧是古代诗苑中的一枝奇葩。

宋代也出了不少著名诗人，他们对大自然的描写，平易自然，畅达优美，富有情趣。如唐宋八大家之欧阳修、苏轼，就留下许多名篇。历来文人墨客有不少写西湖的诗，但欧阳修的《采桑子》所描写的西湖，别有风味，具有独特的风格："群芳过后西湖好，狼藉残红。飞絮濛濛。垂柳阑杆尽日风。笙歌散尽游人去，始觉春空。垂下帘栊。双燕归来细雨中。"自古描写庐山美景的诗词有4000多首，但苏轼《题西林壁》写庐山，与众不同，可谓独树一帜："横看成岭侧成峰，远近高低各不同。不识庐山真面目，只缘身在此山中。"这首诗笔墨清新疏淡，立意新颖，寓理于景，借助写庐山的景物，阐述了当局者迷、旁观者清的哲理，给人观察事物以深刻的启示，读后耐人寻味，爱不释手。古典文学中这些描绘自然风光的优秀篇章，展示出一种摆脱世俗种种烦恼，使心境得以宁静，也使自我得以充分体现的人生境界。沉浸在这一人生境界中，不仅能与自然产生一种亲和力，而且可以净化自己的灵魂，激发挚爱人生、热爱祖国的热忱。

中国古典文学高超的艺术成就、广博的内容和深刻的思想，是留给我们的宝贵财富，几千年来对中国社会发展产生了广泛而深远的影响，显示了中华民族卓越的智慧和奋斗精神，启发人们不断从中汲取思想营养。它给我们以深刻的启迪：在不断走向现代化的今天，人们更应该继承中国古典文学中的精华和优良传统，并把它发扬光大，传承后世。

第四章 中国优秀传统文化的传承形式

第一节 中国优秀传统中的礼仪文化

中国素有"礼仪之邦"之称,"彬彬有礼"是中华民族的传统美德。在悠久的中华文明进程中,传统礼仪不断发展和完善,形成了重礼、讲礼、守礼、行礼的社会制度和生活风气,构筑了民族传统文化的基因,成为中华文明宝贵的精神财富。

一、中国传统礼仪制度

"礼"是人类在自然与社会的活动中,既互相依赖又互相制约的约定。据考古发现和文献资料记载,礼仪起源于原始社会的祭祀活动,由于早期人类无法理解大自然中出现的各种现象,认为在这些自然现象的背后还存在着一种支配它们的力量。这种超越现实和自然的力量就是"鬼神"。在这种认识的驱使下,人们对鬼神尤为崇信和畏惧,于是就想方设法讨好鬼神,祈求"它"能消灾祛祸,降福于人间。这样就形成了一套祭祀鬼神的仪式、程序和方式。"夫礼之初,始诸饮食,其燔黍捭豚,污尊而抔饮,蒉桴而土鼓,犹若可以致其敬于鬼神。"(《礼记·礼运》)说明,远古时期人们在举行祭祀活动时,已有贡献给鬼神的"礼物",具体的活动内容和特有的仪式形成了固定的礼仪程序。随着社会的发展,礼仪的范围和内容从神事扩展到人事,最后定为各种礼仪制度。

中国古代最著名的礼学专著《周礼》《仪礼》《礼记》,记录了许多周代的礼仪。"三礼"始终是国家制定礼仪制度的经典,因此,被称为"礼经"。《周礼》偏重政治制度,《仪礼》偏重行为规范,《礼记》则偏重对礼的各个分支做出理论说明。"三礼"所涉及的各种礼制的总和,就是我国古代传统礼制的全部内涵,古代

"礼"字本有广义和狭义之分，从广义说，凡政教刑法、典章制度皆可称为"礼"；从狭义说，专指当时各级贵族经常举行的祀亭、丧邦、军旅、冠婚诸方面的礼节、典礼。在"三礼"中，专门记载各类礼仪制度的是《仪礼》，讲述了冠、婚、丧、祭、饮、射、燕、聘、觐礼等的具体仪式。根据《周礼》《礼记》等经典著作的记载，按照不同"礼"的性质，将"礼"划分为五类，即吉礼、凶礼、军礼、宾礼、嘉礼、合称"五礼"。

（一）吉礼

吉礼，为祭祀之礼，即敬奉鬼神的典礼。自远古时期人类设想出鬼神后，人们始终认为是自然界中的神灵在主宰着人世间的一切，因此，如何祭祀鬼神也关系着国家的命运，而被视为国家的大事，并被列在"五礼"之首，"国之大事，在祀与戎"（《左传·成公十三年》）。吉礼祭祀的对象，主要有两大类：一是神，即人们想象中的存在于自然界的各种神，主要包括昊天上帝、日月星辰、司中司命（两颗星宿名）、风师雨师（风神、雨神）、社稷（为土神和谷神）、五祀、五岳、山林川泽及四方百物等诸身。二是鬼，即为人们想象中的人死后的阴魂，祭祀活动的主要内容是祭宗庙、祭社稷、祭天地等。

吉礼祭祀的是鬼神，而且因受古代社会等级制度的制约和影响，祭祀也有等级的差异，但吉礼祭祀自然神，正体现了"天人合一""顺其自然"的思想，表现了古人追求与自然和谐的理念。而祭祀祖先和先人的亡灵，既缅怀前人的功德，含有感恩之情，又有借前人之威望，协调家族内部成员之间的关系，增强家庭内部的凝聚力、向心力的作用。

（二）凶礼

凶礼，为哀悯、吊唁、忧患之礼，主要有遭遇灾荒时举行的荒礼，遭受严重自然灾害时举行的吊礼，外敌入侵导致战争时举行的檜礼，国内发生动乱时举行的恤礼等。其中，最重要的是丧礼，即为丧葬哀悼的典礼。

凶礼都是在发生了不幸的事件后，或为祈求和平，或为减轻痛苦，或为寄托哀思，抑或企盼平安，其无疑都表现出特定的情感。在凶礼中，丧礼是最具典型的代表，它集中体现了生者对死者的眷恋、悲哀之情。

（三）军礼

军礼，为军事活动之礼，为与军事活动有关的典礼。军礼主要有"大师之礼，用众也；大均之礼，恤众也；大田之礼，简众也；大役之礼，任众也；大封之礼，和众也"（《周礼·春官宗伯·大宗伯》）。在这五种与军队有关的礼中，大均、大田、大役、大封四礼，从其行礼的目的和范围看，似乎与军事活动无关，不过，在中国古代社会，但凡国内有重大的事件、工程或法令、政策颁行，都需要动用军队。

军礼一般都是在军队将要出征、演习或行动之前举行，因此它主要具有鼓舞士气、激励斗志和明确目标的作用。

（四）宾礼

宾礼，为社会交往之礼。西周时期的宾礼，是指诸侯觐见天子，以及各诸侯国之间相互交往时的礼节，后逐渐演变为在日常社会生活中人们相互交往时的礼节。宾礼主要有朝、聘、盟、会、遇、觐、问、视、誓、同、锡命等一系列具体的礼节。这些礼节包括臣僚面见君主，臣僚相互间的交往，途中的偶遇，举行会盟，奉命出使，承诺许愿等诸多社交场合下人们需遵循和做出的行为举止。

宾礼主要是规范社会交往时的礼节，虽然其中也包含着古代社会等级制度的成分，但其本质却是更多地体现出人与人之间的友善、尊敬和谦和，特别是其中亦包含着诚实、守信的内涵。宾礼中的许多礼节，一直延续至今。诸如会见、聚会、视察、探视、宣誓、会同、同盟、聘任、问候、慰问等，多含有宾礼的原意。

（五）嘉礼

嘉礼，为社会生活之礼，它涉及王位世袭、宴请宾朋以及日常生活的各个方面，是中国古代礼仪制度中内容最为庞杂的一种礼仪，主要包括饮食、婚嫁、加冠、宴请、贺庆等方面内容。具体又分为婚礼、冠礼、射礼、飨礼、宴礼、贺庆礼等。在这些礼仪的规定中，既涉及行礼的方式，又包括待人接物的礼节，还有在社会交往中的举止行为标准等。

嘉礼是古代礼仪制度中最为庞杂的礼仪，涉及王位承袭、日常生活、宴请宾朋等多方面的内容，是人际关系中沟通、联络感情的一种方式。嘉礼大致可以分为饮食、婚冠、宾射、飨燕、服（社稷祭肉）、脤（宗庙祭肉）、贺庆等礼。其中以冠礼、婚礼、飨宴礼、射礼、贺庆礼等最为重要。

1.冠礼

冠礼是指男子到了20岁，已经具备了一定的文化基础，而且血气强盛，身体发育成熟，能够独立面对社会，此时可以为之举行成年礼。举行这一仪式，是提示行冠礼者从此将从家庭中毫无责任的"孺子"转变为正式跨入社会的成年人，只有能履践孝、悌、忠、顺的德行，才能扮演合格的各种社会角色。只有这样，才可以称得上是人，也才有资格去管理别人，因此，冠礼就是"以成人之礼来要求人的礼仪"。

2.婚礼

婚礼，为男女结为夫妻之礼。古代婚礼要经过纳采、问名、纳吉、纳征、请期、亲迎六个主要仪节，称为"六礼"。

（1）纳采。纳采也称提亲，一般是男家请媒人到女家提亲，得到允诺后，就派使者到女家致辞，并送上礼物——雁。女家若同意议婚，就收纳其礼物，雁飞南北，合于阴阳之意，喻指男女成亲。

（2）问名。经过纳采，女家表示同意之后，男家再派人执雁到女家，向女方问名。女家则设宴席款待，问名是为了将女子之姓名、出生时辰等做一占卜，以测定婚配的吉凶，同时也询问女子母亲的姓氏，以了解对方的血缘关系，避免出现同姓婚配的情况。

（3）纳吉。若占卜吉顺，男家就派使者到女家通报，这就进行到第三步纳吉了。女家闻讯后谦虚地回答："小女不堪教育，恐不能与尊府匹配。但既已占得吉兆，我家也同有这吉利，所以不敢推辞。"

（4）纳征。纳吉之后是"纳征"，相当于后世的订婚，"征"是"成"的意思，双方的婚姻关系由此确定。纳征时，男家要送束帛、俪皮（成对的鹿皮）等贵重礼物给女家。

（5）请期。婚礼的第五项仪式是"请期"，男家通过占卜选定了婚期，为了表示对女家的尊重，派使者到女家，请求指定婚期，故名"请期"，女家谦辞说："还是请夫家决定。"于是，使者将已卜定的吉日告诉女家。纳采、问名、纳吉、纳征、请期五个仪节，都在女方的祢庙（父庙）举行，而且都在早晨行事，男家使者每次都得带上雁作为礼物。

（6）亲迎。婚礼的最后一礼是"亲迎"，后世称迎亲，亲迎是婚礼的核心，由新郎亲自前往女家，而且时间是在"昏"时，古代"昏"是与"旦"相对的时间概念，指日没后二刻半。新郎到女家迎亲，新娘则随之到夫家，含有阴阳交接之意，昏时是阴阳交接之时，所以说，"必以昏者，取其阴来阳往之义"（《礼记正义·昏义》）。新婚于昏时而来，所以叫"昏"（后世写作"婚"）；新娘则因之而去，所以叫"姻"，这就是后世"婚姻"一词的来历。

3. 飨宴礼

飨宴礼，为设摆酒食款待宾客的一种礼仪。凡帝王宴请诸侯，或诸侯之间互相宴请，皆要遵守飨礼的仪式，称作"大飨"。宴礼，宴，古时也作"燕"，宴礼是古代君臣宴饮之礼。它与大飨礼在仪节上相差不多。宴礼名目极多，但凡国有大事，即设宴，以示祝贺。飨与宴在内容上有所不同，但都是宴饮之礼，后世对两种礼仪并未严格区分，常合称为"飨宴"。

主人要先向宾客敬酒，这叫作献；客人还敬主人之酒，这叫作酢；主人此时要先自饮，然后劝客人饮，这叫作酬。在饮礼的第一献之后，主人要送礼物给客人，以劝酒，闻之酬币，这是饮酒礼。还有类似的食礼，吃饭用手，手抓一次叫作一饭，刚开始吃三饭，三饭之后王公会赏赐一些东西，这就是侑币。然后吃九饭，每三饭之后，要喝酒或羹汤，最终一次后要用酒或者浆漱口。正献之后，众宾客按照长幼的次序相酬，这叫旅酬。旅酬之后，大家就不用再客套了，这叫作无算爵。凡饮酒献酬之礼毕，乐工就开始奏乐，升歌即鼓瑟和唱歌。歌的内容就是《诗经》之雅、颂，用瑟伴奏。升歌之后，则堂下笙奏，吹奏《小雅》。然后是间歌，即堂上升歌与堂下笙奏轮流而作。然后是合乐，即升歌与笙奏同时歌奏，至此正乐完毕。正乐完毕之后的音乐叫无算乐。无算乐，是指间歌、合乐重复演奏，直到尽欢而罢。

4. 射礼

射礼，为古代贵族男子进行射箭时的礼仪。古人在进行一些重大的活动时，常以射箭作为活动中的一项内容，以此体现习武、尚武的风尚，从传世文献来看，大约有四种射礼：一是大射礼，是天子在重大祭祀之前，为了挑选助祭者而举行的射礼；二是乡射礼，是每年春秋两季为教民礼让、敦化成俗而举行的射礼；三是燕射，是国君与大臣在燕饮之后举行的射礼，旨在明君臣之义；四是宾射，此说仅见于《周礼》，是天子与故旧朋友的射礼，《仪礼》有《射义》一篇，综论射礼的礼义。大射礼与乡射礼的级别不同，参加的人员也不同，但仪程基本相同。

5. 贺庆礼

《周礼》曰："以贺庆之礼，亲异姓之国。"贺庆礼，即喜庆祝贺之礼，用于异姓贵族之间交往的礼节，尤其对于有婚姻甥舅关系的异姓之国，在他们有喜庆之事时，要致送礼物，以相庆贺，中国自古是一个人情社会，人们相互关怀、相互体恤，亲朋好友之间皆有贺庆之礼。其中，拜贺礼一般行于节庆期间，是晚辈或地位低的人向尊长的礼敬，同辈之间也有相互的拜贺，如古代元旦官员朝贺。民间新年拜年之礼，行拜贺礼时，不仅态度恭敬，口诵贺词，俯首叩拜，同时也得有贺礼奉上，祝贺之礼，主要行于人生大事中，人的一生要经历诞生、成年、婚嫁、寿庆等若干阶段，围绕这些人生节点，形成了一系列人生礼仪。

作为日常生活中的礼节，严格规范了人们日常的行为举止和重大活动的仪式、程序，以及各种举止，这对于促进社会的文明和构建和谐的人际关系无疑具有积极的作用，中国古代社会也因此形成人人讲礼、重礼、行礼的风尚，而被誉为"礼仪之邦"。

二、中国传统礼仪的发展和演变

礼仪为统治者治国安邦所需，它犹如一整套程序，这套程序一旦被打乱，必会影响社会的安定，政治的稳定，损害统治者的威严，进而动摇其统治地位。孔子深为春秋时的"礼崩乐坏"而痛心，他要极力恢复借鉴夏、商两代制定的周礼，对于一切有违周朝礼仪的行为，自然反感。他对自己的儿子说："不学礼，无以立。"在《论语·乡党》篇中，有记载孔子身体力行如何行使礼仪的言行。

春秋战国时期，奴隶制的瓦解、新兴地主阶级的兴起，社会的大变革必会带来礼仪的不断推进，一方面是新的封建统治阶级对旧有礼仪的触犯和不屑，另一方面是奴隶主阶级对原有礼仪的极力维护。

公元前535年，鲁国大夫孟僖子陪同鲁昭公访问楚国，可在引导鲁昭公参加对方的欢迎仪式时，却因为不懂礼节而大出洋相。惭愧至极的孟僖子在临终之前（前518年）立下遗嘱："礼，人之干也。无礼，无以立……"并要自己的两个儿子去拜师孔子学礼，以巩固他们的世袭地位。

秦始皇登泰山封禅，一整套的仪式都向天下人昭示这位封建始皇帝的强大和威仪。汉高祖刘邦，因为叔孙通为其制定的一整套礼仪，即《仪品》十六篇，使那些原来和他一起打天下的人与他有了等级区别而高兴异常。强权之下，人们对这些礼仪渐渐适应、接受，成为习惯，它保证了帝国统治得以进行，维持了治理国家所需的正常秩序，规范了人的行为举止。

唐和宋均是中国封建社会的鼎盛时期，从祖宗那里传承下来的礼仪，重又兴旺起来。从唐太宗起就改进并发展了隋朝的各种制度，朝廷宫制中的尚书省也专设"礼"部，掌管礼仪庆典，使其更适合统治的需要。与唐代恢宏的气势相一致，人们已有了更为广阔的眼界。在秦皇汉武眼中的泰山此时地位已不再是高不可攀的了。

经济、文化的发展，对社会、自然的进一步认识，原有礼仪中祭祀的成分已渐趋减弱，实用的成分大大加强，礼仪也更加完善，程式更为繁杂。《大唐开元礼》所定礼制，上至朝廷，下至平民百姓，礼仪不仅有了较为固定的程序，且融入了人们的习俗之中。朝廷仪式多不胜举，如皇上登基、皇后册封、国宴、庆典……无不在一整套程序中完成。频繁的庆典仪式，使得礼仪越来越完善。而平民百姓也在安居乐业中激活着原有的礼仪。例如，唐代盛行的"洗三朝"，即婴儿出生后第三天会集亲友替婴儿洗身的礼俗，用意是洗净污秽，使婴儿洁白入世，同时可增长婴儿的胆量，使婴儿更加健康。这一仪式需要很多东西辅助进行，如皂、矾、胭脂、糖、白布、秤杆、锁、各种果品、铜钱、首饰等，只有经济条件好的人家方才适宜把全套程序做完。

唐、宋时期，由于文化高度发达，加之儒家文化在宋代又成为主流文化，家教也更趋兴旺起来。早在成书于战国前的《礼记·内则》里就有对于教子的具体要求，内容主要限于生活和礼仪方面，南北朝时颜之推的《颜氏家训》内容更包括儒家的教育理论和方法，强调幼年教育的重要性。

宋代司马光著有《居家杂仪》，其中对孩子从出生至少年的不同时期该接受的教育都有具体的规定，这些家教内容因不同时代、不同家庭而有差异，但要求孩子要授受尊卑长幼的礼仪教育则是相同的。这使得维护社会尊卑之别的礼仪，不仅成为人人必备的人格修养，更兼有生活方式、伦理风范、社会制度的一体化内容。

明朝建立之后，为防丞相擅权，明太祖将原来由丞相统辖的六部升格，直接听命于皇帝。独揽大权的皇帝，政令极严，对各种仪式、礼节，尤其是《大明集礼》所定内容要求严格遵循，下属稍有触犯，即被严惩。服饰上的等级制度也更加完善了，如"明代洪武年间规定：公、侯、驸马、伯补子绣麒麟、白泽。文官的补子用鸟类图形……武官的补子用兽类图形"不仅如此，官吏们什么时候穿什么服饰也都有礼仪规定，礼仪成了严格区别等级制度的标志。

清政权伴随着镇压农民起义军而建立，清统治者既要安抚、拉拢汉族地主阶级，又要对抗南明政权以及协调边疆各少数民族关系。清初，朝廷一边加强统治，一边仿照明朝礼仪，既保留汉族的礼节，又增加了满人、蒙古人的礼仪，还为统治阶级制定了《大清通礼》。康熙、乾隆多次到曲阜祭孔子，每次必举行较有规模的仪式。

典型的"三跪九叩礼"，就是吸收了满人的礼仪而形成的。其过程据《清宫琐记》载："行此礼时先放下马蹄袖，然后跪下上身挺直，将右手伸平举到鬓角处，手心向前，然后放下，再举起再放下，这样连举三次站起来，即为一跪。如此三次即为三跪九叩礼。"

三、中国传统礼仪的基本特质

（一）谦和礼貌

在中国古代历史上，无论是在社会交往中，还是在家庭生活中，人们都十分注意自己言谈举止的文明，所谓"礼貌"，就是待人要恭敬有礼。

古人所说的"礼貌"，不仅涉及仪表、语言和举止行为等方面，还包括内心活动和情感，即礼貌应是发自内心的一种文明意识。

礼貌表现在仪表上，仪表是指一个人的容貌装束。古人的衣着尤其讲究"正""洁"，即冠正、衣洁。头上的冠正与否、衣着整洁与否，不仅体现出一个人的精神风貌，还表现出他对他人的态度。衣冠不整，只能给人以轻浮、无礼的感觉。古时，凡已行冠礼的男子，即成年的男子，外出时若不戴冠，或戴冠不正，均被视为无礼之貌。

礼貌表现为举止礼貌，古人极为重视礼节，即行礼要讲究尺度。在不同的场合，面对不同的人，要施以不同的礼，以恰如其分地表达自己的恭敬、谦逊之情，否则也会被视为无礼之举。在古代的见面礼节中，规定有用于交际的各种拜礼和揖礼。

鞠躬礼，是以屈身表示致敬的一种礼节。行礼时，上身向前弯曲，要"磬折"（《礼记·曲礼下》），磬是古代的一种石质打击乐器，为扁平状，磬身的中间部位向上隆起，呈折状，形成一个角。所谓"磬折"，指行礼时，上身向前倾，形如磬折状。这种行礼的方式，动作相对较小，也比较简单，所以在古人的日常生活中是一种很常见的礼节。

古人不仅见面时要行礼，而且在坐、立、行走等日常生活的小细节中也体现礼貌和文明，以表示对对方的尊重，古人不仅从卫生和科学的角度提出"坐如钟，立如松，行如风，卧如弓"的正确姿态，而且把它们作为一种社会交往的礼节，即作为一种社会公德。

古人对走相，即走路的姿势、速度等这些看似寻常的行为举止也十分重视。"趋"是快步行走，这在古代社会是对尊者、长者、宾客及行朝拜礼时表示敬意的一种走相。孔子曾受鲁国国君之命，负责接待外宾。他领命之后，神色庄重，拱手弯腰，"趋进，翼如也"。在《触龙说赵太后》一文中，提到触龙为了让长安君作为人质，以换取齐国出兵援助赵国抗击秦国，决定入宫说服赵太后。他有脚疾，所以行走不便，但为了不失礼节，仍采用"徐趋"的走相。尽管古人视"趋"为"重礼"，但也不是不分场合、地点，《礼记·曲礼上》就提及："室中不翔"。"翔"为"趋"，即在室内若像张翅的飞鸟那样快步行走，就有可能四处碰壁。

古人将走相分为四种类型：两足进曰行，徐行曰步，疾行曰趋，疾趋曰走。根据不同的场合和对象，采用不同的走相，才能符合"礼貌"。《尔雅》对走相的应用做了明确的解释："室中谓之时，堂上谓之行，堂下谓之步，门外谓之趋，中庭谓之走，大路谓之奔。"

语言是人们日常交流、交往的重要工具。文明的语言既是中华文明的重要组成部分，又是古代礼仪的一个重要方面，更是"礼貌"的体现。这在人们相互的称谓即称呼上体现得最为突出。

谦称自己，敬称对方，是中国古代语言文明的具体体现，使用谦称词汇来称呼自己，实际上表现了说话者的谦逊和修养，也是表示说话者对对方的敬重和尊敬，而出言不逊、大言不惭，则被视为无礼、轻浮、缺乏修养的举止。古人常用的谦称词汇有愚、鄙、敝、卑、窃、仆等，这些词都含有愚笨、无知、阅历较浅的意思。古人使用这些自谦词时，是以说话者的自谦来提高对方的身份，读书人或文人常使用小生、晚学、晚生等词，表示自己是新学后进之辈，还有人使用不才、不佞、不肖等词，谦指自己没有才能或才识平庸；官吏一般自谦为下官、小官、末官、小吏等；老人自谦时，常使用老朽、老父、老汉等词，以示自己已进入暮年，衰老无用。

中国古代使用的自谦词数量很大，社会各阶层的人士在相互交往时，都使用自谦词，所以中国社会能一直保持谦逊、文明的良好风尚。

在谦称自己的同时，古人又以敬称来称呼对方，敬称词多带有敬重、敬仰、颂扬的感情色彩。古人常把品德高尚、智慧超群的人才称为"圣"，如孔子就被尊称为"孔圣人"，孟子则被尊称为"亚圣"，意为仅次于圣人者。后来，"圣"又专门用于对帝王的敬称，如称皇帝为圣上、圣驾。甚至与皇帝相关的事物，均被冠以"圣"字，如称皇帝的身体为"圣体"，皇帝的谕旨为"圣旨""圣谕"。

在中国古代社会的诸多敬称词中，陛下、阁下、殿下、麾下、足下等词，是使用最为普遍的，"秦汉以来，于天子言陛下，皇太子言殿下，将军言麾下，使者言节下、毂下，二千石长史言阁下，同类相与言足下"。

陛，即台阶，但专指皇宫主殿前的台阶，群臣向皇帝上言时，"不收直斥，故呼'在陛下者'而告之，因卑达尊之意也"（《独断》）。"陛下"的原意是指站于台阶下，又借指自己地位的卑下，转指帝王地位的高尊，因而成为对帝王的敬称。

阁，是中国古代的一种传统建筑，一般常作为达官贵人的官邸或政权机构的官署。这些权贵或长官手下的属官、属史便以自己官位之卑，反过来敬称阁中之人为"阁下"。不过，"阁下"称谓的使用范围比较宽泛，也没有严格的限制。除称呼有社会地位的人士之外，为表示对对方的尊敬，古人也常使用这个敬称。

殿，是指皇太子居住的东宫主殿，皇太子常在此殿接见臣僚，处理父皇交办的事务，因此该殿的规格形制在皇宫里仅次于皇帝的主殿。从此而知，"殿下"是对皇太子的敬称，同时，"殿下"也用于敬称皇室的其他成员，诸如亲王和其他皇子、公主等。

麾，是古代军队在出征、作战，演练时用于指挥行动的旗帜，代表和象征主将、主帅，"麾下"因此成为对军队统领者的敬称。

随着历史的发展，"陛下""阁下""殿下"三个敬称词在使用上约定俗成，逐渐规范化。时至今日，在外事活动中，如对方是国王、皇帝或君主，均敬称为"陛下"；如对方是政府最高行政长官，均敬称"阁下"；如对方是皇太子或王储，以及其他皇室、王室成员，则均敬称"殿下"。

"足下"之称，最初是对品德高尚、品学超群者的敬称，后也用于同辈或同仁之间的敬称。与这些敬称词意思相同的，还有"在下""门下"等，这些称谓都借用了中国传统的假借、转注等语法关系，借称自己之卑微，转指对方的尊贵，以此表现自己对对方的敬重、尊敬、仰慕之情，故而成为一种特定的敬称词。

古人在与他人交谈中，需称呼自己一方的亲属或对方的亲属时，也使用一些特定的称谓，以表示自己的谦恭或敬重之意。

在称呼自己一方的亲属时，常使用家、舍、先、亡等作为谦称词。"家"和"舍"，原指自己的家庭、宅居，带有平常、谦恭的感情色彩。作为称谓时，"家"和"会"则用于称呼自己一方在世的亲属。不过在使用时，这两个谦称词所对应的家人，有严格的界定，"家"专指比自己辈分大或年长的亲属，如称自己的父亲为家父、家公，母亲为家母、家慈，兄、嫂为家兄、家嫂等。"舍"专指比自己辈分小或年幼的家人，如舍弟、舍妹、舍侄、舍婿等。

"先"和"亡"，含有哀痛、怀念之意，专指已经故去的亲属，也有辈分、年龄的区分。"先"用于比自己辈分高或年长的家人，如先祖指已故的祖父，先父、先考、先人则指已故的父亲，先母、先妣同指已故的母亲。"亡"专指比自己辈分小或年幼的家人，如亡弟、亡儿、亡友等。

在称呼对方的亲属时，常使用令、尊、贤等敬重称谓。"令"，含有善、美之意，在使用时，不受对方辈分和年龄的限制，可通用于对方的亲属，如称呼对方的父母时，可称作令尊、令翁、令公和令母、令堂；称对方的妻子为令妻、令正；称对方的儿女为令子、令郎和令爱、令媛；称对方的兄弟姐妹为令兄、令弟、令姊（姐）、令妹；称对方的女婿为令婿、令坦等。

"尊"和"贤"在用于称呼对方亲属时，则又有严格的辈分和年龄区分。"凡与人言，称彼祖父母，世父母，父母及长姑，皆加尊字。自叔父母已下，则加贤字。"（《颜氏家训·风操》）"尊"用于称呼对方叔父以上的亲属，如称呼对方的祖父为尊祖，对方的父亲为尊父、尊翁、尊公、尊大人，对方的母亲为尊堂、尊上、尊夫人（今用于称呼对方的妻子）。"贤"则用于称呼对方叔父及以下的亲属，如称对方的叔父为贤权，对方的兄弟姐妹为贤兄、贤弟、贤姊（姐）、贤妹，还有贤侄、贤婿、贤友等，称对方的妻子为贤阁、贤内助。

在中国古代的称谓中，谦词、敬词不胜枚举，古人以此作为一种礼节，视为礼貌之举，这种礼节也反映出中华民族谦和待人的美德。

（二）以诚待人

待人以诚，与人为善，是中国古人恪守的准则，也是体观"礼仪之邦"风采的重要方面。古人在与他人交谈中，遵循恭敬、谦逊的原则，不强人之难，不盛气凌人。

在日常交往中，遇对方讲话时，要"洗耳恭听"，而不能漫不经心，更不能打断对方的话题，自己讲话时，眼睛应注视对方，语调平和，不能强词夺理，更不能摆出一副凌驾于他人之上的架势。在社会交往的礼节上，乃至谈话的艺术上，古人还总结出许多最能体现恭敬、谦逊原则的准则。

中国古人不仅讲究见面交往时的礼节，还注意谈话的技巧和禁忌。特别是在细节上，尽可能不给对方造成不好的感觉或不使出现尴尬的场面。如"不窥密，不旁狎，不道旧故，不戏色"（《礼记·少仪》），即与他人交谈时，不要窥探人家的隐私，不要打探别人不愿说的事情或对外人保密的内容，这实际上也是对对方尊重的一种表现，在陪同尊长者时，不要与其他人打闹或亲热；谈话时，不要总絮叨以往的旧事，神情应庄重、严肃，这些做法，都体现了对对方谈话的重视，是将对方置于主角的地位的表现。

古人虽然重视谈话时的礼节，但也绝非是一味地阿谀奉承、不讲原则。古人即使是对待帝王、君主，也是恪守以诚相待的原则。"为人臣下者，有谏面无讪，有亡面无类，镇而无谄，谏而无骄，怠则张面相之，废则扫面更之，谓之社稷之役。"（《礼记·少仪》）作为君主的臣下对君主应该巧妙劝谏，不要背后讥讽、嘲笑，如果劝谏未被君主接受，也不能因此而心生怨恨。如果是称颂君主，也要实事求是，不可谄媚取宠。劝谏一定要出于诚心，不能傲慢轻视，君主若出现怠惰，不能勤于朝政，对其劝谏时要加以鼓励，并倾力相助。朝政有所败坏，要劝说君主加以肃正和改良，这样才称得上是为国效力。

好客是中华民族自古以来的传统习俗，也体现了中华民族的传统美德和风尚，孔子就曾说："有朋自远方来，不亦乐乎？"（《论语·学而》）热情、坦诚、友好、和睦是好客的文明举止的体现，从迎接宾朋好友到来，直到送他们离去，其间始终弥漫着一种热情、友好的气氛。

在看似简单的迎来送往中，主人和客人都通过自己的文明举止，恰如其分地体现诚心与诚信的宗旨。在主人的热情好客之中，客人感受到"宾至如归"。

每逢有宾朋来访，主人必先迎于门外，向客人施礼，主宾互致问候之后，在引导客人登台阶时，古人有"拾级聚足"的礼节，目的是照顾客人，不使其感到拘谨和冷落。将要进入堂屋时，宾客亦有两种礼节："将上堂，声必扬；将入户，视必下"（《礼记·曲礼上》），这样做，是出于对主人家隐私的保护。

主宾在谈话时，也极为重视礼节，除恰当地使用言辞外，还应注意仪表。不允许出现轻浮、放荡的举止，即使是笑，也以不露齿的微笑为宜，"凡人大笑则露齿本，中笑则露齿，微笑则不见齿"（《礼记·檀弓上·疏》）。若大笑露出齿本，久笑后牙齿便会感到凉，所以古人以"齿冷"讥讽那些贻笑他人者。

若招待宾客宴饮，古人也有礼节，"燕侍食于君子，则先饭而后已，毋放饭，小饭而亟之，数噍，毋为口容"（《礼记·少仪》）。在与宾客一同用餐时，主人应该先吃饭，但要等到宾客吃完饭后，主人才能放下碗筷。吃饭时，不能把饭粒掉在桌上，更不能把汤洒出米，饭要一小口、一小口地吃，但要前一口饭咽下后才能吃下一口饭，不能把几口饭一起塞进口中，致使两腮鼓胀起来。这些看似十分普通的礼节，却被收录在儒家的经典著作中，可见其作为社会日常生活的一个方面正体现了儒家所倡导的"仁、义、礼、智、信"。

中国古代的社交礼节，在今人看来似乎太烦琐，但是这些生活中的小事之所以被古人所重视，并用"礼仪"加以规范，使之成为社会共同遵守的行为准则，就在于日常行为能培养一个人的道德品质和文化修养，是社会文明的重要体现。

中国的传统思想和日常生活中的礼节，有一个十分突出的共性特征，就是强调与人为善、待人以诚。这也是中国自古以来形成的一种社会共识。通过"善""诚"，营造出一种和睦、和善、和平、和谐的人际和社会关系，从而使社会和人们的生活稳定，而社会和人们生活的稳定，又为社会生产提供了重要的条件。中国社会自古以来一直是以农业生产为基础的，而农业生产需要一个稳定的社会和生产秩序，否则就会贻误农时，造成减产甚至绝收。因此，在农业生产的作用下，维护社会稳定就成为中华民族一种特定的观念和意识，中国传统的思想和社会生活，也必定要突出这种观念和意识，所以，礼仪、礼节，以及社会生活中的各个方面，无不以此为核心。

四、中国传统礼仪的当代价值

中国传统礼仪是中华民族文化的基因，其源于政治，与道德相结合，功能在于"齐民化俗"，作用于整个社会的治理。传统礼仪文化的创造性转化、创新性发展以及教育机制的发展，使得中国传统礼仪文化的当代价值得以实现。

（一）中国传统礼仪的当代价值

第一，促进理想人格的形成。传统礼仪通过约之以礼、行之以礼以及重礼贵和，促进理想人格的形成。约之以礼强调以礼治国、以礼立身，重在为社会个体成长创造良好的环境；行之以礼则强调人们相处时要用礼和守礼，重在培养人们尊崇礼、安于礼、行依礼；重礼贵和重在强调以"礼"处各种社会矛盾和纠纷，从而达到修己安人的目的。

第二，宣扬人类共同价值追求。西方国家向世界宣传的"普世价值"与我国宣扬的传统礼仪文化相似。传统礼仪文化中的诚信、尊重、和谐等都有效地向世界宣扬了中国人崇尚礼仪文明的精神追求，同时，其也对西方国家"普世价值"的传播形成了一定的推动力，进而使人类达成共同价值追求。

第三，弘扬孝道文化。在全球人口老龄化以及我国日趋严重的社会养老形势下，传统礼仪文化弘扬的"孝道"逐渐延伸出"关爱老人就是关爱自己"等尊老养老的道德理念，传播孝道和养老已成为政府、社会、家庭的共有责任，孝道文化也因此形成。

（二）传统礼仪的传承

实现中国传统礼仪文化当代价值需要传承性与创造性相互转化。传统礼仪文化随着时代和社会的变迁与发展，其礼仪规范中的一些繁文缛节和个别内容已不适应现代社会，因此，需要在顺应现代民主政治、先进文化、技术革命等新形势下创造性地进行传承和转化。传统礼仪文化的传承和现代转化，最基本也最行之有效的方法便是回归家庭、学校、社会，并且融入生活的方方面面，让传统礼仪文化与现代礼仪形成不相排斥、相互兼容的良好关系。以家庭、学校和社会为载体的传统礼仪文化教育，我国不少发达城市已有实践，比如上海市文明办围绕培育和弘扬传统礼仪文化，与上海市妇联等相关部门密切配合，在全市开展了中华优秀传统文化礼仪大赛和"征集好家训、评议好家风、寻找好家庭"等活动，同时也进行了媒体宣传、网络评议、微信互动、专家访谈、档案展览等活动，获得了社会各界的热烈反响。大型活动的举办，有效地在现代礼仪文化中融入了传统礼仪文化的精神内涵，使得传统礼仪文化在城市文化传播中有了一定的影响力。

实现中国传统礼仪文化当代价值需要创新性发展。一方面，需要内容创新。中华优秀传统文化是社会主义核心价值观的重要源头，弘扬中华优秀传统文化可以展示社会主义核心价值观的底蕴与内涵。"仁、义、礼、智、信"是中华传统礼仪文化的核心价值观，也是社会主义核心价值观的重要源头。因此，在传统礼仪文化的创新性发展中，必然要对其内容加以创新。国家层面，需建设新秩序、新规范，倡导以理治国，在创新传统礼仪文化内容中需遵循"富强、民主、文明、和谐"的基本要求；社会层面，需以礼仪精神保障公民基本权利，为健全平等意识创造环境，遵循"自由、平等、公正、法治"的环境要求；个人层面，需不断加强自身道德品质建设，以"爱国、敬业、诚信、友善"为定律要求。另一方面，需要渠道创新。古代对传统礼仪文化的传播主要是依靠学校启蒙和家庭言传身教，但在当代社会生活中，仅依靠两个传播渠道显然不够，还需持续进行创新。首先，要推动世界文化交流，让中华传统礼仪文化走向世界，与西方的"普世价值"协同发展。其次，要借助现代新型传播渠道，大范围地对传统礼仪文化和社会主义礼仪文化加以传播。

实现中国传统礼仪文化当代价值需完善教育机制。在家庭教育方面，需对传统孝道和家庭礼仪规范进行现代转化，以言简意赅、易于理解接受的形式在家庭中推广传统家规、家训、家风的当代价值。这点可从新一代城镇家长入手，提倡到家庭中传播家庭伦理道德手册，必要时还需要社区加入，让社区工作人员深入居民家中传播家庭伦理道德繁衍的必要性以及在日常生活中该如何践行。

在学校教育方面，政府应将传统礼仪文化与社会礼仪文化的双向传播理念，输入各中小学及高校，加大学校对传统文化的经典教育。

在社会教育方面，在政府的引导下，地方龙头企业、非营利组织等社会组织，有必要担起组织和开展讲学劝学活动的重任，面向广大社会群众，在当地兴办书院和开展道德教化活动，以开展礼仪规范教育。

第二节　中国优秀传统中的艺术文化

中国古代艺术以其东方艺术魅力特色在世界艺术史上独树一帜，其引人入胜之处不仅在于高超的艺术成就，还因为它真切生动地蕴含着独具特色的中华文化精神。漫步在中国古代艺术的长廊，每一种艺术形态都各放异彩，让人目不暇接、心驰神往。最能体现中国古代艺术特征的，当数书法、绘画和戏曲。

一、中国书法艺术

（一）中国书法的基本特点

书法是中国特有的传统艺术文化。书法所研究的就是写字的法度，着重研究如何按照美的规律，在点画的结构与气势中，生动地表现审美感情，间接反映出产生这种感情的生活，以优美的形象和多样字体的形式来满足欣赏者的审美情趣。只有在中国文化中，书法才成为一门举足轻重的艺术，其独特性在于以汉字为表现对象，以毛笔为表现工具。

方块汉字的独特结构与丰富的内涵，为书法艺术提供了深厚的表现基础。中国书法的各个流派，都是通过书写汉字来体现自己的艺术风格的。中国古人在创造这种方块字的时候，已经融入了中国人对造型美的基本见解，即结构平衡、线条流畅、整齐而有变化、均匀而有对比，每一个汉字都有艺术上的合理性。另外，汉字一开始就有象形意义，能够体现自然之美。因此，以方块汉字为对象的书法艺术，既能表现汉字的结构美，又能表现天地万物之美。伴随着文字从甲骨文演进为大篆、小篆、隶书、楷书、行书、草书，人们为了审美的需要就创造了美化各种字体的书法艺术。如果说文字是第一次的人类文化的伟大创造，那么书法就是以汉字为基础的中华民族第二次的伟大文化创造。书法是借助文字来表达书法家思想、修养、爱好、情感等审美取向的艺术符号。

书法的书写是用中国特有的毛笔完成的。毛笔柔软而富有弹性，最适于用来表现变化多端的书法作品。书法线条用毛笔一笔书成，不加修饰，可以收到万千效果，并且书写不同大小的字、不同书体的字，可以分别选取不同的毛笔来达到所希望的效果。一幅优秀的书法作品，其实就是"笼天地于形内，挫万般于毫端"，能够给人以美的享受。

（二）中国书法艺术的发展

书法的起源，可推商代的甲骨文和钟鼎文，同时它们也开创了中国书法艺术先河。甲骨文已经具备用笔、结字和章法这样三大基本要素。甲骨文看似错综变化，大小不一，但字字各有均衡、对称、稳定的格局，字形构造可谓"天生丽质"或"遒丽天成"。殷、周的金文书法，雄浑多姿。周代的金文，在成王、康王以后，已经趋于成熟，形成了点画圆浑、体势雍容、工整的"宗周风格"，著名的"大盂鼎"和"毛公鼎"被誉为登峰造极之作。周朝的文字笔画繁多，称为大篆或"籀文"。周代出现的"石鼓文"，更为石刻中之精品。石鼓文的出现可看成从大篆向小篆的过渡，其不仅在结字上有明显的规律性，而且在笔画的借让方面也注意均衡和虚实。自秦朝起，中国文字统一，简化大篆，风行小篆与隶书，并有刻符、虫书、篆印、署书、殳书等共八体。相传为李斯所写的颂扬皇帝功德的《琅琊台刻石》《泰山刻石》，表现了一种典丽精工、一丝不苟的风格。这种风格一方面展示了大秦帝国的辉煌功业，另一方面也确立了一种书写规范，表现了小篆谨严的风格。汉承秦制，以隶书为主。当时文字的应用更广泛，刻石纪功颂德成风，书家渐多，于是书法独立门户，在中国传统艺术中举足轻重。古书描述过宰相萧何为了一个题额，而"覃思三月"，写成之后，"观者如流水"。书法艺术的审美性由此发扬光大起来。汉代最为重大的变革就是隶书的定型化，亦称"隶变"，已成当时法度森严的官方标准书体。它既承袭秦篆书之规矩，又下启魏晋南北朝隋唐真书（楷书）之风范，初学书者，多从汉隶起。一般来说，在早期的汉隶中，大多用短画方笔，是以劲和拙为特征的。汉以后，三国两晋时真、行、草三体具备。三国时的隶书就已经向楷书演化，此时的楷书虽有隶意，但是楷书的形制初具。钟繇的带有隶意的楷书可为代表，而且出现了王羲之这样的大书法家。王羲之被称为秦汉以来集大成的"书圣"，他的作品亦流芳百世。到了隋代楷书渐趋定型，发展到唐朝已成刚健雄强之势，书法中"大唐风范"已成。初唐由于唐太宗的提倡，王羲之的书法盛极一时。初唐四家中的欧阳询、虞世南、褚遂良等，都与"二王"的书法有着或多或少的承继关系，但亦各成一家。颜真卿则步王羲之后尘，开创了"阳刚之美"的书法艺术审美流派。而李邕、张旭、怀素在行草上均有重大突破，使中国书法在盛唐时大放异彩。宋代书家代表人物是苏轼、黄庭坚、米芾、蔡襄，他们开创了"尚意"书风之先河。元代书法的特征是"尚古尊帖"，代表人物是赵孟頫。明代祝允明以行、草为上乘，文徵明的书法以行书与小楷为佳。明代晚期最有影响力的书法家是董其昌，他注重古人的成就，但又凭着自己的眼力和心思去摄取古人笔法与结构上的奥秘，从而形成了自己的书法风格。清代书坛最具有特色的是碑学的兴起以及伴随着对碑学的新阐释而出现的篆隶书风，与上千年来的宗帖书风相抗衡，字体日益规范，文字应用极为普及发达。而考古发现的甲骨文与篆书重整旗鼓。整个清朝，真、草、隶、篆与欧阳询、颜真卿、柳公权、赵孟頫四家，尽领风骚，古代书法借此日臻完善。

综上所述，中国书法历经了甲骨文、金文、大篆、小篆、隶、楷、行、草这样的演变。这个演变的过程贯穿了简化与美化这两条基本主线，由繁至简，由难到易，既要实用，又要美观。这些正是认识书法发展史的一个切入点。

（三）古代书法名家

1. "书圣"王羲之

王羲之，东晋书法家，字逸少，琅琊临沂人，早年书法师从卫夫人，后博采众长，长于小楷，行草诸体，自成一家。王羲之书法"字势雄逸"，也有人说是如"清风出袖，明月入怀"。其书诸体精备，正书形密势巧，行书逸媚劲健，草书浓纤折中。他的《兰亭序》被誉为天下第一行书。公元353年3月3日，王羲之和谢安等人在兰亭聚会，与会者饮酒赋诗，后把这些诗篇汇编成集。《兰亭序》就是王羲之为这个诗集所写的序。原帖由王羲之用蚕茧纸、鼠须笔写成。据说王羲之事后又写过许多幅，但都没有当时写的这一幅好。此帖的字极富变化，有人指出帖中有20个"之"字，每个都不相同，叹为一绝。相传唐太宗非常喜爱王羲之的墨迹，甚至死后还把他的《兰亭序》真迹带入昭陵。《兰亭序》的真迹今已不存，流传下来的都是唐代书法家的临摹本。王羲之一生刚正、淡泊，其书法与精神相似，自有仙风道骨，少有后世书法家可比。

王羲之的儿子王献之与他齐名。据说王献之少年时期到处寻找成名成家的捷径，王羲之告诉他，只要把庭院中十八口大水缸装满水，然后将水研成墨汁，把墨汁写尽，捷径也就找到了。王献之心领神会，勤学苦练，进步很快。王献之的行书和草书比其父亲更加简易流畅，其书挺然秀出，气势开张，风流英俊，传世墨迹有《鸭头丸帖》《送梨帖》等。

2. "天下第一"楷书颜真卿

唐代的雄阔书风以颜真卿为代表。颜真卿，字清臣，琅琊临沂人。颜真卿曾浴血疆场，他的戎马经历给他的书法带来刚劲雄健之气。他综合百家，向民间学习，锐意创新。颜体楷书端庄厚重、气度伟岸，最能反映盛唐繁荣强大、富有生机的社会风貌，世称"颜体"。颜真卿的《勤礼碑》等作品，代表了楷书的最高成就。他的《祭侄稿》被后人称为"天下第二行书"，可同王羲之的《兰亭序》相媲美。唐代颜真卿、柳公权，其书法风格号称"颜筋柳骨"。

《祭侄稿》写于758年。755年，唐朝爆发了安史之乱，北方许多地区落入叛军之手。颜真卿所在的平原郡得以固守，其兄也固守城池，其侄季明在自己父亲与叔父之间起着重要的联络作用。后来安禄山攻打常山，经过三天激战，城池被攻破，颜真卿的兄长被俘，侄子季明被砍头示众。颜真卿获悉凶信后，肝肠寸断，悲痛万分，以血和泪写下了这篇祭文草稿。

3. 草书之圣张旭

张旭，字伯高，吴郡人，其草书最为知名，相传他往往在大醉后呼喊狂走乃落笔，世人称"张颠"。杜甫在《饮中八仙歌》中这样形容："张旭三杯草圣传，脱帽露顶王公前，挥毫落纸如云烟。"他的草书，被称为"狂草"，他被人称为"草圣"，代表作《古诗四帖》等，其书简直就是舞蹈、音乐，充满激情，"伏如虎卧，起如龙跳，顿如山峙，控如泉流"。评者只有赞颂，没有微词，书法史上，唯张一人。

4. 醉僧怀素

怀素，僧人，长沙人。他性格疏放、不拘小节，相传秃笔成冢，以蕉叶练字。其好酒，兴酣时在墙壁、器皿、衣裳上随意书写，因此被称为"醉僧"。怀素草书得张旭真传，并在张旭的大草上有所革新，故称"癫张狂素""以狂继癫"。其草书千变万化，虽率意癫狂，而不失法度。其书风至晚年趋于平淡，笔老而意新。

《自叙帖》是怀素的代表作，笔力最为狂纵，全文纵横奔放，一气呵成，其势如长江大河，奔泻千里，于参差变化中得匀称，给人以巧夺天工、奇趣天成之感。

5. 宋代四大家

宋代"苏黄米蔡"四大家，各具风貌，苏轼擅长"画"，黄庭坚擅长"描"，米芾擅长"刷"，蔡襄擅长"勒"。也有人说四家中的"蔡"是指蔡京，但后人实在是厌恶蔡京的人品，遂改为蔡襄了。

宋四家中之首要，当推苏轼，他独擅"四绝"，即诗、文、书、画均绝佳。黄庭坚曾云："文章妙天下，忠义贯日月"，当不属为过。苏轼的《黄州寒食诗帖》，人称"天下第三行书"。《黄州寒食诗帖》，纸本，行书。苏轼自作五言诗二首，凡十七行，计有二百零七个字。后有黄庭坚大行书跋，明代董其昌小行书跋，现藏于"台北故宫博物院"。龙协涛先生曾评论《兰亭序》是雅士超人的风格，《祭侄稿》是圣哲贤达的风格，《黄州寒食诗帖》是学士才子的风格，从中也可悟出中国书法美之精髓。

黄庭坚精通书法诸体，草书取法怀素，楷书学习颜真卿。"晚人峡见长年荡桨"，顿悟书法，书艺大增。其行书、大草尤佳。他的行书奇拙中寓浩逸之气，纵横开阖，遒劲恣肆如长枪大戟；草书沉着而又痛快淋漓，用笔圆润，随心所欲，代表作有《诣旨上庾帖》《松风阁诗》等。

米芾，人称"米南宫"，工行、草书，是宋四家中又一书画绝佳之大师。苏轼称其书超妙入神。他的字潇洒脱俗，气韵酣畅，字的大小、粗细、浓淡、枯润、断续、藏露，刻意精心，又不露痕迹，就像他的山水画一样跌宕绚丽，书法具诗情画意之美。他妙用侧锋，令人知道"笔笔中锋"非万古不变的法则。他的传世名作有《苕溪诗卷》《蜀素帖》《虹县帖》等。

蔡襄工楷、行、草书，善章草。学虞世南和颜真卿，兼取晋人法。他的书法，行笔结体端庄、稳健、遒劲、飘逸，有温和、含蓄、宽厚之美，代表作有《万安桥记》《自书诗卷》《山居帖》《离都帖》等。

四家之外，宋徽宗赵佶独创"瘦金体"，也很有特色。它外观瘦硬，内蕴丰腴，秀丽而挺拔，传世名作有《瘦金体千字文》。

6. 清代郑板桥

郑板桥为画竹大师，他的书法"隶篆参合行楷，非古非今，非隶非楷，纵横错落，自成体貌"。他下笔如作画，方圆不拘，特别强调左右倚合，字的形体夸张，如长字更长，宽字更宽，斜者更斜，散者更散，舒缓者更舒缓，亦书亦画，穷极外形变化，为书界一大奇才。

综观书家名要，可见历代书法特点可概括为：晋人尚韵，唐人尚法，宋人尚意，明人尚姿，清人尚变。正所谓王羲之代表平和含蓄，颜真卿代表遒劲雄健，苏轼代表自由豪放。中国书法之博大精深，既玄妙又不失章法，是中国古代文化之重要瑰宝。

二、中国绘画艺术

中国绘画（简称"中国画"或"国画"）历史悠久，与西方油画截然不同。6000多年前，中国人已开始用线条在当时的陶器上绘出鱼、蛙等图形。夏商周三代青铜器上的精美图饰，标志着当时的绘画技艺已经达到相当高的水平。以后，中国人又在丝织品、石窟的墙壁、宣纸等物体上用墨作画，逐步形成中国绘画的独特风格和技法。

（一）中国绘画的特点

1. 中国绘画讲究"画中有诗""诗情画意"

中国绘画追求绘画的意境，强调借助自然形象表现人的思想、情感、意趣、品格、精神，画中寓有诗意。意境这种艺术概念，常常是易于意会，难以言传的。它是情与景、意与境的统一。意和境的关系也就是心与物的关系，它既是客观景物的真实再现，又是艺术家思想情感的充分抒发。王国维认为"境界"应包括情感与景物两方面，"境非独谓景物也。喜怒哀乐，亦人心中之一境界。故能写真景物、真感情者，谓之有境界"（《人间词话》），他所提出的"境界"说即是意与境的统一。宗白华先生对意境有一段评说，指出：人与世界接触，因关系的层次不同，可有五种境界，即为满足生理和物质需要，而有功利境界；因人群共存在爱的关系，而有伦理境界；因人群组合互制的关系，而有政治境界；因穷研物理，追求智慧，而有学术境界；因欲返璞归真，冥合于人，而有宗教境界。因此，欣赏一幅中国画，就像在吟诵一首中国诗。例如，看宋代马远的画《寒江独钓》，就会想起唐代柳宗元的诗《江雪》："千山鸟飞绝，万径人踪灭。孤舟蓑笠翁，独钓寒江雪。"唐代诗人刘禹锡讲："境生于象外。"艺术家只有创造出"象外"悠远无际的艺术空间，才能收到"言有尽而意无穷"的神奇效果。显然，画与诗的表现内容与意境非常接近。中国的诗与画经常是相互融合、相互启发的。

2. 中国绘画强调"以形写神""形神兼备"

"形"指外部的形象、形态，"神"指精神、情趣、人格等。中国画家很早就有不求形似的主张。宋代苏轼所写的"论画以形似，见与儿童邻"的诗句就是对这种艺术主张的概括。中国传统的画法主张绘画不应以表面的形似和制造幻象为目的，而应该"以形写神"，将艺术化地展现所画对象的精神气质作为绘画的最终追求。例如画梅花，就要画出它凌霜傲雪的姿态和孤芳自赏的意味，而不强求朵朵梅花如何真实。五代的荆浩曾说："似者得其形，遗其气，真者气质俱盛。""似"就是指形似，"真"就是指对事物的气质和神韵的完美表现。荆浩的话中已经将"似"与"真"相提并论，从而指出"真"就是应该完整地表现对象的风神气度。中国绘画不以模拟对象的质感为目的，而是在充分发挥中国绘画工具材料的艺术表现力的同时，力求摄取对象的神韵，达到"不似"而"真"的目的。中国画中的"皴法"就是一种很有特点的表现手法。"皴法"最初指在勾定的对象轮廓之中加上一些不规则的线长来代替原来瓶图的颜色，以增加对象的质感。在唐末，皴法刚创立的时候，还有模拟的倾向，但到了宋代以后，它越来越远离了对物体质感的表现，而逐渐成为一种表示画者笔墨风格的绘画符号了。

3. 笔和墨的有机结合，是中国画基本的表现手段

中国绘画的主要工具是毛笔和水墨。用毛笔绘画是中国画最主要和最基本的技法。毛笔柔软、绵长，伸缩自如，精细灵活，用它来画线造型、构图设墨、施彩敷色，接近于书法。所以，中国有"书画同源"的说法。元代赵孟頫在《秀石疏林图》上题道："石如飞白木如籀，写竹还于八法通。若也有人能会此，方知书画本来同。"意思是说，画石头用飞白笔法，画树木用篆书笔法，画竹子要用八种基本笔画的写法，能够做到这些，就明白书法原理和绘画原理是相通的道理了。中国绘画因而显示出一种抽象与虚空，表现了中国文人所追求的出神入化。中国绘画用笔有粗、细、转、折、顿、挫、提、按、轻、疾、徐之分，画家以此来描绘自然界各种物体的不同形象、势态，表达自己的喜、怒、哀、乐。

用墨是中国绘画的另一个特点。中国画家认为水墨为上，墨分五色，即以黑墨为主，其他色彩为辅。他们以焦、浓、重、淡、清等不同墨色代替别的颜色，并用干、枯、湿、泼、渲、刷、破、积等水墨调和与运笔的不同技法，展现出不

同的色彩与线条效果。所以中国画又被称为水墨画。中国画中，"笔""线"好像筋络骨骼，"水""墨"则如肤肉血液，两者浑然一体、相互映衬，达到"以形写神""形神兼备"的艺术效果。中国画家因此而能用寥寥数笔、几点水墨，就勾画出栩栩如生的花鸟、鱼虫、山水、树草、泉石、屋桥等。例如，齐白石画虾，寥寥数笔，活灵活现的虾便跃于纸上了。

4. 中国画追求"风骨劲健"

中国画家异常重视的笔法内涵就是"风骨"。所谓"风骨"，是指绘画作品通过形式表现思想精神的内在强度和感染力。南北朝的谢赫在《古画品录》中提出描绘艺术形象的六条法则或评判绘画优劣的六条标准，世称"谢赫六法"。其中第二条是"骨法，用笔是也"，即把画家的笔以及画面所显示的笔法与"骨"的概念联系起来。宗白华指出："骨"就是笔墨落纸有力、突出，从内部发挥一种力量，虽不讲透视却可以有立体感，对我们产生一种感动力量。风骨是创作主体的感受、情感、旨趣的一种对象化的反映，也就是说画家的气质、神采可以通过笔下的形象体现出来，让观赏者感受到。风骨劲健是中国画的一大精神特色。刚健有为是中国传统文化的基本精神之一，长期以来这种思想也影响着中国古代的绘画创作，使中国的绘画创作追求一种个体精神的寄托和抒发，体现出强劲的风骨特色。

5. 中国绘画基本采用动态的散点透视来取材构图

中国绘画不固定在某一个点上来观察事物，而是用流动的眼光看待世界，采用"移动透视"的表现手法处理构图。近代画家把这种画法叫作"散点透视"，也有人叫作"不定点透视""运动透视"等。因此，中国画不受时间和空间的限制。中国画家采用"三远"法和"以大观小"法等来进行画面的结构布局。"三远"就是"高远""深远""平远"，即"自山下而仰望山巅谓之高远，自山前而望山后谓之深远，自近山而望远山谓之平远"。"以大观小"是一种俯视画法，好像人站在更高的山上或空中进行写生一样，再大再高的山峰也尽收眼底，形成居高临下之势。中国的山水画作者常把高耸的山峰，涓涓的流水，曲折的小径，茂密的树林，活动的人物，统统组织到一个画面中，使人看得全，看得远，看得细，可以浮想联翩。所以中国画中的山水因而显得重重叠叠、缥缥缈缈、变化万千、气象雄伟。北宋范宽的《溪山行旅图》和元代赵孟頫的《鹊华秋色图》等作品，都能体现这些特点。尤其是《清明上河图》中拱桥的那一段，桥上桥下，屋内屋外，表现的内容极其丰富，这就是运用了"移动透视"的构图法。

中国画家还喜欢在画面上留出一些空间，让观众去想象、补充，即所谓"空白"。中国画描绘事物以含蓄而鲜明的描绘主体为重，除必要的点缀和陪衬之外，大多不画背景，剔除一切多余之物，在画面上留有较多的空白。"画了鱼儿不画水，此间亦是有波涛。"宗白华就以宋代马远的画为例说："中国画很重视空白。

如马远就因常常只要一个角落而得名'马一角'，剩下的空白并不填实，是海，是天空，却并不感到空。空白处更有意味。"如现当代著名画家齐白石画虾不画水、画蝌蚪不画青蛙，就是这个道理。

近代中国画吸收了西方绘画的一些技法，如焦点透视（固定一个点观察与取材）、块面造型、色彩涂抹等，在传统的基础上，又增添了新的时代气息。

（二）中国画分类

中国画的种类很多，可按不同的标准进行分类。

按照绘画的创作思想与审美情趣，中国画可分为文人绘画、宫廷绘画、宗教绘画、市民绘画和民间绘画五种。

文人绘画又称"士大夫写意画"，是中国画的主体，主要表现中国封建文人和士大夫的创作理念和艺术品位。他们最热衷的是水墨写意和诗、书、画相结合，作品大都取材于山水、古木、竹石、花鸟，并赋予了这些景物以强烈的抒情特征，不拘形似，强调神韵。宫廷绘画是指宫廷专职画家创作的带有富贵豪华气息，细致高雅的图画。宗教绘画是指画在寺庙与石窟的壁上，表现宗教人物故事及教义的图画。市民绘画主要指小说戏曲读本中的插图。民间绘画是指普通平民创作的乡土气味浓郁、质朴无华的作品，主要与民间习俗有关，如财神、门神、送子图、福寿图之类。

按照绘画的内容分类，中国画可分为人物画、山水画和花鸟画三大类。按照绘画的技法，中国画可分为工笔画、写意画和半工写（兼工带写）等。工笔画用工整细致的线条勾勒轮廓，有的涂的是重彩，有的是淡彩，有的不着色。不着色的工笔画也叫白描。写意画是中国画的主流，它用较自由放纵的笔法描绘自然景象，以表达作者的主观意愿。其中又分水墨写意，重彩、泼墨、泼彩写意以及大写意、小写意等。

（三）中国著名绘画作品鉴赏

1. 《五牛图》——韩滉

韩滉（723—787年），字太冲，长安（今西安市）人，擅长画人物及农家风格景物及马、牛、羊等动物。其代表作有《五牛图》《文苑图》《田家移居图》等。《五牛图》高20.8厘米，横长139.8厘米，现藏于北京故宫博物院。画中五条牛一字排开，神态各异，或行，或止，或侧头蹭痒，或回首顾盼，整幅画除最右侧一丛小树外，别无其他衬景；五头牛既可独立成图，又能前后呼应，构成一个统一的整体。画家用粗重厚朴的线条，准确地描绘出牛的形体结构，再以浅色渲染牛的眼、鼻、蹄趾、皮毛的花色等，使之具有一定的体积感和质感。画家深得"以形写神"之法，把牛特有的沉着磊落、温驯敦厚的气质与神态生动自然地描绘出来。在牛的形体塑造上,《五牛图》打破了汉代只画牛侧面和平面的装饰性格局,生动地表现牛的各种动态。尤其是中间一头牛,正对观画者,角度独特,由于画家准确画出了牛的透视关系,立体感极强,因此也是形神皆备。《五牛图》画在吸水性强、着色效果好的麻纸上,画家利用绘画材料的特点,发挥了用笔设色的长处,既追求画面整体上的厚重效果,又不失细节(如牛的眼睛)的精确刻画,显示了中国画描绘对象的优长之处。

2.《步辇图》——阎立本

阎立本(601—673年),唐初画家,雍州万年(今陕西临潼)人。隋代画家阎毗之子,阎立德之弟。唐太宗时,阎立本任刑部侍郎,后代兄做工部尚书,总章元年为右丞相。他继承家学,并师法张僧繇、郑法士,而能"变古象今"。他善画人物,笔力圆劲雄浑,能刻画出人物性格特点和神态气度,是唐代人物画的先驱,流传作品有《步辇图》《历代帝王图》《取贡图》《萧翼赚兰亭图》等。《步辇图》,全名《唐太宗步辇图》,现藏于北京故宫博物院。此画以唐太宗贞观十五年(641年),吐蕃王松赞干布与文成公主联姻的历史事件为题材,描绘了唐太宗接见吐蕃王派来迎接文成公主的使臣禄东赞的情景。画的中央上方有《步辇图》三字,是宋高宗赵构的手笔,并盖有印记。画的右面正中是唐太宗盘膝坐在步辇上,神态自若,雍容大度;有两个宫女一前一后,肩挽辇带、手扶辇柄,徐徐前进。辇的两侧,分列四个宫女一同扶辇。辇的外围有持宫扇及红色伞盖的三名宫女分列在辇的两边和后面。画的左面,后为一穿白袍的内官,前面是一朱衣执笏引班的礼官,中间是吐蕃使者禄东赞。使者彬彬有礼,着平顶小帽,团花窄袖长袍,双手合掌,表现出真诚迎接文成公主进藏时的友好心情。阎立本可能参与了这次会见,此画真实地再现了当时的情景。作品对不同人物的身份、气质、仪态和相互关系,表现得恰到好处,衣纹简劲纯熟,设色单纯沉着。从作品看,他的画法是先钩墨线,而后敷色,设色中有平涂、有渲染,但色上不再以色线勾勒。整个画面,线条流畅,色彩和谐,是一幅出色的工笔重彩人物画卷。

3.《送子天王图》——吴道子

吴道子(约685—758年),唐代画家,又名道玄,阳翟(今河南禹县)人。吴道子初从张旭、贺知章学习书法,未成而罢,转习绘画,年未二十,崭露头角。他曾任小吏,浪迹洛阳时,被唐玄宗召入长安宫中,授以"内教博士"。其善画道释人物,亦善画鸟兽、山水,在长安、洛阳两地寺观,作壁画三百余间,"奇迹异状,无一同者"。其画佛像圆光,屋宇柱梁,皆一笔挥就,不用规矩;所画衣褶,笔势圆转,表现出当风飘舞的状态,故有"吴带当风"之说。其画被列为"神品上",历代论者尊他为"画圣"。吴道子画迹有《明皇受箓图》《十指钟馗图》,著录于《历代名画记》;《孔雀明王像》《托塔天王图》等93件,著录于《宣和画谱》；传世作品有《送子天王图》。

《送子天王图》，又称《释迦牟尼降生图》，纸本、白描、无款，传为吴道子所作，一说是宋人摹本。画面上是释迦牟尼降生后，他的父亲净饭王抱他去拜谒天神的情景。画分两段：前段写天王召见送子之神，送子之神及瑞兽奔驰前进，然后天王骑上瑞兽神态自若，流露出激奋愉悦之情，侍臣牵着瑞兽奔跑；后段写净饭王抱着初生的释迦牟尼，缓步来到神庙中，诸神慌忙匍匐下拜的情节。从对净饭王和天神形象的刻画以及表现他们崇敬的动作，有力地烘托出襁褓中婴儿的不凡。全幅画描写了众多人物和神怪，个个生动逼真，其动作和表情足以揭示其各自不同的心理活动。此画基本造型手段是线条，挺拔有力，具有准确和生动的节奏感。

4.《清明上河图》——张择端

张择端（1085—1145年），北宋画家，字正道，山东诸城人。他早年游学汴京，后学习绘画，宋徽宗时供职于翰林图画院。张择端喜欢画城市、宫室景物，尤工舟车、市街、桥梁，皆惟妙惟肖，独具风格。其传世画作有《烟雨风雪图》《西湖争标图》，代表作是《清明上河图》。

《清明上河图》，画幅呈长卷，纵24.5厘米，现藏于北京故宫博物院。画面描绘12世纪的一个清明节，北宋首都汴京东角楼部分街区和郊外汴河沿岸一角的景象。画出各种人物五百多个；驴、马、牛、猪、骡、骆驼各类牲畜五六十头；各种车、轿二十有余；大小漕运舟船二十多只；楼台、农舍、店铺三十余栋。人物活动有赶集的、贩卖的、饮酒的、问卦的、剃头刮脸的、骑驴的、乘轿的、买药的、闲谈的、打盹的，还有推车拉舟、探亲上坟、说书杂耍、井边汲水等，形形色色，生动活泼。此画从郊外起首，渐渐接近繁华闹市。郊外水塘、小溪、小桥、茅舍、古柳、丛林，清新寂静；赶集的人群和驮运的骡马，沿着乡间小路渐次奔赶市街；汴河流贯市街，河内船只有的停靠岸边，有的在激流中行驶。再向前到了拱桥，这是长卷的高潮处，一只船放下桅杆正待过桥，桥上的人群奔向两侧扶栏为船工呐喊加油；一个人站在船篷上提醒船工，船篷下还有两人伸手呼叫。过了拱桥便是街市中心，街道两旁酒楼店铺、达官宅府各异其趣。街市上熙熙攘攘，热闹非凡。画家运用散点透视法，让观众观赏了北宋社会颇具代表性的一角。作为史料，北宋的农业、手工业、交通运输、商业贸易、建筑修造以及世俗生活、文化活动等都可以在这帧长卷里找到具体形象。作为艺术品，它以宏阔的场面、丰富的内容、纯熟的技巧，表现了中国风俗画的最高成就，浓缩了北宋市民艺术的审美趣味和审美理想，是中国古代绘画史上的伟大著作。

5.《雪景寒林图》——范宽

中国山水画，盛唐时期已颇具特色，五代、宋初是山水画大发展的时期，产生了许多影响深远的山水画大家。画史上把董源、李成、范宽称为北宋初年的三大家。董源画草木葱茏、烟雨迷蒙的江南景色，李成画平远萧疏、林木清旷的齐鲁风光，范宽则画峰峦浑厚、雄博苍劲的关中山川。三家三种风格，形成北宋山水画的三大主流，均有"百代标程"之誉。

范宽生卒年月不详，据画史记载，他生于五代末，在宋仁宗天圣年间（1023—1031年）还健在，陕西华原（今铜耀州区）人。因为他性情宽厚，不拘成礼，时人呼之为"宽"，遂以范宽自名。他的山水画早年师从李成、荆浩等山水名家，后来潜心自然，有"与其师人，不若师造化"的感悟，对景造意，自成风格。范宽擅长创造"雪山"景致。画面上，白雪皑皑的群山与参差错落的寒林形成强烈对比，气势高旷磅礴，画境逼人。《雪景寒林图》堪称其代表作。

《雪景寒林图》高193.5厘米，宽160.3厘米，绢本，现藏于天津艺术博物馆。此图群峰耸立，山势峻峭，深谷处寒气逼人，一片雪景，溪水畔空旷寂寥；山石起伏处，村居、寺院掩映其间，尤添生气。范宽"笔力老健"，并恰到好处地运用细密的"雨点皴"和润泽的墨色，描绘出雪后山巅的圆实之感。山间寒气的弥漫和树石的坚实感对比鲜明，强化了画面意境的幽静、雄壮、浩荡。在笔墨运用上，范宽可谓匠心独具，以水墨渲染，空绢为雪，积雪处不着笔墨却形质突出，用苍笔勾寒林枝干，繁复之中见严谨，充实之中见疏密，枝干上虽不着雪，但寒冬林木冷寂挺拔的气度却表现得极为充分，给人以身临其境之感。明代山水大家董其昌曾对范宽的画作评论道："瑞雪满山，动有千里之远；寒林孤秀，俨然三冬在目。"范宽的作品正所谓"画山画骨更画魂"，画家笔下的山水气骨和灵魂令人感奋。

6.《踏歌图》——马远

中国绘画史上，南宋是一个关键时期，有论者认为中国山水画到此时方进入它的真正成熟期。而成熟的标志是"南宋四家"即李唐、刘松年、马远、夏圭四人的出现。"南宋四家"的作品构思巧妙，手法新奇，精于剪裁，擅长用比较少的笔墨来表现无限的意蕴，提供给观者更广阔的想象空间，完成了山水画创作上的突破和创新。正如明代文学家王世贞所言，"刘、李、马、夏又一变 也"。

马远（1190—1279年），宋代杰出画家，字遥父，号钦山，祖籍河中（今山西永济市）。其曾祖、祖父、父亲、伯父都是画院画家。他继承家学，光宗和宁宗时期，历任画院待诏。他的画布局简约，笔力强劲，水墨苍莽，意境深远，集中表现了南宋山水画的时代特征。他善于用部分表现整体的艺术手法，对繁复的自然景象进行大胆的概括、提炼和剪裁，造成虚实相生的艺术效果。因其常画山之一角，水之一涯，画面上有较多的空白，后人冠以"马一角"的绰号。《踏歌图》，高191.8厘米，宽104.5厘米，绢本，现藏于北京故宫博物院，是马远中年时期的力作。画面上方有"宿雨清畿甸，朝阳丽帝城，丰年人乐业，垄上踏歌行"的题句，传为宋宁宗的皇后杨氏所书。由此题句可知作品意在描绘丰收之年，农人踏歌起舞的情景。然而从整体构图来看，它仍是一幅成功的山水画。近景所描绘的是在垄上行走的老少乡农，各具情态，生动有趣，与四周环绕的奇峰异境相呼应，创造了一种欢快、融洽的有情之境，将描绘山水与表现世情风俗巧妙地结合在一起。在构图上，一改北宋大山大水的全景式构图方式，择取大自然中最美的一角，提炼概括，精心安排，利用充溢于画面之上的空灵云烟，巧妙地把远景、中景和近景合为一体，远景的简洁清旷，中景的奇绝突兀，均与近景的结实凝重相互映衬，显示出无限广阔的空间意象。在用笔着墨方面，用苍劲的"长斧劈皴"和起笔方平、收笔尖长的"钉头鼠尾皴"画山石，线面并重，富有力度，墨色浓重，层次分明，给观赏者一种鲜明、爽快、健朗、苍劲的感觉。

三、中国传统音乐及舞蹈

（一）传统音乐

1. 传统音乐的起源

中国传统音乐是在以黄河流域为中心的中原音乐和四域音乐以及外国音乐的交流融合之中形成发展起来的。因此，可以说中原音乐、四域音乐、外国音乐是中国传统音乐的三大来源。

中原音乐指的是以黄河流域为中心发展起来的音乐。在漫长的历史发展过程中，形成了以汉族为主体的黄河流域音乐文化。其中，殷商和西周时期的音乐文化具有代表意义。除六代乐舞及其他多种乐舞的发展和整理，礼乐制度的阶级化和等级化，大司乐机构的设置，三分损益律的运用等，对中原音乐有重要影响之外，尤其"八音"乐器分类中"琴"（七弦琴）及其音乐的出现，奠定了中国传统乐器与器乐的基本模式。

四域音乐指的是除中原华夏族为主所创造的黄河流域音乐文化以外的中华大地各民族的音乐文化。其中，长江流域、珠江流域等地区与黄河流域同为中华民族的文化发祥地。长江中游的楚文化中的音乐文化色彩缤纷，独树一帜，同中原音乐并为上古中国传统音乐的表率，相互辉映，相互竞争、交融，进而衍生、发展。珠江流域的粤文化、西南各少数民族的音乐文化、西北地区古丝绸之路的音乐文化以及东北各少数民族的音乐文化，都为中国传统音乐的形成、发展做出了重要贡献。其中，在乐器方面，作为汉族音乐文化与少数民族音乐文化交融的代表实例，可以举出由奚琴到胡琴类各种拉弦乐器的形式。

中国音乐与国际音乐的交流由来已久。据《穆天子传》记载，相传西周初，周穆王曾经带着规模颇大的乐队到西方各国进行音乐交流。此后，在汉代，伴随佛教的传入，印度教音乐和天竺乐也传入中国；隋唐时期，大量外国音乐的输入，不仅带来外国乐曲，而且引进乐器、乐律、音阶。作为外国乐器传入中国，后又被改造为中国传统乐器的琵琶颇具代表意义。

2. 传统音乐的发展

公元前21世纪至公元3世纪是中国传统音乐的形成期，这时期包括从夏、商、西周到春秋、战国、秦汉。在音乐体裁方面，经历了由原始乐舞到宫廷乐舞的进化。在旋律音调、音阶形式方面，经历了由原始音乐重视小三度音程的音调，到春秋战国强调宫、商、徵、羽的上下方大三度的"曾"体系，以"三分损益法"相生五音、七声、十二律，初步确立了中国传统音乐旋法的五声性特点。在音乐美学思想方面，先秦诸子百家的争论，奠定了此后各自学说的理论端点。这一时期中，最具代表性意义的音乐艺术形式是钟鼓乐队。

公元4世纪至10世纪是中国传统音乐的新生期，这一时期包括了从魏、晋、南北朝到隋、唐、魏、晋、南北朝时期的政治动荡和北方人民南迁、少数民族的内移，构成对中国传统音乐的冲击：一是玄学对儒学的冲击，引起音乐思想的变化；二是少数民族音乐和外国音乐的传入，引进乐器、乐律、乐曲和音乐理论方面的新因素。其冲击的结果是使中国的传统音乐为之一变，开创了音乐国际化的一代新乐风。一方面是世界音乐的中国化，包括外来乐曲的中国化、外来乐器的运用、外来乐调的传入、外来乐队的民族化以及外来乐人为发展中国音乐所做出的贡献。另一方面是中国音乐的世界化，即中国音乐以其辉煌的成就给世界许多国家（如朝鲜、日本等）以重要的影响。

公元10世纪至19世纪是中国传统音乐整理期，该时期包括辽、宋、金、明、清。该时期政治上从纷乱和分裂到相对的统一，又从南北对立到多民族国家统一政权的建立及其在相当长时期内的相对稳定；音乐文化方面则具有世俗性和社会性的特点。所谓世俗性，就是与普通的平民阶层保持着密切的关联。此时期的传统音乐，无论是在演出人员还是在观众、听众对象方面都已具有更为广泛的社会基础。在音乐理论方面，表现出对前一时期的继承和清理的倾向，音乐形态特点已逐渐趋于凝固定型化，其代表性音乐艺术形式是戏曲艺术及其音乐。这一艺术形式上承前代下接后世，并广泛吸收当代音乐新成果，成为集古今音乐大成的音乐宝库。

（二）传统舞蹈

1. 传统舞蹈的产生

从产生来看，舞蹈是适应巫术和原始宗教仪式的需要产生的。这可以从舞蹈之"舞"的原始意义中得到理解。早期甲骨文中，"舞"与"巫"的形状十分相似。在早期社会"舞""巫"所指是同一事项，即女巫师的巫术仪式以及巫师祈祷神灵时的姿态。后来，用"舞"指称巫师的姿态，"巫"指称巫师这一类人员，其意义才渐渐分离。可见，这种姿态就是"舞蹈"的原始形态。尽管"舞"姿态从"巫"中分离，但早期舞蹈事实上还是直接服务于巫术活动的，这可以从"舞"与"雩"二字的关系中看出一些痕迹。甲骨文中有"辛巳卜宾乎舞有雨"的记载。这其实是一次祭祀求雨活动的记录，其中有舞蹈的仪式行为。《说文解字》释"雩"曰："雩，夏祭乐于赤帝以祈甘雨也。从雨，于声。雩，羽舞也。"所以，舞的第一个义项就是通"雩"，指求雨巫术仪式中的"羽舞"。《周礼·春官·乐师》曰："凡舞有帗舞、有羽舞、有皇舞、有旄舞、有干舞、有人舞。"即所谓周代的六小舞。这些舞蹈都是周代祭祀活动中的仪式性舞蹈。《周官·舞师》载："掌教兵舞，帅而舞山川之祭祀；教帗舞，帅而舞社稷之祭祀；教羽舞，帅而舞四方之祭祀；教皇舞，帅而舞旱叹之事。"羽舞、皇舞皆为祭祀求雨的仪式舞蹈。后来的《庸舞》《奏舞》《龙舞》等皆是旱祭求雨的巫术仪式舞蹈，其中《龙舞》至今不衰。

考古发现的中国早期乐舞图中，许多具有浓郁的宗教色彩和巫术性质，是先民巫术性仪式活动的记录。例如，青海大通县出土的彩陶盆舞蹈纹、内蒙古狼山原始岩画、甘肃嘉峪关黑山原始岩画、广西花山崖原始壁画中的舞蹈场景，经专家研究皆具有很强的巫术性质和仪式特征。

中国早期舞蹈之所以有如此明显的仪式特征，其实与舞蹈在当时的社会功能有关系。早期舞蹈产生于先民巫术图腾活动，是巫术仪式活动的一部分，是巫术图腾文化的产物，它必然具有巫术的文化属性。对早期舞蹈而言，其直接作用就是实现沟通人神、祈福免灾、五谷丰登等巫术性目的。

在这种意义上，可以说功用性、仪式性是早期舞蹈的第一属性，舞蹈的娱乐性是从巫术活动的娱神目的衍生的，从娱神到娱人再到自娱，是舞蹈发展的几个重要阶段。尽管后来的舞蹈也许并不用于祭祀，但是中国舞蹈自产生时就存在的仪式性传统却被积淀下来了，已经渗透到舞蹈的动作、结构和独特的抒情方式等内容之中。

2. 传统舞蹈的形式

从表演场合来看，中国传统舞蹈多使用于各种仪式性场合，大到国家的祭祀、朝会、出战、庆功、王室更替，小到百姓婚丧嫁娶、往来聘问、播种收割等，均有若干的仪式内容。归纳起来，传统舞蹈大概可以分为社会性仪式、宗教性仪式、生产性仪式、人生成长性仪式等类。中国古代根据舞蹈的使用场合和社会功能将宫廷舞蹈分为雅舞、杂舞两类。雅舞在后来的历代王朝宫廷中皆是最重要的舞蹈，虽然各代帝王皆制作自己的舞蹈，名称也各不相同，以示不相袭用，但是仅改歌词而舞曲依旧不变，其祭祀的仪式性功能也没有改变。正所谓"自周以来唯改其辞，未有变其舞者也"。这部分舞蹈用于国家的祭祀场合，显然具有强烈的仪式性特征。

杂舞的仪式性特征从《乐府诗集》中可以看到，书中很详细地记载了自西周以来到隋唐时期民间舞曲流入宫廷以及在宫廷宴会等重要集会场合表演的历史事实。由此可见，在中国古代传统舞蹈中，尽管有些舞蹈从其产生来看，并未直接服务于巫术和国家祭祀活动，但是往往被统治者用在其他仪式活动中，作为仪式活动的重要部分，因此也具有了很强的仪式特征。

传统舞蹈从其表演形式上来看，大多是在重大的节日活动中进行，如春节、三月三、火把节、泼水节、播种节等，构成了这些舞蹈强烈的仪式性特征。例如，土家族每年农历正月要祭祀始祖"八部大王"跳摆手舞、毛古斯舞，藏族每年藏历除夕的"跳神节"要跳《羌姆》，青海黄南同仁地区藏族每年的"六月会"祭祀山神、二郎神，跳《龙鼓舞》等，这些舞蹈均具有极强的仪式性特征。这种仪式性特征一方面是这些舞蹈本身就具有的，其产生之时就是为仪式而服务的；另一方面在这些仪式性场合表演的舞蹈，也许本身的仪式性内容并不强，有些就是娱乐性舞蹈，但是，一旦进入某种仪式性场合表演，它便具有了很强的仪式性。因此，可以说中国传统舞蹈表演的仪式场合也是其形成仪式性特征的重要方面。

四、中国戏曲艺术

（一）传统戏曲的产生与发展

关于中国传统戏曲渊源的说法，可谓多种多样。源于傀儡、来于俳优等说法不一而足。按照王国维的说法，"后世戏剧之萌芽"存在于巫觋（音席）的职业，以歌舞来娱神，而"群巫之中，必有象神之衣服形貌动作者""或偃蹇以象神，或婆娑以乐神"。而许地山先生则认为中国古典戏剧的内容和形式，主要受了印度梵剧的影响。总的来说，传统戏曲艺术最早应该来自原始歌舞。原始初民为了祈雨、驱疫、祭神等所表演的原始的舞蹈，应该是戏曲艺术发展的源头。到了秦汉以后，诗歌以及民间传说中那些富有戏剧性的冲突和完整的故事情节是推动戏剧发展的重要因素。秦汉时期的俳优是最早的一种戏曲形式。俳优既指古代唱戏或曲艺表演，也指演诙谐、滑稽戏的人。《史记》中记载的"优孟衣冠"，说的是在先秦时期，用俳优这种戏剧形式表演的故事。"优孟衣冠"后来就成了戏剧表演的代名词。秦汉时已有所谓"百戏"的艺术。百戏是古代乐舞、说唱、滑稽、武术、杂技表演的总称。汉乐府所吸收的"赵代之讴、秦楚之风"以及汉魏以来在民间流行的平调、清调、杂舞、杂曲等也辗转流传，给唐宋以来构成戏剧艺术的歌舞及音乐带来了很大影响。

唐宋时期流行的参军戏为我国后来以净、丑打诨为主的讽刺短剧创造了一个优秀的范例。参军戏的得名，相传始自对后赵参军周延的讽刺。由一个装作官僚的参军和一个装作奴仆的苍鹘对演。在演出过程中，参军总是扮演被打击和被讽刺的对象。参军戏以说为主，或配有音乐伴奏和唱歌，演员一般只有一两个，伴奏的乐器也只有一两件。演员的表演，有时只用一把扇子或者一副竹板，甚至什么都不用；语言非常口语化，通俗易懂，诙谐幽默，内容有当时的奇闻逸事，也有对社会上不合理现象的嘲讽。这类的表演实际上是一种说唱艺术。

中唐以后，都市经济的繁荣，市民阶层的壮大，为民间戏曲的经常演出提供了物质条件和群众基础。由于各种歌舞杂戏在大都市里经常演出，可以不断汲取广大人民的生活内容和艺术养料来丰富自己；同时由于演出场所逐渐固定，有利于各种艺术的交流融合，从而促进了以综合各种艺术因素为特征的戏曲的产生。有些文人也逐渐开始与乐工舞台合作，共同为丰富演出的内容、满足观众的要求而努力。

北宋时，京师勾栏瓦肆众多，各种艺人和文艺表演形式都在那里谋求发展。说唱艺人孔三传创造出一种大型说唱形式"诸宫调"。所谓"诸宫调"，是指取同一宫调的若干曲牌联成短套，首尾一韵，再用不同宫调的若干短套联成长篇，中间杂以简短的讲叙，用以说唱长篇故事。"诸宫调"有南北之分，南方多用笛伴奏，北方多用筝和琵琶伴奏，故北方"诸宫调"又称"弦索"。今存最完整的北方"诸宫调"是金代董解元的《西厢记诸宫调》。"诸宫调"不仅把说唱艺术提高到一个新的层面，也为戏曲的产生奠定了坚实的基础。

宋金时期，杂剧兴起。杂剧为代言体，主要通过演员表演来叙说故事。杂剧分折，一折就是一个音乐段落，实际上就是由一个套曲构成。孟元老的《东京梦华录》卷八提到北宋时汴京的勾栏瓦肆中在七夕之后扮演杂剧《目连救母》的事情。宋杂剧通常由艳段（表演情节简单的生活熟事）、正杂剧（表演情节较曲折的故事，一般分为两段）和散段（属滑稽表演，又称"杂扮""杂旺"）组成，有抹泥、引戏、副净、副末、装孤等五个角色；表演视内容而定，有时以对白为主，有时则载歌载舞，且有乐器伴奏。与南宋对峙的金朝有"院本"，情况与杂剧大致相似。

与北杂剧相对的南戏在表演与唱法上都比较自由，北杂剧用七声音阶，节奏较急促刚健，南戏只用五声音阶，节奏比较舒缓柔婉。北杂剧所用的伴奏乐器以弦乐为主，琵琶是主乐器；南戏则以管乐为主，笛、箫是主乐器，配以鼓板。但无论是南戏还是北杂剧，都是以"讲念做打"为重要表现手段，是一种融音乐、舞蹈、表演、杂技、武术、美术为一体的综合艺术。它们都对演员有较高的艺术要求：歌唱要做到字正腔圆，宾白要有节奏韵律，表演要讲究身段造型，动作要符合程式法则。贯穿其中的，就是音乐性和舞蹈性原则。

到了元代，杂剧把歌曲、宾白、舞蹈、表演等有机结合起来，开始形成了具有独特民族风格的戏曲艺术形式，并且产生了韵文和散文结合的结构完整的文学剧本。杂剧的结构和表演形式基本上固定了下来，其音乐也有比较固定的形式。一般杂剧所用宫调都在六宫十一调范围内。选用什么宫调，要视剧情内容和剧中人物的抒情需要而定。在结构上一般是一本四折演一个完整的故事，只有个别的是一本五折、六折。折是音乐组织的单元，也是故事情节发展的自然段落，它不受时间、地点的限制，每一折大都包括较多的场次，为演员的活动留下了广阔的天地，也给观众提供了想象的余地。这是我国戏曲表演艺术的特点，同时也构成了戏曲文学的特色。有的杂剧还有"楔子"，它的篇幅比较短小，位置也不固定，一般在第一折的前面演出，对故事的由来做简单的介绍，也有在折与折之间演出的，作用和后来的过场戏相似。

元杂剧在中国戏剧史上占有重要的地位。中国传统戏剧表演到了元代，迎来了"黄金时代"。唐宋以前的中国古代戏剧表演无论是作品的内容还是作家自己，大部分都来自宫廷或者上层社会。这种局限性在一定程度上阻碍了戏剧的发展。元代的统治者骁勇善战，但是轻视文人，这种情况使得当时的文人有机会接触劳动人民，从而更广泛地了解下层人民的生活和感受。元代的杂剧无论在戏剧形式上或者剧本内容上都有了很大的进步，并且出现了众多有影响的剧作家和作品，有名可考的杂剧作家约有二百人，杂剧大约七百种，所以在中国戏剧史上占有很重要的地位。

元杂剧作家最有成就的是"元曲四大家"，即关汉卿、郑光祖、白朴、马致远。关汉卿被称为元曲四大家之首。他一生共写了六十余种杂剧，保存至今的有十八种。他的代表作是悲剧《窦娥冤》，代表了元杂剧创作的最高水平。该剧写的是一位青年妇女窦娥，因父亲欠了蔡婆几十两银子，而成为蔡家的童养媳。不料丈夫早死，她年轻轻的就守了寡。而蔡婆招了一个张老头为丈夫，张老头的儿子张驴儿也想娶窦娥为妻，但她坚决不从。于是，张驴儿买了毒药，想害死蔡婆以威胁窦娥，不料却误害了自己的父亲。这时张驴儿反咬一口，给窦娥安上了用毒药杀人的罪名。窦娥在昏庸判官的问判下，竟然被判了死刑。窦娥满心的冤枉无处申诉，被杀时呼喊自己是无辜的……郑光祖是元代后期著名杂剧作家，共创作杂剧十八种，现仅存八种，题材大部分是历史故事，其中爱情剧是优秀之作。白朴写过杂剧十六种，现存三种，其中《墙头马上》是他的代表作，该剧与关汉卿的《拜月亭》、王实甫的《西厢记》、郑光祖的《倩女幽魂》合称元代四大爱情剧。马致远共创作了十三种杂剧，流传下来的有七种，其中以写王昭君的《汉宫秋》最为著名。

　　在明代，南戏逐渐占了主导地位，而杂剧则走向衰微。明人称南戏为传奇。传奇所用声腔有四种，即昆山腔、弋阳腔、余姚腔、海盐腔，称为"四大声腔"。"四大声腔"都是地方声腔，昆山腔起源于江苏昆山一带，弋阳腔起源于江西弋阳一带，余姚腔和海盐腔都起源于浙江。昆山腔集中表现了南曲清柔婉约的特点，同时保存了部分北曲激昂慷慨的声腔。它经过音乐家魏良辅的改造，形成了新颖细腻、一字数转、轻柔婉转、圆润流畅的行腔特色，称为"水磨调"；又有戏剧家梁辰渔创作了《浣纱记》传奇，用昆山腔演唱，因而昆山腔很快在四大声腔中居于首位。昆山腔传入北京，获得了统治者和文人士大夫的宠爱，赢得"官腔"称号，逐渐成为贵人大姓的"堂戏"，在艺术上也逐渐脱离了广大人民的生活，走向典雅的道路。因此，昆山腔就被称为"雅部"，在清中叶以前是最有影响的剧种，称为"昆曲"。弋阳腔则粗犷、豪放而富有民间气息，适于在广场演出，并具有很大的灵活性和很强的适应性，流行地区很广。以弋阳腔为代表的广泛流传于民间的各声腔剧种，则被称为"花部"。由于昆山腔赢得了帝王将相的喜爱，便得到了特别的扶持，清政府就曾明令禁演花部。但弋阳腔也因其比较能适应其他地方的方言、曲调而不断扩大影响，形成高腔系列，并在许多地方戏里充分发挥自己的作用。余姚腔、海盐腔则在风行了一段时间之后逐渐萎靡、消亡。

　　昆山腔从明至清兴盛了将近四百年，形式也越来越凝固、僵化，规范日益烦琐严密，篇幅过长难以表达热烈奔放的情感，曲辞艰深、难看难懂等弊病也就日趋严重，远离了生活和观众。与此同时，花部地方戏却逐渐成熟，进入城镇，甚至在北京、扬州这两大戏剧中心演出。特别是北京，由于乾隆皇帝是个戏迷，不断举行大规模庆寿活动，各地名伶荟萃京师，使得北京剧坛无腔不备，无戏不有，百花齐放。于是，充满活力不断壮大的花部与颇具实力但日趋衰颓的雅部展开了激烈的竞争，这在中国戏曲上被称为"花雅之争"。先后出现了弋阳腔、秦腔与昆山腔的争衡，它们都给予雅部很大的冲击，同时又都从雅部那里吸收借鉴了艺术营养。

　　1790年是乾隆皇帝的八十大寿，兴起于安庆、活跃于扬州的"三庆、四喜、和春、春台"四个著名的徽班陆续来北京演出，这就是"四大徽班进京"。四大徽班技艺精绝，又荟萃了程长庚、张二奎、余三胜等著名演员，因而深受北京观众欢迎。道光年间，徽班世人同来自湖北的汉调世人合作，以徽调中的二黄和汉调中的西皮为基础，并不断吸收京腔（弋阳腔京化、雅化、规范化、程式化后，被称为京腔）、昆山腔、秦腔及其他地方小戏和民间曲调的营养，熔铸成以皮黄为主的京剧。京剧的形成标志着"花雅之争"的结束。京剧在当时清朝统治者的大力扶持下，博得群众的喜爱，扎下了很深的群众根基，最终夺取剧坛的王冠。至此，京剧继昆山腔之后，成为影响全国各地的"国剧"。

（二）戏曲艺术的种类

中国古代戏剧种类繁多，流传到现在的有三百多种，其中比较著名的有京剧、昆剧、评剧、越剧等剧种（京剧后文做具体介绍）。

昆剧又叫"昆山腔""昆腔""昆曲"。原来是在江苏一带流行的民间戏曲，经过元末顾坚等的改进，到明初时已有"昆山腔"之称。经过许多艺人的改进，曲调婉转细腻，后来流行地区渐渐扩大，对现代中国大部分剧种都产生过深远的影响，如京剧和越剧。京剧的很多唱法都是在昆剧基础上发展起来的。昆剧的伴奏乐器有笛、箫、笙、琵琶以及鼓、板、锣等，并有其完整独特的表演体系。昆剧中的对话多是江南方言，而且文字优美、典雅，唱腔也很华丽，是中国民族戏曲中最完整的表演体系。

评剧是流行于中国北方的戏剧形式。评剧，旧时称"蹦蹦戏""落子"。1910年左右形成于唐山，流行于华北和东北地区，基础为河北东部一带流行的民间说唱"莲花落"和民间歌舞"蹦蹦"，先后吸收河北梆子、京剧等剧目发展而成。其表演活泼自由，生活气息浓郁，语言通俗，伴奏乐器以板胡为主。

越剧流行于浙江、上海及周边许多省市。1910年前后，浙江一带的"落地唱书"受绍剧、余姚腔等影响发展形成，初时只用笃鼓和檀板伴奏，故称"的笃班"或"小歌班"；1921年后称"绍兴文戏"，初时由男演员演出；1923年后，出现了女演员组成的"文武女班"；1936年后，女班盛行，男班及男女合演渐趋淘汰；1938年（一说1942年）始称越剧。其主要曲调有四工调、弦下调等，大都细腻委婉，长于抒情。

豫剧又称"河南梆子""河南高调"。明末秦腔与蒲州梆子传入河南后与当地民歌、小调相结合而成豫剧（一说由北曲弦索调演变而成）。其流行于河南及毗邻省的部分地区，有豫西调和豫东调两个支派。豫西调以洛阳为中心，多用真嗓、音域较低，俗称"下五音"，唱腔悲凉；豫东调以商丘、开封为中心，多用假嗓，音调高亢，俗称"上五音"。川剧流行于四川省及云南、贵州部分地区。清雍正、乾隆年间，昆腔、高腔、胡琴、弹戏和当地的灯戏同时流行，后因各腔经常同台表演，相互影响，形成了较多的共同点，于是统称川剧。川剧有一套完整的表演程式，真实细腻，生活气息浓郁。

黄梅戏旧称"黄梅调"，流行于安徽及江西、湖北等省部分地区。清乾隆末期，湖北黄梅的采茶调传入安徽安庆地区后，与青阳腔、徽剧及民间歌舞、音乐、说唱融合而成黄梅调，其唱腔委婉清新，表演真实细腻。

沪剧流行于上海和江浙部分地区，源于太湖流域的吴淞江及上海浦东民歌，清末形成上海滩黄（当地称"本滩"），1914年后易名为"申曲"，后来用文明戏的演出形式，发展成小型舞台剧，抗战后定名为沪剧。其曲调优美，富有江南水乡气息，擅长表现现代生活。

秦腔又称乱弹，源于西秦腔，流行于我国西北地区的陕西、甘肃、青海、宁夏、新疆等地，又因其以枣木梆子为击节乐器，所以又叫"梆子腔"，俗称"桄桄子"（因以梆击节时发出"恍恍"声）。明末无名氏《钵中莲传奇》中使用了"西秦腔二犯"的曲牌，故知其源于甘肃。甘肃古称西秦，故名之。清康熙时，陕西泾阳人张鼎望写《秦腔论》，可知秦腔此时已发展成熟。到乾隆年间，魏长生进京演出秦腔，轰动京师。秦腔对各地梆子声腔的形成有着直接影响。

河北梆子流行于河北和北京、天津、东北三省及内蒙古自治区的部分地区。清乾隆年间，由山西蒲州梆子传入河北逐渐演变而成，曾有京梆子、直隶梆子之称，1952年定名为河北梆子。此剧种以梆子按节拍，音调高亢，善于表现慷慨悲壮的感情。

（三）京剧艺术

京剧是我国文艺百花园里一枝最绚丽、最鲜艳的花朵。它是传统戏曲中剧目最丰富、表演最精细、观众最普遍、影响最深远的一个剧种。中国的京剧和古希腊悲喜剧、印度梵剧一起，被称作世界上三大古老戏剧。

1790年，为了给80岁的乾隆皇帝祝贺生日，浙江一名官员带着安徽艺人组成的戏班（徽班）"三庆班"进京演出。因节目丰富，表演出色，很快就压倒了当时流行于北京的"秦腔"，很多"秦腔"的演员转入徽班，形成了"徽秦"两腔的合并。徽班的唱腔主要是"二黄"，秦腔的主要声腔是"西皮"，合流后便产生了京剧中最主要的两种唱腔"西皮"和"二黄"，因此，当时京剧又叫"皮黄戏"。在北京形成的"皮黄戏"，受到北京语音和语调的影响，就有了"京音"的特色。后来这些戏班到上海演出，上海人把它叫"京戏"，也叫"京剧"。京剧被称为"国剧"，不仅在中国是影响最大的剧种，而且在世界上也享有盛誉。"唱""念""做""打"是京剧四种主要表演手段，其中"唱"就是唱腔，在京剧表演中尤其重要。京剧的基本唱腔是"西皮"和"二黄"，二黄调比较深沉委婉，适合于表达追忆、沉思、悲慨之情；"西皮"则较明朗激越，适合于表达喜悦、激动、高亢之情。在发展过程中，又有"反二黄"和"反西皮"两个调系，使京剧具有更强的抒情表意功能。但不同的演员在演唱时会有所创新，这样唱腔的差异便形成了京剧的不同流派。比如，京剧旦行中的梅兰芳、程砚秋、荀慧生、尚小云，被称为"四大名旦"，就是由于他们在艺术上各树一帜，形成了旦角表演中的梅、程、荀、尚四派。此外，京剧艺术在上海的发展，形成了海派京剧，海派京剧更符合都市人的欣赏口味，周信芳是其中的代表人物。

在京剧表演中，各种动作，包括走路、上楼、开门等，甚至表情，都要求符合一定的格式，叫"程式化"。京剧表演的程式，是根据生活动作，用艺术的方法予以组织、提炼、夸张而形成的。也就是说，这种表演格式来源于生活，又美化了生活。把生活动作提炼成为具有舞蹈性和节奏感的舞台动作，再把这种动作的程序、方法、姿态固定下来，作为演员创造舞台形象的共同手段。

看过京剧表演的人都会对演员脸上富有特色的化妆印象很深，这就是脸谱。至于脸谱的来历，一般的说法是来源于北齐兰陵王作战时所戴的面具，后来把花纹直接画在脸上，就形成了后来的脸谱。脸谱由面具发展而来，是夸张性的化妆艺术，不同的人物性格或者角色，脸谱都不一样，而且比较固定。比如红色表示忠勇耿直的人物，如关羽；白色代表奸诈，如曹操；青脸代表妖邪；黑色代表耿直，如包拯；金脸、银脸多为神怪仙佛，如如来佛为金脸。

京剧表演中的角色也固定为生、旦、净、末、丑五种，叫作"行当"。每个角色行当都有严密细致的分工要求。"生"是男性角色的统称，宋元南戏里已有生角。此后除元杂剧外，历代戏曲都有这行角色。从南戏到明清传奇，生角大都扮演青壮年男子，是剧中的主要角色。根据所扮演人物的年龄、身份的不同，生又划分为许多专行，如老生、小生、武生、红生等，表演上各有特点。"旦"是女性角色的统称，按扮演人物的年龄、身份、性格及其表演特点，又可分正旦、老旦、花旦、武旦和彩旦等。正旦（青衣）主要扮演性格刚烈、举止端庄的中青年女性，如秦香莲；花旦扮演天真活泼或爽朗的青年女性；武旦扮演擅长武艺的女性，如穆桂英；老旦扮演老年妇女，如佘太君；彩旦扮演女性中的喜剧、闹剧人物，如戏中媒婆。"净"，也叫"花脸""花面"。它是从宋杂剧的"副净"发展而来。此后历代戏曲里都有这行角色。净角一般是扮演性格、品质或相貌上有特异之点的男性人物，如曹操、严嵩、张飞等，其面部勾"脸谱"，唱用宽音或假音，动作幅度大，以突出其性格、气度和声势。根据所扮演的身份和性格，又分为正净、副净、武净等，表演上各有特色。"末"，宋杂剧中有副末。元杂剧的正末是同正旦并重的角色。明清时成为独立行当，扮演的人物社会地位比生低，表演上唱做并重。"丑"扮演喜剧角色，由于在鼻梁上抹一小块白粉，俗称"小花脸"，又称"三花脸"。传统戏中丑角扮演的人物种类繁多，有语言幽默、行动滑稽、心地善良的人物，也有奸诈刁恶、品行卑鄙的人物。按扮演人物的身份、性格和技艺特点，又可分为文丑和武丑。这几种行当的"唱、念、做、打"都分别有一定的程式。程式也不是一成不变的，一些失去生命力的程式会逐渐废除（如轿工），而演员们根据生活内容的要求和艺术积累，又可以不断创造新的程式。

京剧表演就像中国的国画一样，注重写意，而不要求对实际生活做真实描写，如京剧表演中以鞭代马，持桨当舟。这种虚拟的动作，是根据生活而加以合理的夸张，从而唤起人们对某些舞台上并不存在的生活形象的自然联想。京剧的舞台，如果粗略一看，也许要被认为是一片空白，没有布景，只有一桌两椅。但是，京剧演出所要求的时间、地点、环境、气氛等，却并不会因为没有布景而模糊一片。京剧舞台上的桌椅，用处很多，绝不仅仅表示桌椅而已，根据放置的不同，可以表示不同的环境：舞台正面放一张桌子，桌前即是外场，桌后即是内场；椅子放在桌子前面，表示是迎门的大厅，放在后面则是内室；有的桌椅还可以起着其他的作用，如登桌表示上山，于是桌子就代替了山；椅子也可以代替墙，登上椅子从椅背跳过去，就表示越过一堵墙。诸如此类的例子很多。京剧的剧情环境就是通过这样多种的方法来表明的。演员通过种种程式化的表演来介绍情节发生的时间和地点，表现舞台上没有的布景，为观众们创造出一个想象中的环境。所以说，京剧表面上没有布景，实际上，布景就在演员的身上。在京剧的发展过程中，出现过很多技艺优秀、影响深远的艺术家，但是能够让京剧真正走向世界的则应归功于梅兰芳。

梅兰芳的祖父和父亲都是著名的京剧演员。梅兰芳从小就受到京剧艺术的熏陶，拜了不少名师。他8岁上台演戏，20岁已经蜚声南北，25岁出国表演，第一个把中国的京剧艺术传播到海外，成为中外闻名的京剧艺术大师。京剧表演的艺术特色也因此被称为"梅兰芳表演体系"，成为世界上三大表演体系之一。

梅兰芳对旦角的唱腔、念白、舞蹈、音乐、化妆、服饰等方面都进行了深入的研究，发展和提高了京剧旦角的演唱和表演艺术，并形成了自己的艺术流派——"梅派"。

第三节 中国优秀传统中的节日文化

中国地大物博，民族众多，在漫长的生活岁月里，形成了诸多节日风俗。这些节日风俗和其他传统风俗一样，都是伴随着历史的发展而形成的，反映了各个民族生息、发展、进步的全过程。

一、中国传统节日的由来和文化内涵

（一）中国传统节日的由来

在中国漫长的历史进程中，在各民族自身特有的文化传统和信仰、观念及艺术的基础上，逐渐产生了许多传统的节日。

就节日形成的途径而言，有些节日最先萌芽于某地的民间，在流传过程中逐步扩大到全社会，被社会各界所认同、接受；有些节日则最先出现于宫廷，原为皇家的庆典活动，后逐渐传入民间，成为普天同庆的节日；还有一些节日源于宗教内部的法事活动，随着宗教的广泛传播而成为社会性节日。在中国各民族的传统节日中，节日活动的形式和内容虽然各具特色，但这些不同的形式和内容都饱含着深厚的情感，蕴含着人们的特定意愿，特别是鲜明地体现善恶分明、是非有别的价值取向，表达出人们共同的理想和追求。可以说，中国各个民族的传统节日能延续至今，其重要的原因就在于这些传统节日都具有扬善抑恶、反映社会的共识、代表人们的共同愿望的内涵。由于历史的原因，中国的传统节日难免会夹杂着一些民间传说的成分，对这些民间传说需要正确分析、认识，因为传说本身既是古人在对客观世界不理解、无法解释自然现象的变化和突发变故的背景下产生的主观认识，又包含着人们企盼平安、祈求和平和希望和睦、追求和谐的理想。

虽然在当今社会生活中，随着物质文化和精神文化的丰富，中国的传统节日已不再是人们日常生活中唯一能欢庆喜悦和抒发情感的时刻，而且随着中外文化的交流，外来的文化在一定程度上也冲击着中国的传统节日，但中国的传统节日依然充满活力，具有极强的生命力，受到人们的重视。这是因为我们的传统节日反映了各民族的共同心声，集中体现了中国的传统文化，特别是"和睦""和谐""和平""和善"的主旨和伦理道德。这些内涵正是几千年来人类社会发展历程的主线，也是人类文明与进步的动力。中国传统节日的活力和生命力正在于此。

现在，中华人民共和国已将春节、清明、端午、中秋四个民族传统节日定为法定节日，这样做正是为了继承和发扬中华民族优秀的文化传统，使节日所体现的主旨和伦理道德能在现代社会生活中得到发扬光大，促进社会的和谐、进步。

（二）中国传统节日的寓意和内涵

在中国各民族流传至今的节日中，由于产生的途径和来源不同，在节日的具体寓意和内涵上也有许多差别。

中国汉族的传统节日主要有春节、元宵节、清明节、端午节、七夕节、中秋节、重阳节、冬至节、腊八节、祭灶节、除夕等。我国少数民族的传统节日主要有新年、歌仙节、火把节、刀杆节、观音节、泼水节等。根据语义和内涵的属性，中国的传统节日可以分为感恩、励志、警示、纪念等几大类。

感恩类节日：其特点是通过节日的活动，寄托人们对大自然或前人的感激之情。这类节日大多带有缅怀、追思、感激的色彩，多为人们在哀思或愉悦中感受前人的艰苦创业或大自然的造化，进而感激前人或大自然的赐予。此类节日活动的内容既有沉思、倾诉，又有欢歌、踏游。

励志类节日：其特点是通过节日的活动，勉励人们克服困难，不惧怕挫折，努力争取得更大的成果。这类节日多具有激励、勉励、鼓励的色彩，使人们在一种轻松、欢快的气氛中，抒发自己对未来的向往和憧憬，进而激发自己的勇气、信心和决心。此类节日活动的内容多为欢庆。

警示类节日：其特点是通过节日的活动，提示人们关注自然、关注社会、关注生活、关注健康。这类节日多具有提示、隐喻、告慰的色彩，使人们在进行消灾避祸活动的同时感悟其中的哲理，提高警觉，增强战胜困难的信心。此类节日活动的内容多为劝谕、告诫性的。

纪念类节日：其特点是通过节日的活动，使人们缅怀前人的业绩，寄托对前人的怀念和敬重。这类节日多具有追思、缅怀、歌颂的色彩，是通过情景展示，使人从中领悟前人可歌可泣的事迹，赞美前人的高尚品质。此类节日活动的内容多为再现前人亡故后的情景。

这几类节日尽管在活动的内容和内涵上存在着较大的差别，但其中也有共同之处，即在精神上都蕴含着企盼安定，追求和向往幸福、和睦的含义。同时，通过这些节日的各种活动，还使后人受到教育，学会艰苦奋斗，懂得感恩，志存高远。在中国历史上，也有一些节日由于缺乏思想性，没有什么寓意和内涵，随着历史和社会的发展而逐渐被人们所淡忘，最终消失。随着各民族之间相互交流、交往的不断加深，原来属于某个民族的节日也逐渐被其他民族所认同并接受，从而成为各民族共同欢度的节日。在中国的传统节日中，春节、端午、中秋，最终成为中华民族共同的三大节日。

二、中国汉族主要传统节日和文化

汉族的节日，多采用中国传统的历法（夏历、阴历、农历）和二十四节气确定。凡采用节气确定的节日，则以节气命名，如清明、冬至等。凡采用历法确定的节日，或依据月亮的圆缺，即朔、望推算，如元宵、中秋；或按照纪月日期确定节日，如元旦、端午、七夕、重阳等。

此外，在汉族传统节日中，还有一些是与宗教活动和民间传说有关的，如腊八、祭灶等。

在汉族的传统节日中，为增添节日的乐趣和气氛，还有一些应节或应季的食品和酒类饮料。此外，还要举行一些特定的活动，以此构成浓郁的节日风情。这些活动经过历代的传袭和沿革，摒弃了其中的一些消极因素，从而更具有积极的意义，成为中华民族优秀传统文化的重要组成部分。

（一）春节

春节，为农历正月初一，古时又称元旦、元日、元朔、元辰、正旦、春节、新正、新春、新年等，俗称过年，是汉族一年中最为隆重的节日。

《说文解字》："元，始也。从一从兀。""旦，明也。从日见一上。一，地也。"

元旦，为一年中的第一个早晨。孙中山建立"中华民国"后，确定采用公历纪年，遂将"元旦"之称用于公历的元月一日，而将中国传统纪年的正月初一改为"春节"。从此，春节的名称便一直沿用至今。

"春节"一称，与中国传统历法有直接的关系。中国古代的历法将每年的十二个月分为四季，即正、二、三月为春季，四、五、六月为夏季，七、八、九月为秋季，十、十一、十二月为冬季。正月初一，正值春季初始，故称春节。

民间俗称的"年"，有两个由来。一是与农业生产有密切的关系。"年"字最早出现于甲骨文中。甲骨文中的"年"字，是由"禾""人"两字上下叠加组合而成，表示收获谷物，即丰收之意。古籍中常见"有年""大有年"的记载，即意指丰收或大丰收。商朝就将每年谷物成熟的时间作为旧一年的结束、新一年的开始。自周代起，"年"便成为一个特定的时间长度单位。二是与民间传说有关。相传，远古时期，有一种身壮如牛、头若雄狮的凶猛怪兽，称为"年"。它常年在山中捕食百兽。但每到冬天，因山中野兽少，它就下山闯入村庄，见人食人，见畜伤畜。因此，一入冬，人们便惶恐不安，纷纷外逃，躲避"年"的侵害。在年复一年的逃避中，人们终于发现"年"虽凶猛，却害怕三样东西，即红色、火光和声响。于是人们想到，只要大家齐心协力，提前准备好这三样东西，就能驱赶走"年"。到了冬天，人们约定不再外出躲避，家家户户在门上涂抹红色，门口燃起熊熊大火。入夜后，大家到处敲打，发出巨大的声响。这天夜里，"年"又下山，蹿到村口，只见到处是红色、光亮，响声不绝于耳，它顿时感到惊恐，遂掉头又逃回山中，从此不敢再下山。第二天清晨，人们聚集在一起，相互庆贺、道喜，共同庆祝战胜"年"，度过平安之夜，即所谓"过年"。以后，每到冬天，人们都要用红色、火光、声响作为驱赶"年"的武器；次日，人们又相互祝贺、道喜，欢庆平安。"过年"的习俗遂世代相传。

农历除夕之夜，当子时来临，大街小巷顿时爆竹声响成一片。这标志着"除旧岁""迎新年"。北宋王安石《元日》诗："爆竹声中一岁除，春风送暖入屠苏。千门万户曈曈日，总把新桃换旧符。"这首诗即描写了宋代春节时的情景。

在传统的春节习俗中，燃放爆竹是一项重要的活动，爆竹的由来，亦出自传说。据《神异经》记，在古代楚国西部的崇山峻岭中，有一种叫"山魈"的怪物，身高尺余，仅有一足。人们若遇见它，会顿时浑身发冷发热，染上怪病。不过，山魈虽不怕人，却怕巨响。所以，人们每逢要进山，就先砍一些竹子，扔进点燃的火堆中。竹子与火燃烧，迸裂，发出"噼噼啪啪"的声响。山魈闻声，便逃入深山。人们再不会与它相遇，也就没有危险。因此，这一习俗便有了驱瘟逐疫的内涵。过年燃放爆竹，遂寓有"岁岁报平安"之意。

北宋时期，火药发明，并得到比较广泛的应用。这一时期，人们开始用多层纸包裹火药，卷成类似竹节的筒状，两头密封后，点燃"药引"（药捻），引爆爆竹。因这种火药爆竹声响巨大，故其又称"爆竹"。南宋时，制作爆竹的工匠们又用"药引"将许多爆竹编联成串，类似鞭子，故又称"鞭炮""编爆""编炮"等。也就是从宋代开始，燃放装有火药的爆竹便成为人们欢庆春节的一种活动方式。清代北京城，每逢春节"夜子初交"时分，全城"击浪轰雷，遍于朝野，彻夜不停"。

拜年贺岁，也是春节的一项重要活动。中国古代社会，人们采用虚岁计算年龄。这种计算年龄的方法，是以每年的元旦作为年龄增长的日子，即所谓"天增岁月人增寿"。因此，每逢元旦，均普天同庆，共贺年龄增长。

在民间，家族成员要在这天齐聚祠堂（家庙），既向祖先祭拜，又相互拜年祝贺，称为"团拜"。

更为普遍的是，人们要走亲访友，登门拜年。古时，"过年"是从初一到十五。拜年的时间是从初一到初五，初六到十五则称为"拜晚年"。在此期间，凡拜年贺节，不论亲疏、尊卑，都会受到热情的招待，体现了"礼仪之邦"热情好客的风采。

为了向亲朋好友表示节日的问候和祝福，一些不便外出者就吩咐自己的子弟或家人代为登门拜年。到了宋代，又有了投送名帖拜年贺节的方式：先由主人在自己的名帖上书写贺词，再交仆人或他人递送到亲友家中。由此产生了贺年名帖，亦称贺年帖。

到明代，过年互赠贺年帖已成为春节的一种习俗。于是就有一些商人在节前印制好一些贺年帖，上面印有吉祥祝语和图案。人们买回后，只要填写贺岁拜年者和自己的名字，就可以送出。这种贺年帖，用纸考究，装帧精美，即当今贺年片（卡）的雏形。这种沿袭了千年的拜年方式，充分体现了中华民族重情讲义的风尚，也是中华民族优良传统的表现形式之一。

（二）清明

清明节，是以二十四节气命名的一个传统节日。每逢这个节日，农村正值春播春种，世间万物开始复苏。

古代，在清明前两三天还有"寒食节"。直到唐宋时期，诗词作品中还常见"寒食"之名，可见当时人们还很重视这个节日。但之后，这个节日逐渐淡化，并入清明节。后人遂只知清明，而不知寒食。

寒食节源于纪念春秋时期晋国的介子推。晋文公见到介子推母子被烧死后的情景，悲痛不已，遂下令将介子推母子安葬在山上，并将此山改称"介山"，在山上建庙，以示纪念。此后，每年到了介子推遇难的这天，晋国都要禁止烟火，家家户户都不生火做饭，只吃前几天做好的冷饭菜，故称"禁火寒食"。这一习俗遂演变成为"寒食节"。寒食节在后代曾备受重视，节日一度长达一个月之久。但由于过寒食节时，气候尚寒，食用冷饭菜，老幼弱病者难以承受，所以宋代以后，寒食节逐渐被人们淡忘，与清明节合一。故《燕京岁时记》称"清明即寒食"。

"清明"一称由来已久，大约始于西周时期。汉代的文献资料对这个节气已有明确的记载。《淮南子·天文训》："春分后十五日，斗指乙为清明。"

清明节的活动始于唐代，活动主要有两项：一是祭扫祖坟，二是踏青郊游。先秦时，祭祀祖先是在宗庙内进行，没有固定的时间，且祭祀活动十分频繁。春秋以后，为了纪念介子推，开始有了民众自发的祭扫活动。到汉代，又形成祭墓的习俗，史书称为"上冢""上坟"，但时间依然不固定，一年中往往要祭扫十余次，礼节烦琐，劳民伤财。唐玄宗在位时，为了规范清明的活动，于开元二十年（732年）下令："寒食上墓，礼经无文，近代相传，浸以成俗。士庶有不合庙享，何以用展孝思？宜许上墓拜扫，申礼於茔，南门外奠祭，撤馔讫泣辞。食馔任於他处，不得作乐。仍编入《五礼》，永为常式。"（《许士庶寒食上墓诏》）从此，寒食节上坟成为唐朝的一项礼仪制度。

随着寒食节逐渐被淡忘、废止，其祭扫坟墓的习俗亦被移入清明节中。明代、清代的清明上坟又与郊游结合。《帝京景物略》中即有明代人们清明扫墓、郊游、野餐的记载，真实、详尽地记载了清明这天京城男女老少出城扫墓、郊游，哀往乐归的情景。

清明踏青郊游，是因为这个时节正值万物复苏、生机盎然之时，人们在度过一个漫长的冬季后，来到郊野感受大自然的清新景象，有益于身心健康。所以，古人很重视这项活动，唐代即已蔚然成风。杜甫《清明》诗中，即有"著处繁花务是日，长沙千人万人出"的描写。到宋代，清明时节更是"四野如市"。

（三）端午

端午节，为农历五月初五日。端午，原作端五。"端"，为"最初"之意。"端五"，即为第一个五日。一年中十二个月的初五日，都可以称"端五"。为了区别五月与其他月的初五日，古人便根据农历纪年以干支纪月的方法，用五月的天干"午"替代"五"。由于"五"与"午"谐音，称"端午"更明确说明是指每年的五月初五日。

关于端午节的由来，传说很多。据史书记载，南北朝时期，民间就流传着五种说法：一是纪念晋人介子推，主要流行于河东地区（今山西）；二是纪念吴人伍子胥，主要流行于吴越两地（今江苏南部、浙江等地）；三是纪念东汉孝女曹娥，主要流行于会稽地区（今浙江宁波、绍兴等地）；四是祭"地腊"神，属于道教信徒的活动；五是纪念楚人屈原，这是流行最广的一种。

在端午节的几个由来中，对历史人物的纪念是最主要的。人们之所以纪念他们，就在于他们的品德和精神值得颂扬。屈原的爱国、伍子胥的刚正不阿、曹娥的亲情，都代表了中华民族的传统道德和品质，是社会需要继承和弘扬的光荣传统。这也正是中国传统的纪念类节日所具有的共同主旨和共性特征。不过，经过历代流传，屈原最终成为端午节的纪念人物，这是因为屈原的爱国精神是中华民族尤为推崇的优良传统。

吃粽子和饮雄黄酒，是端午节特有的节日习俗。

古时，粽子又称角黍。汉代以前，粽子不是端午节才吃的食物。到西晋时，才有端午吃粽子的习俗。

雄黄，又名鸡冠石，为中医的矿物类药物，其化学成分为硫化砷，有毒。中医典籍称，雄黄能治百虫毒、虫兽伤。现代医学研究证明，雄黄能抑制真菌、金色葡萄球菌、变形杆菌等。雄黄酒是用菖蒲根和雄黄炮制而成的。端午正值入夏时节，疫病较多，饮此酒可以消除病毒。但因其中的雄黄有毒，饮用时只是一两口，而非开怀畅饮。

此外，古时端午节还有在门上插艾、菖蒲，佩戴香袋，挂钟馗像的习俗。艾为菊科多年生草本植物，菖蒲为天南星科多年生草本植物，这两种植物均含有挥发性芳香油，能驱除蚊蝇和起到提神、杀毒的作用。

（四）中秋

中秋节，为农历八月十五日。中国传统历法将七、八、九三个月定为秋季。八月是秋季中间的一个月，十五日又位于八月的中间，二者相和，正处于秋季的中间位置，故称"中秋"。

中秋节成为中国汉族的三大节日之一，既与古代的礼仪制度有关，又与"嫦娥奔月"的传说有关。古人亦将月亮视为神。因月亮明亮、洁净，故古人认为月神是一位心地善良、面容娇美的天神，认为她能降福于人间，因此对她十分崇敬。

先秦时期，即有春天祭日、秋天祭月的礼俗。西周以后，传说中的月神定为女性，这与阴阳学说有关，但尚未与嫦娥联系在一起。战国以后，"嫦娥奔月"的故事开始流传。汉代的《淮南子》《论衡》等书，都记载了这个神话故事。随着神话故事的流传，"月亮上有一座月宫，里面住着一位品貌超群的女神"这一认识便逐渐被世人所接受。

每逢中秋之夜，一轮明月当空，景色淡雅，正是赏月的极佳时节。古人赏月，家家户户先要准备果品食物。待赏月时，古人先将这些食物摆放在庭院、楼台、地坪等处的条案上，用于供月。全家人坐在明亮的月光下，赏月叙谈，与月神分享供品。

拜团圆月、庆团圆家，是中秋节的一项重要内容。《海虞风俗竹枝词》有云："方形香斗供庭前，三角旗儿色倍鲜；檀木香排书吉语，合家罗拜庆团圆。"明代以后，在中秋供月的果品中，又有了圆如月亮的饼，即为月饼。早期月饼制作简单，主要用麦粉、藕粉、桂圆等搅拌、和匀后，做成饼状，再蒸熟或烘烤即成。清代以后，每逢中秋节前夕，市场上就有专门销售月饼的店铺。月饼的花色、品种也越来越多，成为该节日的重要食品。

在今天销售的月饼上，中心部位多有一个方形的印记，这个方形印记的内容有的是花朵图案，有的是"月饼"二字，还有的是标示月饼的馅。关于这个方形印记的由来，传说是源于元末农民起义。元朝末年，残暴的统治激起百姓的强烈不满。刘福通等人率众起义，各地民众纷纷响应。泰州张士诚利用当地民众有在中秋节互相馈赠月饼的习俗，便在月饼的底面，贴上一张方形的小纸片，上书："八月十五日，家家齐动手。"用这种方式，暗中串联当地百姓起义。中秋之夜，人们吃罢月饼，便揭竿而起。元朝被推翻后，人们为了纪念这次起义，便在中秋节前制作月饼时，在月饼的底面都贴上方形纸片，以此象征胜利。长此以往，约定俗成，以后的月饼便有了贴或印方形标记的做法。

（五）重阳

重阳节，为农历九月初九日，也是中国古人比较重视的一个传统节日。重阳节由来已久。唐代诗人王维《九月九日忆山东兄弟》："独在异乡为异客，每逢佳节倍思亲。遥知兄弟登高处，遍插茱萸少一人。"这首脍炙人口的诗作，包含着诗人深切的思乡之情，也反映了古代重阳节的习俗和风情。重阳节的名称，源于中国古代的阴阳学说。古人认为世间万物均有阴、阳两种属性，数字亦如此。凡奇数（单数）为阳，偶数（双数）为阴。"九"为阳数最大者，亦称极阳之数。九月九日，是两个"九"重合，故称"重九"。又因月和日的"九"均为极阳之数，又是两"阳"重合，故称"重阳"。

重阳，因其两"阳"重合，又喻示阳刚之盛，故被视为吉祥的节日，且重阳节正值金秋时节，秋高气爽，又是收获的时节，清爽宜人的气候，五谷丰登的喜悦，更增添了节日气氛的欢乐、喜庆。

到魏晋南北朝时，人们又从阴阳学说出发，对重阳节有了新的认识。曹丕《九日与钟繇书》："岁往月来，忽复九月九日。九为阳数，而日月并应，俗嘉其名，以为宜于长久，故以享宴高会。"民间认为，"九"既表示"阳刚"，显示生命活力，又与"久"谐音，更寓含"长久"之意。因此，人们又将这一天视为"长寿节"。后世人们常在这一天为老人祝寿。地方官府亦在这天举行"养老礼"，招待、宴请当地的高龄老人，以示敬重。所以重阳节又体现了中华民族尊老、敬老的优良传统。

古人重阳节赏菊，既与农历九月正值菊花盛开有关，更在于菊花在人们的心目中是品格高洁的象征。菊花既不与桃李争春，又不与荷花争艳，它气质高雅、刚强。待秋风瑟瑟、百花开始凋谢时，菊花依然傲然挺立，异彩纷呈。所以，在古代诗文中，以菊花为题材的作品数量很多。例如，陶渊明的"菊花如我心，九月九日开。客人知我意，重阳一同来"，元稹的"秋丛绕舍似陶家，遍绕篱边日渐斜。不是花中偏爱菊，此花开尽更无花"，邵大震的"九月九日望遥空，秋水秋天生夕风。寒雁一向南去远，游人几度菊花丛"。

古人不仅以赏菊陶冶自己的情操，还用菊花泡酒，以益寿延年。菊花入药，可明目养肝，清热解毒，用它泡酒，也具有同样的功效。重阳节正值天干物燥的时节，人极易"上火"，服用菊花，正好起到降燥、清火的作用。因此，重阳节饮菊花酒，是有科学性的。这也是这种习俗能延续至今的一个重要原因。

（六）除夕

除夕，也称大年夜，一般是在农历腊月（十二月）三十。若腊月为小月，则在农历腊月二十九日。

因除夕是一年中的最后一天，所以古人在除夕当天的早晨就开始忙里忙外，准备着迎接新年的到来。人们首先忙于布置堂屋和院子内外，张灯结彩，使之处处洋溢着喜庆的气氛。悬挂大红灯笼，既表现喜庆之意，又蕴含企盼吉祥、太平的意愿；剪纸贴窗花，不仅表现了喜悦、欢快的节日气氛，更蕴含着人们的良好祝愿和希望。

除夕晚上吃"年夜饭"，是我国一个古老的传统，家人除夕晚上团聚一堂，共祝新年，预示着在新的一年里，家业兴旺。

古人吃年夜饭，还有一些习俗。据《荆楚岁时记》载，南北朝时期，每到除夕吃年夜饭时，家家"相聚酣饮。留宿岁饭，至新年十二日，则弃之街衢，以为去故纳新也"。明清时期的年夜饭，又有一些新的习俗。据《燕京岁时记》载："年饭用金银米为之，上插松柏枝，缀以金钱、枣、栗、龙眼、香枝。破五之后，始去之。"又《帝京岁时纪胜》："岁暮，将一年食余药饵，抛弃门外，并将所集药方，拣而焚之，名丢百病。"在吃年夜饭时，有意剩下一些饭菜，留至正月初一以后再食用。其意义则不再是"去故纳新"，而代之以"年年有余"。由于"余"与"鱼"谐音，故古人的年夜饭，必定要有鱼，以取"有鱼（余）"之意，也预示新的一年，家境富裕。

吃罢年夜饭，一家人就忙着贴门神、春联。

所谓"门神"，即为贴在门上的神像，以示守卫门户，驱逐鬼怪。最早的门神是神荼、郁垒。据《荆楚岁时记》载："正月一日，绘二神贴户左右，左神荼，右郁垒，俗谓门神。"据《山海经》记载，神话中的神荼与郁垒，是两位专门负责审查恶鬼的神。唐代以后，人们又以秦叔宝、尉迟敬德作为门神。这也是出于传说。据传，有一次，唐太宗患病，常听到寝宫外有鬼魅呼号，搅得他昼夜难寝，遂将此事告诉群臣。秦叔宝听后，即上奏，称自己"愿和尉迟敬德一起，全副武装立于寝宫门外，一起侍候陛下"。太宗应允，当夜就再未听到鬼魅呼号，一夜高枕无忧。受这一传说的影响，民间就将这两员大将作为门神，并世代相袭。此外，在民间流传的门神中，还有一位是传说能打鬼降妖、驱邪除孽的钟馗。

春联，又称对联，源于驱邪逐鬼的桃符。桃符，即挂在大门左右两侧的桃木板，用于绘画神荼、郁垒或秦叔宝、尉迟敬德。五代时期，后蜀国主孟昶在亡国前一年（964年）的除夕，亲自在桃符上题写："新年纳余庆；嘉节号长春"（《宋史·蜀世家》）。另据陈元靓《岁时广记》所引《古今诗话》载："伪蜀每岁除日，诸宫门各给桃符，书元亨利贞四字。时昶子善书札，取本宫策勋府书云：'天垂余庆，地接长春。'"这是目前已知最早的两副春联。只是当时尚未有春联、对联的名称，而是称为"联语"。这种在除夕书写桃符的做法，后来逐渐成为一种习俗。王安石的《元日》诗，即写道："千门万户曈曈日，总把新桃换旧符。"

随着春联在城乡年节中的普及，这种上下两联对仗工整、平仄拗救（指音调和谐）、寓意广深的"对子"，应用的范围逐步扩大。楼阁台榭、殿堂佛寺、店铺牌坊、胜地佳景等，也都以这种方式诵景寓情，于是又衍生出春联的另一种形式——楹联。

古时，人们贴完门神、春联后，便关上大门。到初一早晨，人们再打开门，迎财神。

入夜后，一家人围坐一堂，一起迎接新的一年的到来。这也是除夕的一个重要的习俗——守夜，亦称"守岁"，意为从旧年守候到新年，表示辞旧迎新。熬夜守岁，也是中国古代一个流传久远的习俗。晋人周处在《风土记》中记载，除夕之夜，人们达旦不眠，谓之守岁。入唐以后，守岁之风盛行，诗文中多有描写。例如，董思恭的《守岁》："共欢新故岁，迎送一宵中。"杜甫的《杜位宅守岁》："守岁阿戎家，椒盘已颂花。"白居易的《客中守岁》："守岁尊无酒，思乡泪满巾"等。

古人守岁时，常团坐一起，喝屠苏酒。屠苏是一种阔叶草本植物，也是草庵的名称。"昔有人居草庵之中，每岁除夜遗闾里一药帖，令囊浸井中，至元日取水，置于酒樽，合家饮之，不病瘟疫。今人得其方而不知其人姓名，但曰屠苏而已。"(《岁华纪丽·元日》）最初的屠苏酒，是人们日常饮用的酒，南北朝时，则为过年必饮用的酒。唐宋时，屠苏酒又为除夕之夜饮用的酒。喝屠苏酒时，须从年幼者向年长者、从低辈向高辈依序饮酒，其意为庆贺年少者又长了一岁，年长者又获得一岁（老了一岁）。

由长者向孩子们赠送压岁钱，也是除夕夜的一项活动。这一习俗大约始于宋元以后。最初的压岁钱并非真钱，而是形同真币的一种装饰品。送压岁钱给孩子，一则表示自新年始，富庶宽裕；二则带有祈福、祝愿之意。那时的压岁钱上多有"福禄寿喜""长命百岁"的吉祥祝语，或铸有十二生肖、八卦图等吉祥纹饰。从清代起，压岁钱开始改用真钱，并沿袭至今。

除夕"一夜连双岁，五更分两年"，古人常以各种方式同贺、共勉或自勉、自励。唐代诗人贾岛屡考进士不中，但他从不灰心，依旧发愤读书。每年除夕之夜，他必取一岁之作置几上，焚香再拜，醮酒祝曰："此吾终年苦心也。"（《唐才子传·贾岛》）贾岛在除夕夜采用"祭诗"的方式，回顾自己一年来的成就，以此激励自己在新的一年里更加努力、奋进。

古人在除夕之夜，更不忘对子女和晚辈给予鼓励，以促使他们更加勤奋、积极向上。苏轼有一首《守岁》诗，就鲜明地表达了这个主旨："明年岂无年，心事恐蹉跎。努力尽今夕，少年犹可夸。"

除夕虽然紧邻春节，但因其尚在前一年，所以古人在这一天既为迎接新年做着最后的准备，同时也利用这天回顾即将过去的一年，展望新的一年，用各种方式鼓励和激励自己或家人，以新的精神面貌跨入新的一年。因此，除夕这个节日，突出了"励志"的主题。

中国汉族的传统节日，尽管有许多神话传说，但人们能认同并相信、接受，其中一个重要的原因就在于这些神话传说正反映了人们的某种企盼、愿望和渴求，代表了人们的意志和理想，寄托或表达了人们的情感和希望。因此，认识和理解中国汉族的传统节日，应该注意形式与内涵的统一。

三、中国少数民族主要传统节日和文化

中国是一个多民族国家，各个民族也有自己的传统节日。但由于各地的自然环境、条件和风俗、习惯不同，不同民族的节日主旨、内涵和活动内容也各不相同。尽管各民族的传统节日风情和习俗各异，但这些流传至今的节日无不体现了人们对生活的热爱，对美好生活的追求，其中也都蕴含着善与恶、美与丑的内涵和主旨。

（一）新年

在中国的少数民族中，壮族、满族、布依族、达斡尔族、白族、侗族、阿昌族、纳西族、黎族、羌族、土家族、朝鲜族、瑶族、畲族、毛南族、京族、仡佬族等民族，都同汉族一样采用农历纪年，因此也在春节过新年。

（1）壮族是我国人口最多的少数民族。他们在每年过新年前，都要先打扫居室内外的环境。年三十的晚上，各家各户在自己堂屋的祖先牌位前摆放供桌，桌前挂壮锦，桌上陈设大粽粑、年糕、米花糖以及鸡、鸭、鱼、肉等供品，以祭奠祖先。入夜后，在家中的火塘里放一根极耐燃烧的大硬木，烧至第二天仍不会熄灭，以示子孙绵延久长，烟火不断。初一清晨，当公鸡初鸣，各家的姑娘就点燃火把，提着瓮、桶到井边、河边或泉水旁"汲新水"，以求新年吉利。初二这天，要抬土地公巡游村寨，以示驱除鬼怪，保佑人畜平安、五谷丰登；各村寨还要开台，演出壮剧；各家的女婿也在这天到岳母家拜年、聚会。

（2）满族在除夕之夜，都要先上坟烧纸，用肉、米饭、纸钱供奉祖先。回到家后，要包饺子，但忌讳包无褶的饺子，因为这种饺子预示今后的日子会"过秃了"。在包饺子时，还有在个别饺子中放入一两枚铜钱的习俗，认为吃到这个饺子的人明年会"财路大开"。各家各户还要在自己的家门前贴挂红、黄、蓝、白色旗，以示自己所属的部落。这些色旗制作十分精美，色泽鲜艳，也给节日增添了喜庆的气氛。

（3）布依族的过新年，一般是从腊月三十之夜到次年正月十五日，有半月之久。除夕之夜，布依人通宵守岁。午夜后，家家户户要将自己家中的柜子、犁耙、碓磨、水车、织机等均贴上封条，直到正月十五日才能启封，以示锁住财气，避免跑财、失财。在过年的半个月里，无论男女老幼都要"玩年"或"玩春"，即进行走亲访友、畅饮春酒、对歌传情等活动，以此告别辛苦的一年，展示自己舒畅、欢快的心情。

（4）我国东北地区的达斡尔族，称年为"阿涅"，意为大年。正月初一早晨，人们在梳洗以后，要先烧香叩拜天神、娘娘神、灶神和祖神，祈求神灵保佑。之后，再向本家庭或本家族的长辈叩首、敬酒，祝福老人吉祥、安康，并接受老人的祝福。从初二到初五，人们纷纷走出家门，到亲戚朋友家拜年。过节期间，妇女们常聚在一起，跳民族舞蹈"鲁日给勒"；少女们在一起玩"哈聂卡"（纸人）或"萨克"（羊踝骨）；男子们则赛马或举行"坡列"（曲棍球）比赛。人们通过这些活动，表现对美好生活的追求和向往。

（5）白族在过新年前，要在自家的天井里竖立两棵青松，地上铺垫青松针叶，以示干净过年。新年这天的清晨，鸡叫头遍时，各家各户都要到河边"汲春水"。在家中的小男孩喊"财门"后，就将大门打开，放鞭炮迎新。新年的早饭是素食。

饭后，晚辈即向长辈拜年，接受长辈给予的压岁钱；亲友们相互祝贺新年，并结伴到野外游玩。

（6）侗族过新年，在除夕之夜，每个人都要喝一碗稀粥，以示来年春耕时，田里有水，粮食丰收。初一这天，各家用油茶迎接客人，还用油茶敬奉达摩娘娘，以求人畜兴旺、五谷丰登。各村寨的乐队和歌队也要互相拜年，并各自带米酒、酸鱼、腌肉、糍粑，到鼓楼集体聚餐。有些地方的侗族，在新年这天，由姑娘给公鸡送上一束美丽的映山红，希望公鸡能按时啼鸣，以求日月能定时升降，四时调顺。

（7）阿昌族有在大年三十夜晚全家围坐在火塘旁守夜的习俗。这源于一则古老的传说：从前，有一位叫腊福的穷人，过年时因置办不起年货，只好抱来一些麻栎树枝，燃火守岁。半夜时分，从堂屋梁上掉下一根绿色的树枝，腊福顺手将其扔进空米囤里。不久，米囤里就堆满了雪白的大米。从此，他就过上了能吃饱饭的日子。根据这一传说，阿昌族人就在每年的除夕夜仿效腊福的做法，烤火守岁，以求来年粮食满囤。

（8）纳西族的过年习俗是初一吃素食，祭拜祖坟；初二互相拜年；初三以后举行祭天活动。在祭天时，由各家轮流主祭，并请东巴（巫师）念经，还举行射箭仪式，以求人畜平安、庄稼丰收。过年期间，各村寨当年结婚的新郎要搭建秋千架，新娘要结秋千绳，以供人们荡秋千，尽情玩耍。还有一些地区的纳西族，初一要在自家的庭院内栽种松树。午饭后，全村寨的人聚集在空场上，点燃篝火，载歌载舞，尽情玩耍，直至深夜。初二、初三则走亲访友，互相宴请。初五这天，各家带上米、酒、肉等食物，到附近的温泉沐浴、野餐。

（9）黎族过年，年前就要先做好准备。除打扫房屋外，还要打柴，酿酒，缝制新衣，宰杀猪、鸡，舂年糕或包粽子。除夕之夜，先要祭祖，然后全家共吃团圆饭。初一早上，要给牛棚、猪栏、鸡舍送年糕，以示新的一年丰收。当天，在挑水时，要在河边或井边放置一枚铜钱，或摆放一块年糕，以示向河神、土神买"福水"。初一这天，黎族人全家不外出，以示聚财之意。初三、初四，年轻人外出野游或上山打猎、下河捕鱼、探亲访友，还要进行荡秋千、跳舞等娱乐活动。

（10）土家族将过年称为"过赶年"。他们的过年比较特殊，有过两次年的习俗。土家族过年虽然也按照农历计算，但第一次过年要比汉族过年早两天。例如，若腊月是大月，则在二十九日过年；若腊月是小月，则在二十八日过年。这一习俗源于古代的一个事件。据说一年的新年前夕，正当人们准备过年时，突然有敌人来犯，人们只好匆匆将大块的肉拌上小米，与灌肠一起蒸在饭上；又将豆腐、粉条、胡萝卜、白菜等一锅烩炒，另将猪内脏、墨鱼、海带等做成"合菜"。吃饭时，大家不准大声说笑。第二天，经过激战，终于击退敌人。为了庆祝胜利，人们决定再过一次年。由于之前已将准备过年的食物全吃掉了，所以再过年时，人们便改吃鸡肉，改蒸饭为煮饭。再过年的晚上，各家要在火塘里放置一根很长的木头，以示围火守夜，防备敌人袭击。受这一传说的影响，经世代相传而形成土家族特有的过年习俗。

除按照农历过新年外，还有一些民族有自己特定的"过年"习俗，或按本民族的物候历过新年。

（1）居住在四川阿坝州的羌族，除春节外，还要过一次"羌年"。即如果当年本羌寨没有成年人死亡，农历的十月初一日就"过羌年"。这天，各家用面粉捏成小鸡、小羊、小牛等造型，蒸熟后作为供品，用于祭祀祖先。有的村寨还在宰羊后将羊血洒在树林中，并将羊肉分给各家各户。节日当天，人们都邀请亲友到自己家中共喝"咂酒"，唱歌欢庆。许多村寨的人们还在小锣、手铃、羊皮鼓、唢呐、胡琴、羌笛、口弦等乐器的伴奏下，跳起"锅庄舞"，欢庆过去的一年全村寨平安，预祝新的一年全村寨幸福、平安。

（2）居住在云南西北部山区的独龙族，是将当年的大雪封山到次年的大雪再度封山作为一年的始终。他们将一年分为过雪月、出草月、播种月、花开月、烧火山月、青黄不接月、山草开花月、霜降月、收获月、降雪月、水落月、过年月等。其中，过年月中的"卡雀哇节"，就是独龙族人的新年。至于"卡雀哇节"的具体日期，在独龙族的各村寨中并不统一，一般是在农历的正月至二月之间举行。每逢"卡雀哇节"到来，各家或村寨就以刻木、结绳或口信的方式告知四方亲友，约定举行剽牛祭天鬼活动的时间。到约定的时间，凡接到通知的亲友都要备礼物前往祝贺。客人进入村寨后，主人和前来的客人要共饮一筒同心酒，然后欢聚一堂，载歌载舞，欢庆祝福。青年人则敲锣挥刀到各家各户去跳牛锅庄舞，祝贺来年人畜兴旺，庄稼丰收。这些活动结束后，全村寨人齐聚祭祀场，先由巫师牵牛绕场数圈，再将牛拴在木桩上。随后，村寨里的妇女们将漂亮的麻布毯披在牛身上，人们遂围着祭牛跳舞，进行祈祷，以求来年丰收、平安。之后，巫师饮酒，发力，持扎枪猛刺牛的心脏。如祭牛顺利剽倒在地，则被认为是吉兆。聚集在周围的人们立刻欢呼而上，将牛开膛割肉，就地烧煮而食。在欢快、热烈的气氛中，人们再共饮同心酒，辞旧迎新，共同迎接新年的到来。

（3）与独龙族相邻的傈僳族，也有本民族的物候历。他们将一年分为10个月：过年月、盖房月、花开月、鸟脚月、烧火山月、饥饿月、采集月、收获月、酒醉月、狩猎月。但由于傈僳族生活的各地区物候有差异，习惯也不尽相同，所以具体的过年日期也不统一。傈僳族称新年为"阔时"，一般是在农历的十二月初五日到次年的正月初十之间。每逢"阔时"前，傈僳族村寨家家户户都要备足烧柴和粮食，杀猪酿酒，还要彻底清扫房屋和环境，并在桃、李等果树上放一些第一臼舂出的籼米粑，以此祈求来年风调雨顺、五谷丰登。在过"阔时节"的习俗上，傈僳族有一些独特的做法。例如，除夕之夜，严禁去别人家，即使分家后的父子兄弟也不能相互来往。初一清晨，各家均要举行祭祀活动，由家里的年长男子主祭。先用一碗饭、一块肉、两块米饼祭祀为傈僳人从天上带来种子的狗。再依次祭祀门、房梁和架锅烧火用的三脚架以及过世的祖父母、父母、兄弟和未嫁先亡的姐妹。然后，人们着盛装来到村寨中的会场，一起跳舞联欢。晚上，人们还要聚集在一起，由长辈领唱傈僳族的叙事长诗《阔时节歌》，直到次日中午才散去。到初三这天，各傈僳族村寨还要举行传统的射箭活动：先在百步之外，用木棍夹一大块糯米粑和一块半斤左右的猪肉作为靶子。参加活动的人，每人可射三箭。若射中猪肉，预示来年狩猎成果丰硕；若射中糯米粑，则预示来年粮食丰收。还有一些地区的傈僳族在过"阔时"时，要先给耕牛喂盐，以犒劳耕牛一年来的辛劳耕作，以求耕牛来年更加勤劳。

（4）生活在青藏高原地区的藏族，早在公元前就产生了本民族的历法。他们是以月亮的圆缺、朔望确定月份。从公元1027年（相当于北宋仁宗天圣五年）起，藏族开始参照农历制定自己的新历法。新制定的藏历，采用五行与地支十二属相搭配的方法。从木鼠年开始，每六十年一轮回。这种纪年的方法，藏语称为"饶琼"。藏历每月的天数不定，主要依据吉、凶日确定。如果在一个月中遇到吉日，就可以多过一天。如初五是吉日，就连续过两个初五。但如果遇到凶日，就取消不用。如初七是凶日，就跳过这天不过，从初六直跳初八。藏历新年，一般是藏历正月初一。节前，人们要操办年货，煎油果子"卡赛"，制作手抓羊肉、酥油茶、青稞酒等，还要打扫灶房正中的墙，在上面用干面粉画吉祥图案，并在自己家的大门上用干面粉画上象征吉祥的图案。藏历除夕这天，在吃晚饭时，全家人团聚，共食名为"古突"的粥。"古"意为 "九"，代表二十九日；"突"，即"突巴"，意为粥。"古突"里杂有糌粑疙瘩，其中有些疙瘩里包有小石子、辣椒、木炭、羊毛等物，这些东西各自代表特定的寓意。如吃到小石子，就意味着在新的一年里心肠硬；木炭则意味着心肠黑；辣椒则意味着嘴巴硬；羊毛则意味着心地善良。凡吃到这些东西，要立即将它吐出来，引起在场人的哄堂大笑。在吃团圆饭时，每人都要吃九碗，但每碗都不能吃完。饭后，全家人将残羹剩饭倒入一个大盆中。之后，大家端着盆，打着火把，走遍各个房间，以示驱鬼。除夕之夜，各家各户的门窗要挂上"祥布"，房顶点燃松脂，室内的桌柜上摆放酥油糌粑点心。另有一个内盛糌粑、炒麦粒、人参果等食物的五谷斗，名为"卓索切玛"，上面插有青稞穗、鸡冠花，还陈放用彩色酥油塑造的羊头，以示来年五谷丰登、六畜兴旺。藏历正月初一清晨，各家的主妇要从河边或井里背回一桶吉祥水，供全家人洗漱，并喂牲口。然后，全家人按照老少辈分，依序坐定。母亲端起"卓索切玛"，祝愿全家人吉祥如意。在座的每个人都要从"卓索切玛"中抓一点糌粑，抛向空中，以示祭神，并品尝一点糌粑，为母亲祝福。这时，长辈依序向晚辈祝福"扎西德勒"（吉祥如意），晚辈则回贺"扎西德勒彭松措"（吉祥如意、功德完满）。人们吃人参果，互敬青稞酒。从藏历正月初二开始，人们就走亲访友，互献哈达拜年，歌舞欢宴，尽兴方散。在此期间，各乡村市镇均要开台，演藏戏、跳锅庄舞、弦子舞，举行赛马、赛牦牛、角力、射箭、拔河等活动。

（5）彝族使用传统的十月太阳历。这种历法将一年分为十个月，每月用十二生肖纪日。一月循环三个周期，共有36天。一年因此共计360天。余下的五六天，即为"过节日"，彝族习惯称为"十月年"。彝族历的新年，一般在彝历的十月上旬，由"毕摩"即巫师经过占卜，确定一个吉日，即为年节。彝族的年节为3天。如果来年丰收，则这个吉日继续使用，否则另行占卜再定。彝族新年的清晨，男人们鸣枪、放炮，妇女们唱吉祥歌、舂糌粑、做苦荞馍。饭后，人们打扫庭院，杀猪宰羊，做"坨坨肉"，迎接祖先亡灵回家过年。然后，人们互相走亲访友拜年，并举行歌舞、转磨秋、斗鸡、赛马、射箭、角力等活动。

（6）生活在云贵高原和湖南、广西等地的苗族，过年的时间是按照本民族的习惯历法，选择农历的九、十或十一月内的卯（兔）日或丑（牛）日过年，但最忌讳在寅（虎）日过年，因为苗族认为老虎是十分凶残的动物。选择这个时节过年，源于苗族在每年秋收后吹笙歌舞、欢庆丰收的习俗。各地苗族的新年活动时间长短不一，一般是三天，也有十五天甚至一个月的。过年的方式，有一家一户式的，也有几个苗寨联合一起过年的。节日前夕，苗家要准备鸡肉、猪肉、酒、豆腐等食物，还要蒸糯米、打糍粑。节日清晨，各家先祭祖先，然后在自家的牛鼻子上抹酒，以示"敬牛"；还要携带肉、酒、饭、香纸等礼物，到自家田头"敬田"。人们还要举行踩芦笙（伴着芦笙舞蹈）、斗牛、打年鼓等活动，以示庆贺。青年男女则举行对歌"游方"等活动。姑娘们带着自己织造的花带，来到苗寨口，等到外村寨来吹芦笙的年轻小伙吹起《讨花带》曲调时，姑娘就将花带挂在小伙的芦笙上，以示感谢。

中国少数民族的新年节日的习俗虽然各异，但都体现了人们对美好生活的追求和对和平、安定生活的企盼。

（二）纪念性节日

在中国少数民族的历史上，为了维护本民族的利益，保护人民的生命财产安全，反抗封建统治，曾涌现出许多可歌可泣的英雄人物和事迹。人们世代怀念这些英雄人物，并通过各种方式纪念他们，由此而形成一些具有特定纪念意义的节日。其中，最具代表性的是流行于彝族、白族、纳西族、傈僳族等民族的"火把节"。虽然同称"火把节",但节日的传说或因民族不同而有区别。

彝族火把节的由来,尤以四川凉山彝族的传说最具代表性。传说在远古时期,天上有个凶神叫斯热阿比,经常下到人间搜刮钱财。彝家英雄阿提拉巴决心为乡亲们除害。他与凶神大战九天九夜,终于将其杀死。天王闻讯,十分恼怒,放天虫下界,为凶神报仇。天虫下界后,窜入庄稼地,啃食各种庄稼。为了保护庄稼,彝家人想出一个办法,"举火把,烧天虫"。熊熊燃烧的火把,烧得天虫无处可藏。一些没被烧死的天虫只得钻入地下,这样才终于保住了庄稼。不料残余的天虫在来年的虎月又钻出地面,继续啃食庄稼。人们只好又拿起火把,驱赶天虫。久而久之,就形成了彝族的火把节。

白族火把节的由来,源于民间传说的两个历史事件。其一是唐朝有一名叫郭世忠的副将,杀死了大理酋长曼阿娜,欲霸占其妻阿南。阿南无奈,只得假意应允,只是提出必须先祭奠亡夫,才能再嫁给郭世忠。郭世忠以为阿南已同意,就答应其要求。阿南在祭奠亡夫后,又点燃了灵堂,纵身跳入熊熊的烈火中,以身殉夫。她的这番忠贞之举深得后人的敬佩。后来,每逢她殉夫这一日,人们便点燃火把,走村串寨,以示纪念。相约成俗,亦发展成为节日。由于人们手举火把行走在田野上,远远望去,形似万点星光,如同星回大地,故又称"星回节"。其二是唐代的大理地区有六诏,其中的蒙舍诏王欲吞并其他五诏,遂设计准备害死其他五诏首领。唐开元二十六年(738年),蒙舍诏王用富含油脂的松木搭建了一座松明楼,邀请五诏首领前来宴饮。邓赕诏王知其阴谋,但又不得不去。临行前,邓赕诏王的夫人命人打造了一只铁镯,戴在丈夫的手腕上。宴饮直至深夜,松明楼突然起火,五位诏王均惨遭不幸。邓赕诏王夫人从灰烬中寻找到自己丈夫的铁镯,决定为丈夫报仇。她回到家乡后,即起兵反抗蒙舍诏王的兼并。在经过三个月的激烈战斗后,邓赕诏王夫人因兵尽粮绝,最终失败,邓赕诏王夫人亦绝食而亡。此后,每逢邓赕诏王夫人殉难这一日,人们便扎起一个类似松明楼的大火把,以示纪念。纳西族火把节的由来,也是源于本民族的古老传说:天帝因长久关闭天门,不知人间情况。一天,他下令打开天门,见到人世间青山绿水,鸟语花香,欢歌笑语,不禁十分嫉妒,遂令火神放火,欲烧毁人间万物。火神下凡,见到美好的景象,不忍心放火。他回到天国,向天帝谎报称,人世间已焚毁殆尽。不久,天帝又亲临天门,发现人世间依然如故,大怒之下,将火神斩首。火神的血溅落在人世间,顷刻变作小孩。小孩逢人便讲,天帝将在农历六月二十四日派天将下凡,烧毁人世间。这个消息很快便传遍纳西族的村村寨寨,大家都做好准备。到了这天,人们都在家门前燃起大火堆,手里则舞动着小火把。天帝正欲令天将下凡,忽见人世间一片火海,便以为人间已经被焚毁,遂不再令天将下凡,高兴地关上天门。从此,每年在农历六月的二十四、二十五、二十六日三天,纳西族都要举行火把节，以示逃避厄运。

各民族火把节的由来不同，节日的活动和风俗亦不相同。

纳西族的火把节，是仅次于新年的一个重要节日。节日的第一天，青年男女身着盛装，到野外对歌谈情，采集野花。年长者则在家里制作火把。傍晚时分，各家在门前点燃火把，顿时全村寨火光熊熊。第二天，人们相互走亲串友，年轻人到野外会餐。入夜后，人们再度点燃火把，还要在田间点上大火把，祈愿年年丰收。第三天，人们聚集在最高的火把下，载歌载舞，通宵达旦。白族过火把节，各村寨都在中央广场上扎几束火把，上插写有"六畜兴旺""五谷丰登""清洁平安"字样的小旗。火把顶端插翠竹，上挂海棠、山里红等花朵。夜晚，人们点燃大小火把，照亮屋角、田地、果园、菜地。同时，人们还在火把上撒松香粉，使火焰发出彩色的光芒，这更增添了喜庆、欢乐的气氛。阿昌族的火把节，是为了驱逐疾病、灾难，祈求人畜兴旺。每年农历六月二十四日，各家各户都要吃过桥米线。夜幕降临时，家家户户就点燃事先制作好的松木火把，先手持火把在室内转圈，烧掉蜘蛛网等不洁之物，以示驱邪灭病。之后，大家持火把聚集在广场或山野，再绕着山坡、村寨、田地漫游，以示驱赶害虫，确保丰收。男女青年则在广场上围着火堆转圈跳舞。在跳舞时，要由一位能歌善舞者领唱、领舞，表示美好的祝愿。

刀杆节，是傈僳族的一个纪念性节日，傈僳语称为"阿堂德"，意为爬刀杆。这个节日源于明代发生在云南地区的一个事件。据传，明代兵部尚书王骥奉命率兵驱逐了侵入傈僳族聚居地区的敌人。为了帮助傈僳人建立稳定的社会秩序，王骥一方面引导傈僳人发展生产，另一方面组织傈僳族青年练兵习武，以便担负保卫家乡的重任。但朝廷内部的奸臣却诬陷王骥，说他蓄意谋反。皇帝不分真伪，就将他召回朝廷，随即在二月初八，将他赐死。傈僳人对王骥十分怀念，每年在二月初八这天，通过"上刀山，下火海"的方式来纪念这位为傈僳人民做出卓著贡献的英雄。每到节日当天，先在刀杆场上竖起长杆，再将三十六把或七十二把锋利的长刀刀刃向上地捆绑在长杆上，使之形成刀梯。表演时，男青年赤脚走过熊熊燃烧的火堆，同时用双手捧起火炭，飞快地在自己脸上擦一下，并在手中揉搓。然后，在铓锣的伴奏下，男青年手攀、脚踩长刀，一直爬到杆顶。点燃挂在杆顶的火炮，以此显示自己的英武、勇敢。

仡佬族的"拜树节"也是一个纪念性节日，在每年的正月十四和八月十五日各举行一次。"拜树节"所拜的树是青杠树，仡佬人将这种树视为自己的"祖树"。据说，仡佬族的祖先是从贵州迁徙到广西的，虽然仡佬人初来时，受到当地人的欢迎，但自己的祖先牌位却不能与当地人的祖先牌位放在一起，他们只好在青杠树干上凿出一个洞，将祖公、祖婆的排位分别安放在里面。从此，仡佬人就通过祭祀青杠树，寄托自己对祖先的怀念之情。还有一种说法是仡佬族的祖先在十分艰苦的条件和环境下进行开荒，人们白天劳作，夜晚只能爬到青杠树上歇息，以躲避野兽的侵害。因此，仡佬族也将青杠树视为"祖树"。在过"拜树节"时，需要一头黄牯牛作为祭品。牛每年由三户人家负责饲养或共同集资购买。每逢过节时，平时分散居住在各村寨的仡佬人都集中到"祖树"所在的村落。拜树仪式由家族的长者主持。仪式开始后，先扭断公鸡的脖颈，扯下鸡头、鸡翅、鸡腿，将鸡头、鸡翅、鸡腿和牛宰杀后取出的心一起作为供品。鸡头和鸡的左翅、左腿献给"祖公树"，鸡的右翅、右腿献给"祖婆树"。供物用红纸包裹，放入树洞中，并用纸钱将洞口封好。主祭人要向"祖树"祈福，并祝酒、鸣炮，然后，将牛心切开，平均分配给各户，以示同心协力、同甘共苦。牛的内脏和其他的酒菜则在祭祀活动结束后，被参加活动的群众聚餐共食。仡佬族通过"拜树节"的活动，进一步增强本民族内部的凝聚力，增进人们相互之间的友情。

农历三月初三，是我国南方许多民族的共同节日"三月三"。虽同名"三月三"，但各民族这个节日的由来和活动的内容却不尽相同。

广西壮族的"三月三"，是为了纪念传说中的"歌仙"刘三妹。刘三妹之名，在以后的流传中又被改称"刘三姐"。传说刘三妹与一位秀才对歌、相爱，后双双化作石像。人们为了纪念这对年轻的歌手，就在每年农历的三月初三举行对歌活动。也有传说，刘三妹上山砍柴，地主砍断山藤，使其不幸落下山崖身亡。因此，从每年农历的三月初三这天起，人们连唱三天三夜的山歌，以此来表达对这位歌仙的怀念。因此，"三月三"又有"歌仙节"之称。每逢这个节日，青年男女都要充分展示自己的唱歌才华，以歌交友，以歌斗智，使节日成为带有纪念性的娱乐活动。

海南黎族的"三月三"，黎语称为"孚念孚"。传说在远古时代，洪水肆虐，有一对表兄妹来到五指山下。待洪水退去后，为了延续后代，妹妹改变了自己的容貌，在一年的农历三月三日与哥哥成婚。此后，他们便在五指山下辛勤耕作，生儿育女，终使五指山地区人畜繁衍、兴旺富饶。人们为了纪念这对给五指山带来希望和幸福的夫妇，便在每年的农历三月三日举行纪念活动。当天，人们聚集在活动场所，由各村寨的老人主持祭祖仪式。小伙子带着糯米甜酒、竹筒香米饭，身着盛装上山，去找预先躲藏在树林中的姑娘，然后结伴跳起模拟生产劳动的打柴舞、狩鹿舞。夜间，大家围坐在篝火旁，对歌、摔跤、钻火圈、荡秋千、跳竹竿舞，共同度过一个欢乐、迷人的夜晚。

（三）企盼和庆祝丰收的节日

我国的少数民族除年节外，还有许多与生产劳动关系密切的节日。这些节日中，有的是为了感谢帮助自己获得丰收的耕牛，有的是为了庆贺五谷丰登、牛羊肥壮、渔猎丰收等劳作成果。

由于我国是一个农耕文明的国家，农业生产在社会生活中占据着极为重要的地位，因此许多从事农业生产的少数民族便有与农业生产相关的节日。在农业生产中，牛作为主要的劳动力，做出了极大的贡献，所以很多少数民族都有敬牛的节日，如牛王节、牛魂节、牛生日、洗牛节等。

广西地区的侗族每年都要过"迎春牛节"。每年在立春以前，人们要为耕牛修牛栏，制作灯笼，准备青草、糯米粑和甜酒等。到立春这天的傍晚，人们先用灯笼开道，后面跟着由两个年轻人舞动的、用竹编纸糊的"春牛"，最后跟随的是由当地的劳动能手和能歌善说者扮演的农民夫妇。"春牛"每到一户农家，这对扮演的农民夫妇就代表全村寨向这户主人祝贺："春牛登门，风调雨顺"。主人则燃放鞭炮迎送，并向来宾赠送红糖、粑粑等礼物。在"春牛"舞队走遍全村寨后，人们便在一处平地举行歌舞会，演出模仿劳动的舞蹈，还有对歌。侗族人民用这个节日，拉开春耕生产的序幕。

农历的四月初八，壮族、仡佬族、侗族、布依族、土家族等民族要过"牛王节"，人们采用各种方式为耕牛过节。其中，壮族认为在春耕时，耕牛受到鞭打、呵斥而失魂，所以在春耕后，要对牛进行安慰，为之招魂，让它休息。届时，各家先由家长牵牛绕桌子一周；再用竹筒灌喂牛糯米饭及甜酒、鸡蛋汤或绿豆汤等；最后喂牛糍粑。小孩则在牛角上缠绕红纸，向其祝贺生辰。布依族要在这天为牛制作"牛王粑"，喂给牛吃。仡佬族则用酒、肉、糯米饭祭牛栏，祭毕，就将糯米饭喂牛。瑶族在这天，不仅要让牛休息，还要喂牛吃糯米饭。

傈僳族在每年的农历六月初五，要过"浴牛节"。傈僳族传说，牛原来是生活在天上的，过得十分自在、舒适。后来，它见到在地上生活的傈僳人终日以苦涩的野果为食，十分不忍。一年的春天，牛背着天神，将藏在葫芦里的五谷种子撒向人间。从此，傈僳族开始种植五谷，终于摆脱饥饿的困境。天神知道后，十分恼怒，将牛逐出天国，发配到人世间。傈僳人将其养在自己家中，让它继续过舒服的日子。但牛见到人们耕作劳苦，就主动到地里拉犁耙，帮助人们耕种。天神看见人世间日渐兴盛，又放出冰霜、虫灾，破坏生产。耕牛又上天去同天神理论，不让各种灾害得逞。因此，为了感谢牛的贡献，傈僳人便有了"浴牛节"。每逢节日这天，家家要给牛洗澡，还要煮一锅放盐的稀饭，喂给牛吃。家中最年长的妇女要向牛祈祷，希望它在天神面前能多多求情，免灾去害，以求庄稼年年丰收。

农历六月初六，侗族也要过"洗牛节"。侗族传说，耕牛是牛魔王变的。当初，牛魔王受玉皇大帝的委派，下界向人们传达旨意，但却将玉皇大帝的"天皇赐你们一日三餐肚子饱"误说成"天皇赐你们一日三餐还不饱"，害得人们终日忍饥挨饿。牛魔王见此情景，便下到人间，变作耕牛，帮助人们耕作，以此作为错传旨意的补偿。侗族人为了感谢耕牛对农业生产的贡献，每年便有了"洗牛节"。届时，家家牵牛下河，为牛擦洗身躯，并杀鸡、鸭，为牛祝福。侗族人以此表达希望耕牛清洁、平安的意愿。

在少数民族的节日中，以耕牛为主角的节日数量是很多的。这既反映了从事农耕生产的民族对耕牛的敬重和感激之情，又表现了人们企盼丰收的愿望，更体现了人们对生活的热爱。

除这些与牛有关的节日外，在中国的少数民族节日中，还有一些以庆祝丰收为主题的。

那达慕是生活在内蒙古、甘肃、青海和新疆等地的蒙古族一年一度的传统节日。这个节日在阳历的七、八月，即水草丰茂、牲畜肥壮、秋高气爽的黄金季节举行。"那达慕"，蒙语是"娱乐"或"游戏"之意。这个节日源于蒙古族古老的祭敖包活动，可追溯至汉代，历史已十分悠久。敖包，是古代萨满教信奉的神灵所居和享祭之地。"敖包"为蒙古语音译，意为木、石、土堆，古时曾遍布蒙古各地，多用石头或沙土堆成，也有用树枝垒成的。敖包神被视为氏族保护神。祭敖包为蒙古族最重要的祭祀仪式，于每年农历六、七月间举行。届时要供奉羊、酒、奶酪，并点灯、焚香。在萨满跳神后，由参加者分食祭品。藏传佛教传入蒙古地区后，祭敖包变为藏传佛教的宗教活动。活动期间，喇嘛们要焚香、点灯，念经诵佛，祈求神灵保佑，消灾消难。祭敖包虽然已不再是萨满教祭祀活动，但它在蒙古族的社会生活中仍占有重要的地位，并逐渐演变为那达慕。据刻于1225年的畏兀儿蒙古文《成吉思汗石文》记载，成吉思汗在西征花剌子模的回师途中，于今新疆、甘肃边境的布哈苏齐海畔举行那达慕大会，以示庆功。元、明时期，摔跤、射箭、赛马是那达慕大会的三项必有的活动内容。后又逐渐增加说书、歌舞等内容。在藏族聚居地，每年藏历的七月初一都要举行"雪顿节"。这是藏族的一个传统节日，据说已有三百余年的历史。"雪"，藏语为"酸奶"之意；"顿"，藏语为"宴会"之意。"雪顿"，即为"酸奶宴"。"雪顿节"举行的时节正值青藏高原牧草茂盛、牛羊肥壮，人们在这时举行活动，也含有喜庆丰收的内涵。节日这天，人们身着盛装，各家互串帐篷，主人要向每一位客人敬酒。在祝酒的歌声中，客人必须三口喝尽一杯酒，以示对主人的回敬。人们还到林卡（园林，或指风光秀美、环境幽雅的地方）看藏戏，并歌舞宴饮，以示庆贺。在每年农作物收获的季节里，也有一些少数民族的节日。其中，最具代表性的是哈尼族、傈僳族、景颇族、彝族、布朗族等民族的"新米节"。这些节日的主题都是欢庆丰收，只是源出、风俗和活动的内容不尽相同。

哈尼族一般在每年农历八月的"龙日"过新米节。节日当天凌晨，妇女们要先到田里拔回一兜稻谷，种在自家水井或菜地边。天亮以后，再将这些稻谷背回家中，春米后，将一部分煮成新米饭，另一部分炒成米花。傍晚，在吃新米饭前，要先祭祖，再用米花喂狗，然后才开始吃饭。节日前后，人们还要邀请亲朋好友来自家聚餐，共庆丰收。

傈僳族在每年农历十月下旬，要过"杂息杂"，即"新米节"。这天，人们用背篓将新稻谷背回家中，春成新米。新米煮熟后，先让狗品尝，人们才开始进食。傈僳族人认为只有这样，人畜才能平安，五谷才能丰登。

景颇族则在每年农历的八、九月间，谷物收割前，择吉日祭鬼吃新，亦称"新米节"。这天，各家各户的主人要背回一捆糯谷，放在家里的"鬼门"中。当日，忌杀家畜，所以青年人便相约下河沟摸鱼捞虾，做成佳肴。然后，全村寨的人齐聚头领家中，由巫师祭祀鬼神。祭祀结束后，每人得到一小包新米饭，回家过节。

彝族在每年稻谷成熟开镰前，要过"咱合细"，意为"尝新饭"。这天，人们先从稻田摘回谷穗，脱粒去壳，煮成新饭。再杀一只鸡，煮一砂锅豆腐。然后，先祭天和祖先，再盛一小盆新米饭喂狗，捏两个饭团喂牛。之后，全家团聚尝新。

生活在台湾岛的高山族，在每年的秋收以后，从农历八月初一开始，要过"丰年祭"。从名称即可看出，这是一个欢庆丰收的节日。节日要连续举行数日，如遇大丰收，节日还要延长。在节日的前几天，人们便开始准备，男子上山打猎，妇女置办食品。节日这天，各家各户都采用钻木的方法取得火种，并任其自燃自灭。然后再取火煮糯米饭、蒸糕、做菜。妇女们将做好的供品送到集中的祭祀点，由五名女巫主持祭祖活动，祭毕，妇女们集中跳杵乐舞。男子携猎具到另一会集地举行狩猎祭祀，以示庆祝农、猎两业丰收。到八月初三的夜晚，人们还要在广场举行名为"司马拉"的篝火晚会，大家围聚在篝火旁，共同分享酒宴，并边歌边舞，营造出欢快、喜悦的庆丰收节日气氛。

少数民族欢庆丰收的节日，不仅数量很多，节日的风俗和活动内容更是多姿多彩。这些节日无论是源于远古时期的传说，还是基于人们的认识或习俗而形成，都表现出人们浓郁的情感。通过节日的活动，人们尽情地抒发自己对先祖等的感激之情、敬重之情，表达自己企盼丰收、欢庆丰收的喜悦之情。

四、中国其他传统节日

与汉族一样，在少数民族的传统节日中，也有一些是与本民族宗教有关的节日。这些与宗教有联系的节日，虽然或多或少都带有神秘的色彩，但更多的则是体现了人们对美丽、生活、爱情以及未来的憧憬和追求。

白族的传统节日"三月街"，又称"观音节"，是一个缘于佛教庙会的重要节日，最早是因佛教寺庙举行法会，四方香客、商贾云集于此，后来逐渐演变为云南大理一带极具浓郁民族特色、风情的物资交流集市和文体活动盛会，在每年农历三月十五日至二十一日之间举行。这个节日也有一个传说：在古代，有一个叫罗刹的魔王，每天要吃一对人眼，不少白族人因此成为盲人。罗刹还经常在洱海兴风作浪，致使大理成为泽国。一说有一位青年铁匠李子行，为了给百姓除害，打制了铁链和宝剑，在神的护佑下，终于制服了罗刹。一说是观音菩萨推倒了苍山莲花峰，将罗刹永久埋于山下，使之不能再危害百姓。从此，白族人安居乐业，生活越来越美好。为了纪念白族人得救这件事，每年阳春三月，白族群众便聚集在苍山下欢歌乐舞。年复一年，便形成了一年一度的"三月街"。从大理城内，穿过大理古城西门，沿着长达二三里的大路，即冠名为"三月街"，其两侧各种民族美食与货物琳琅满目。苍山脚下，搭建起数以千计的商棚，其中，既有本地的土特产品，如精美的木器、奇丽的大理石制品、竹器、陶器、玉器以及各种风味的小吃，又有名贵药材，如天麻、虫草、白药、三七、当归、党参、藏红花、麝香、虎骨、熊胆、鹿茸等，还有来自周边地区的商品，如服装、首饰、生活日用品等。大理地区曾是历史上著名的茶马古道所经之地，自古以来便是商贾云集的地方，"三月街"也因此吸引着来自四川、西藏以及江南地区的客商远道前来交易。"三月街"也成为我国西南部地区一处重要的"交易会"。

泼水节是傣族、布朗族、德昂族、阿昌族等民族的传统节日。傣族的泼水节一般在傣历的六月，即公历四月举行，为期三至五天，也是傣族的新年。节日的第一天傣语称为"腕多桑利"，意为除夕。节日的第二天傣语称为"腕脑"，意为"空日"。节日的最后一天傣称为"腕叭腕玛"，意为"日子之王到来之 日"。

泼水节的由来，一般认为是来自印度，是为了纪念释迦牟尼诞生而形成的节日，根据佛降生时"龙喷香雨浴佛身"的传说，在泼水节当天，人们用各种名贵香料炮制的水浇洗佛像，故泼水节又称"浴佛节"。节日开始，妇女们先清扫竹楼、街道，清洗家具、衣物等。然后，人们采摘野花，到佛寺献佛，再围坐聆听高僧念经。中午，人们将一尊佛像抬到院内，再担来碧澄清水，为佛像沐浴、洗尘。浴佛礼毕，青年男女便退出寺庙，互相泼水为戏，以示祝福。人们用铜钵、脸盆乃至水桶盛水，来到大街小巷，追逐泼洒，尽情嬉戏。民间认为，这是吉祥的水、祝福的水，可以消灾除病。所以人们尽情地泼，尽情地浇。被泼的水越多，就越被认为能够吉祥如意。因此，在泼水节，不论是泼者，还是被泼者，虽然从头到脚全身湿透，但还是高兴异常。

泼水节的另一个由来，则源于傣族的传说。传说远古时，有个魔王作恶多端，使得人世间冷热无常，旱涝频发，瘟疫流行。人们对其恨之入骨，但又无可奈何。后来，魔王抢来七位姑娘做他的妻子。聪明的七位姑娘从魔王口中打听到他的致命弱点：用魔王的头发勒魔王的脖子，才能将他置于死地。七位姑娘遂趁魔王熟睡之时，拔下他的头发，勒住他的脖子，魔王的头滚落下来。可魔王的头一落地，地上立刻燃起熊熊大火。但只要姑娘抱起魔王的头，大火也就随之熄灭。为了不使大火蔓延，七位姑娘就轮流抱住魔王的头，不让其落地。每当轮换到一位姑娘，姐妹们就打来洁净的水，泼向她的身上，以冲刷秽气污臭。为了纪念这几位为人们除恶的姑娘，大家每年也就模仿传说中姑娘们泼水的做法。泼水节也因此平添了扬善抑恶的内涵。

阿昌族则是先请50岁以上的妇人按年龄大小排成一队，再由姑娘们将清水泼洒在老人们的衣袖或手持的汗巾上，以示祝福老人们长寿，然后人们才相互泼水。但在泼水时，同性别或年龄相差较大者之间，不能互相泼洒。在泼水前，要先用歌声询问对方是否允许。如对方同意，由男方先泼，女方再回泼，并相互祝福。如对方不允许，则不能强行泼洒。这也体现了对对方的尊重，表现了和谐、友情的意愿。

以上这些节日，不仅有着各自独特的风俗和活动的内容，还体现了人们相互之间的友情，表达了人们对美好生活的憧憬和对未来的向往，更蕴含着丰富的民族文化和人文精神，成为中国传统文化的重要组成部分。

中国各民族的传统节日，尽管源流不同，习俗各异，但有许多共同之处：其一，体现了扬善惩恶、弘扬正义的主题；其二，表现了亲善、和睦和友情；其三，蕴含感恩、励志、缅怀等内涵；其四，具有鲜明的民族、地域特色。正是由于各民族的传统节日具有这些共性特点，都寄托了人们对未来美好生活的向往和追求，体现了中华民族优秀的传统道德和文化，所以它们才能够世代相传，成为人们社会生活中的重要内容。

当今，中国各民族的传统节日依然在社会生活中发挥着传播文化、弘扬美德、促进交流、增进友情的功能和作用。

第五章　中国优秀传统文化传承与发展的作用

第一节　中国优秀传统文化融入教育改革

教育是人类文化的一种传递活动和催化活动。一方面，任何社会都要通过教育向个人传授一定的价值观念、文化规则、生产技能和知识，把人引进文化传统。在这个意义上，教育执行着社会遗传或者说文化传递的特殊功能。另一方面，各个时代又可以把新的时代需要和对未来的期望以及对人和世界的新认识灌输到教育中，通过教育形成人类文化的新因素，尤其重要的是通过教育可以培养出不仅承载文化而且有能力创新文化的人才，因而能不断增进文化积累。在这个意义上，教育又是文化的一种创新活动。由于这两方面的功能，教育成为连接过去与未来的中介。由此可见，文化创新和教育创新是紧密相连的。教育创新的目的是以科学的理论武装人，这里的科学含义就包括了哲学、社会科学和自然科学等文化因素。因此，文化创新在教育创新中不是可有可无的，而是对教育创新起着非常重要的推动作用。

一、优秀传统文化传承对教育改革的意义

文化创新与教育创新是一对孪生姊妹，文化创新必将对教育创新产生很大的影响，而教育创新也不可避免地影响着文化创新。这就迫使人们用冷静客观的态度对现行文化观念、文化制度等方面进行全方位的反思与创新。

文化创新对教育创新的意义在于教育的创新是可以用文化来解读的，也只有通过文化解读的教育，才会更具有时代发展性和战略性，才能创造一个更为广阔的发展空间。在一种新的教育文化形态下，它所树立的规则，将伴随着社会文化运动的需求来实现学校的既定目标，它不管你换了几任校长，也不管学校人员如

何变动，这种教育文化的规定性将会以独有的生命活力促进教育的创新发展。

（一）教育创新本身就是一种文化活动

从词源上看，文化与教育是紧密联系的。"文化"一词在拉丁语和古英语中具有"耕耘"和挖掘土地的意思，表明了文化与劳动的天然联系。中文的"文化"一词由"人文化成"演化而来，基本含义是通过教化把人培养成有教养的人的过程，即"教化"的意思。由此可见，在中文和英文中，"文化"与"教育"在词源上都是有直接联系的，这种词源上的同义性反映了两者关系的直接性和密切性。

从起源上看，教育属于文化范畴，教育本身是起源于文化的。教育起初作为一种模仿、示范、传习活动是在有了初始文化之后，人们是在长期不断的"尝试错误"之后，明确哪些事可以做、哪些事不可以做、哪些事应该做，才开始了人们之间的教育活动的。因此，教育是建立在文化的基础之上的，其本身就是人类文化成果的表现形式之一，它使得后代人可以不必重复前人所走过的坎坷与曲折，完全可以通过教育而获得先人所积累的生产知识和精神价值观念，从而简捷地就获取了物质生产和精神生产的能力，并进一步进行旧有文化的改造、发展和新文化的创新。

教育的传递功能是其基本功能，教育的传递不是生物水平上的传递，而是文化意义上的传递，是社会文化的积淀，是对社会文化世代连续性过程的同化和顺应而引起的文化潜移。社会通过教育将前人所积累的生产和生活经验、道德观念和行为规范、科学知识和人文知识等，有计划地传递给下一代。正由于教育活动，人类文化才能够一代一代承接下去而不中断，也正是基于这一基本特征，教育才具有永恒性，以至于有的辞书把教育定义为"人类传递文明的手段"。

（二）教育在不断的文化创新中使文化永葆活力

作为人才培养的教育过程，除了对文化的选择和传递外，还包含对传统文化的变革和文化创新。任何一种教育都会影响人的价值观念、知识结构、个性特点和行为方式，进而又以行为和语言的形式表现于社会生活之中，丰富和更新原有的文化系统，改造原有的文化结构，从而对社会文化起到一种强烈的活化和促进作用。正如黑格尔所认为的，文化遗产，当我们去吸收它并使它为我们所有时，我们就已具备了某种不同于它以前的特性。于是，那种接受过来的遗产就这样地改变了。这就是说，文化传递事实上也是一种文化涵化，即系统的重组。这种选择与重组既包含各个原有文化要素的选择组合，同时又包含了自己的理解与判断，从而导致整个系统发生不同性质的变化。教育使人类在历史进程中所形成的人类固有的本质移植、内化于新一代的个体之中。这种移植并非使这种固有本质原封不动地承袭下去，往往都会因教育的选择和环境因素变化而产生一定程度的嬗变，以致教育在塑造新一代时，会有新的需要、新的品质和新的观念。作为文化载体的人的变化，无疑也意味着传统的变革和文化的变迁。借助于科技文化再生产，实现人类自身素质的再生产，这是教育本质的一般规定。

因而，教育实际上又是一个旧文化的发展和新文化的创造过程，教育的根本目的和最高目标也便在此。制定教育发展战略的教育方针，进行教育改革，都是为了文化创新，并且必须指向文化创新，否则就是不健康的教育或因循守旧的教育。

教育是创新性文化生产的重要基地。文化就其内容而言是物化了的精神产品，它同物质产品一样，都是人类劳动的结晶。人类劳动创造文化产品的过程，即是进行文化生产的过程。教育的作用，一方面是把历史上的文化产品继承、传递下来，因而必须把它们再生产出来；另一方面更重要的是进行创新性文化生产，对以往的积累和现实经验进行综合加工，从内容上开拓创造新文化。

创新性文化生产出来的是用来满足人类物质活动和精神活动所必需的思想观念形态的产品，如科学、哲学、政治、法律、文化、艺术、道德、宗教的观念和理论体系等，而这主要是通过教育来实现的。由此可见，创新文化的提出是文化创新的产物。一个新的文化教育崛起，首先应意识到已有什么样的文化，而又缺什么样的文化，并在适应新的文化运动中抵消滞后的垃圾文化，从而支撑起文化育人的保护屏障，建立一种可持续发展的机制。而目前教育以客体为载体对社会文化的偏离，教育以理念的偏失应对未来发展的畸形思路，教育在文化的跟进中对时代的误判，教育在文化策略和战略构建中对社会文化的失衡，正是提出教育新文化价值重建，在适应社会文化运动中要解决的课题的必要性所在。这是教育文化自觉意识的觉醒，也将为文化育人的视角提供不竭的动力与创新的源泉。

（1）文化生产的劳动者及其文化创新的能力是通过教育培养出来的人的语言能力、科学抽象能力、辩证思维能力、科研、创造能力等，主要是受教育之后获得的。一个人受到的教育越多、越高，文化生产的能力就越强，现代教育更注重创新型人才的培养，坚持知识、能力、素质的统一，全面提高教育质量。

对一个国家、一个民族来说，教育是一项最根本的事业。国家的发展，民族的振兴，文化的繁荣，要靠教育、靠知识、靠人才。一个国家的教育水平、培养的人才的数量和质量，决定其文化创新的数量、质量和速度。近代以来，世界科学活动中心的几次历史性转移已经充分证明，一个国家的教育发展水平，同其科学文化的水平呈正相关，建设有中国特色社会主义文化，就必须大力发展教育，培养宏大的工人阶级知识分子队伍，充分发挥他们的积极性和创造性，并要求他们"加强学习，提高自己，努力成为先进思想的传播者、科学技术的开拓者、四有公民的培养者和优秀精神产品的生产者，同广大工人、农民一起，为中华民族的振兴建功立业"。

（2）现代创新教育为创新性文化生产提供了大量优质的劳动资料、先进的生产工具和物质手段。科学技术的进步，为现代教育提供了先进的设备和手段，能够迅速地传播、加工和处理各种科学文化和信息，使教育具有较高的文化产品生产率。在现代教育机构中，有先进的实验设备、专门的科研机构、较高水平的科研队伍，有健全的图书情报资料系统，有合理的科学劳动结构和较好的科研管理，为创造性文化生产提供了良好的环境条件。

教育是精神生产力系统中一个重要的部门，大量的精神文化产品是由教育生产出来的。由于精神文化产品本身就具有教育功能，因此，要发展教育，就必须对历史和现实的精神文化产品进行收集、加工、整理和概括，从而也就提高了精神生产力。另外，由于教育本身就具有探索性、创造性，它不仅传授已有的文化知识和方法，而且必须对前人遗留下来的一些思想、资料进行加工改造和综合概括，从而获取新的文化知识和方法，这种获取新知识、新方法的过程，也就是生产新的精神文化产品的过程。

当然，旧的文化的发展或创造的新的文化，开始时往往只是作为一种亚文化。如果这种文化不为社会认同，可能只是昙花一现，湮没无闻，而如果这种文化为社会所接纳，就有可能逐渐地融入或取代传统文化而成为主流文化。五四时期所提倡的科学与民主，所引进的马克思主义思想，就是滥觞于校园而成为现代中国的主文化，并在与中国原来的传统文化冲突、融合中，逐渐成为有中国特色的社会主义新文化的。对文化的创新，就其教育领域来说，主要是由高等教育来承担的。在基础教育过程中，是将经过评价、选择的文化精华传递给学生，高等教育则能够通过科学研究和种种创新性活动，不断地创新新文化。大学是各种学术思想聚集的园地，也是文化交流的窗口，大学教师学术视野较为宽阔，大学生、研究生、留学生来自四面八方，求新好奇，反应敏捷，校园经常成为异质文化碰撞的中心。异质文化的交流、冲突、重组、融合，给予高等教育创新文化的机遇。不论是中国古代的稷下学宫，后来的书院，或是欧洲古代的雅典大学，还是近代、现代的自然科学的发明和社科新理论的出现，无不与大学密切相关。

因而，为了达到文化建设的最高境界——创新文化，必须大力发展教育事业，尤其是高等教育专业。高等教育是在最高知识水准上进行的传递文化，它所担负的"研究高深学问"的任务，就是要把散落和淹没在历史泥石流中的那些真正有价值的文化珠玑发掘出来，拂其泥尘，露其真容，并尽量联结成串，以让它们留传后世，为建设具有中国特色的社会主义文化锦上添花。

（三）教育促进文化创新，文化创新必须依靠教育

从文化的属性上审视教育创新，可以发现，教育创新以文化的潜规则来解读教育发展的状态，用文化的定位来体现教育的社会价值，这是一种能动的态势，是内在的灵魂中所形成的终端驱动力，是从文化创新的角度来推动教育的品牌、品质和创新。

教育活动与物质生产活动相比，它的一个重要特点，就是它是一种认识活动，一种文化活动。教育对文化的传递、选择和创新是系统的整体。传递的是经过选择的文化，创新的是经过传递的文化。创新是为了更好地传递，选择是为了有目的的创新。没有选择就没有传递，没有传递就无所谓选择。没有传递哪来的创新，而没有创新选择还有何意义？教育正是通过不停地选择—传递—创新—再选择—再传递—再创新的循环往复的过程，使文化得以形成、发展、延续，它是文化的传递与传播，是文化的净化与升华，是文化的创新与发展。教育创新是以文化为基石，以文化为媒介，以文化为实体的活动。因此，进行文化创新时，必须以最现代化的文化、科学为内容，以最先进的技术和设备为手段，以广阔的活动方式（生产方式、消费方式）为基础，以人的现代化为目标，对学生进行创新教育，全面继承人类的优秀文化遗产，融合现代科学精神，创造出代表社会发展潮流的主流文化，否则就不能适应现代社会发展的需要，也就不会有具有中国特色的社会主义文化。

二、现代教育改革的内涵

创新，是人类社会发展的动力。因为，新生事物不断替代旧事物，是客观世界发展的普遍规律。从这种意义上说，历史是创新的产物。创新，是时代发展的宠儿，是时代发展的特征。21世纪，我们将进入知识经济时代，智能化时代，比电脑快上千倍的光脑时代，太空科技经济时代。可以说，谁掌握了创新，谁的手中有了较多的创新，谁就把握了未来时代发展的主动权。创新，是经济发展的动力与主宰。"科技是第一生产力"，一项重大的科技创新，能转化为巨大的生产力，能推动经济高速发展，上一个新台阶。实施科教兴国战略的前提是科技创新，是大力提高全民族的思想道德和科学文化素质。社会进步、时代发展、经济腾飞都离不开创新，那么，它们的共同基点是什么？是教育。没有现代化创新教育，就没有现代化经济。没有创新教育，就没有经济攀升、腾飞的实力。没有创新意识的教育，是没有灵魂、缺乏生命力的教育。现代教育的实质就是创新教育。

现代教育创新是一个动态的开发系统，目的是开发人才的创新意识，培养创新型的人才。教育创新对人才来说，不仅是信息的输入、知识的积累，更重要的是打开人才大脑各种储存渠道，通过创新性思维，培养创新能力，冲破现有知识

圈的张力，发展现有知识，创新新的知识。其显著的特征是，要通过创新教育设法超越现有的知识范畴，发明新方法，解决新问题，开创新局面。

（一）现代教育创新的特征及内容

提高我国自主创新能力，实现经济结构调整和增长方式转变，提升我国的国际竞争实力，建设创新型国家，为构建社会主义和谐社会创造坚实的物质基础和科技支持，在很大程度上取决于我国人才特别是创新人才的规模与质量。而创新人才的培养，在很大程度上又取决于创新教育。

通过教育创新培养大量的创新型人才，是提高文化创新水平的基石。因此，必须废除压制创新力形成的传统应试教育，大力开展以创新精神为中心的全面素质教育。

1. 现代教育创新的本质特征

现代创新教育最本质的特征是把人才的成长发展过程看成一个系统工程，并把创新教育阶段自觉地纳入这个系统，以系统的总目标作为制定自身目标的依据，使之成为人才发展过程中连续的有机组成部分。

综观人类文明的发展史，其实是一个不断遇到问题，又不断运用人类自身智慧解决问题的创新史。无数事实证明，凡是卓有成效的创新，必须具有远大目标的引导和与之相适应的知识结构和经验积累，是富有个性的创新。因此，教育创新在人才素质培养的过程中，应当始终结合受教育者的个性特点来施行。简言之，推行因人而异进行引导的创新素质个性化教育是人才发展过程的历史要求，也是提出创新教育的内在依据的要求，更是决定创新教育成败的关键因素。

2. 现代教育创新的内容

教育创新是在20世纪30年代发端于美国的一股教育思潮和教育运动，后来逐渐在全球推广。其主要内容有下述几个方面：

创新性教育。创新性教育是指在教育中努力贯彻提高受教育者创新力的原则，使提高创新力成为教育目标的一部分。在这里，创新教育已成为一种教育思想。我们的各类教育机构，我们的全体教育工作者，对增强包括民族凝聚力在内的综合国力，承担着庄严的职责。教育在培育民族创新精神和培养创造性人才方面，肩负着特殊的使命。创新性教育的关键是将开发受教育者的创新力渗透和体现在各科的教学内容和教学形式中。因为创新本身就是一种学习过程，需要特殊知识的积累，因此，创新教育的过程是一种有组织的、有时间顺序的、不可逆转的过程。创新是与"干中学""用中学"等活动紧密相关的，所以创新所需的知识与其说是一种大家都可获得的公共知识，不如说是一种带有文化创新色彩的知识，因为文化创新有其本身自然发展的途径。虽然某种文化创新发生在某一时刻，但是如果追根求源，这个创新的实现一定已经有了较长的该种文化知识的积累过程和学习过程，没有这样的知识积累过程和学习过程，没有任何渊源关系，只是根据公共知识，而去实现某一部门的突然的文化创新，是无法做到的。

创新能力训练。创新能力是指能广泛应用科技知识，不断推进新生事物的产生与发展的能力。创新能力如何产生，有哪些要素？"知识—智力—能力"，就是创新能力的产生过程，其间有"两个转化"：通过教育学习，使书本知识、社会知识转化为学生大脑的智力；再通过主观能动性、大量的脑力劳动，使智力转化为学生能反作用于物质的创新能力。这两个转化过程，就是人们从认识客观世界到主观世界的能动，再到改造客观世界的过程。创新能力蕴含有"三个要素"：一是加强知识学习，这是培育创新能力的基础；二是激活主观能动性，这是培育创新能力的内因条件；三是善于引导与发现，这是培育创新能力的外因条件。因此，创新能力训练指的是面向受教育者，主要以提高他们的想象能力和思维能力为目标的系列教育，包括让受教育者解答各式各样的训练题、传授创新技法和发明经验等，如奥斯本的"头脑风暴法"，就属于这一类。另外，还有美国的戴维斯、特雷芬格等人提出的创新力训练模式。现代心理学发现，创新能力是与生俱来的一种潜能。从一定意义上说，人的自我实现，也就是实现自己的创新潜能；而所谓创新性，也就是独创性。这种创新能力通过训练是可以很快得到提高的。

在我们国内，对人才的创新力开发和训练主要有五项内容：一是破除习惯性的思维和工作模式，使人才学会灵活而完整的思维和创造性的工作模式。二是学习和掌握有效的创新方法和发明方法。三是开发脑力，充分有效地利用大脑。四是克服各种创新障碍，培养创新个性。五是促进形成适当的气氛和环境。

现代远程教育。现代远程教育工程主要包含高速传输平台建设、现代远程教育软件平台和资源建设、开展现代远程教育试点和相关的管理政策研究等方面的内容。

自从1999年初国务院批转了教育部制定的《面向21世纪教育振兴行动计划》以来，现代远程教育工程试点工作与现代远程教育工程的建设取得了显著的进展，目前中国教育和科研计算机网已连接了全国七十多个城市、七百多所大学和科研单位，用户数量达三百多万。

现在，据介绍，经过清华大学等高校的共同努力，目前CERNET已开通了北京至武汉、武汉至广州、北京至南京、北京至上海、北京至西安等五条155M试验线路，解决了网络堵塞的问题，提了高速的网络通道，保证了网络教学的开展和现代远程教育工程的顺利实施。

创新素质的培养。主要是培养人才的创新能力和创造力。要使人才能借助这种素质，在将来实现各自具体人生目标的过程中，一方面可以自觉地、有选择性地吸取知识，另一方面又能主动地尝试着把所学的知识加以运用，以解决其所面临的问题。创新素质的培养主要包括三个方面：

创新意识的培养。创新意识是指基于对创新本质的正确理解，主体自身产生的一种敢于创新的觉悟及创新的欲望，它是主体进行创新实践的首要条件。因此，创新教育把受教育者是否拥有创新意识作为判断教育成败的最基本的依据。这就要求创新教育首先启发受教育者的思路，使他们树立起强烈的创新意识。尤其是到了21世纪的知识经济时代，文化只有在创新中找出路，在创新中求发展。这就更加要求受教育者具有超前思维，未雨绸缪，不断增强创新意识和创新能力，努力把握文化创新发展的主动权，满怀豪情地迎接知识经济的挑战，

创新习惯的培养。创新习惯是指大量的固定储存于主体脑中的、能直接地或经过类比、推理、联想等思维处理后间接地为主体探索未知的实践活动提供参考、支持的主体创新经验模式，它是主体能不断地进行创新的得力保证，借助它，主体能很快地从整体上、方向上把握整个探索过程，从而对未来的探索活动表现出一种从容的适应性。由此可见，教育阶段创新习惯的培养，其实质是受教育者在教师有目的的引导下，对未来创新活动的一种"预体验"，是对未来创新的有预计性的经验积累。

创新品质的培养。创新品质是指创新型人才进行成功创新所表现出来的某些共同心理特征及性格特征等，它是支持人们进行创新实践的非智力因素，包括动机、志向、目标、决心等。教育创新不同于传统教育的是，它并不以向受教育者传授一些具体的知识或技能为满足，而是注重受教育者的个性性格及心理素质的培养，从而使受教育者的智力因素得到最大限度的发挥。由于创新是在旧事物的基础上进行前所未有的创造，是对文明的推进，因而获得创新成果绝不会是一蹴而就的事，创新者必然要经受无数次的挫折和失败，这就需要诸多非智力因素作为支撑，其中最主要的就是创新的品质。

创新实践教育。创新实践包含有两层意思。一是通过实践来检验学生的创新能力。实践是检验真理的唯一标准，实践出真知、长才干、增能力。学生是否具有创新能力，是否具有符合时代精神的创新能力，都必须由实践来检验。学生在实践中又可以学到鲜活的知识，可以更有成效地培育和提高创新能力。二是教育与实践相结合的内容、形式、方法等，也需要不断创新，不断优化结合点、优化结合方案，追求最优化成果。教育与实践相脱离，严重阻碍了对学生创新精神和创新能力的培育，这是现行教育的主要弊端之一，因而，所培养出来的人才多是"书呆子型"，少有"竞争实力与拼搏气质"。坚持教育与社会实践相结合，强化教育的实践环节，优化人才培养模式，必须从整体上纳入教育结构之中，是教育创新应坚持的方向。密切与经济结合的创新实践途径有：

理论知识教育与市场经济研究紧密相结合。教育必须有市场观念、经济意识，

坚持为市场、为企业培育急需的合格人才，为经济建设主战场、企业生产经营第一线及时提供人力与智力资源。凡是市场经济运行的理论，都应纳入教育内容，写进教材，进入课堂。凡是市场经济发展所需完善、研究的理论，都应纳入教育部门列专题研究，融入整个教育过程之中。学校的专业设置、学科建设、师资队伍等，在设计、调整、规范上都应无条件地服从，服务于市场经济。

校园小课堂、小讲台与社会大课堂、大舞台紧密相结合。关门办学，早已不符合时代潮流，不符合教育创新发展的趋势。教育只有与社会发展的脉搏、与经济发展的脉搏息息相通，才会具有强大的生命力。

积极开展社会实践活动，直接参与市场经济活动。要知道梨子的滋味，就必须亲口尝一尝。亲自参加，亲自感受，亲自体悟，是最深刻的实践。例如，让学生亲自参与革新工艺流程、策划新的品牌、推进科学管理、改善环保条件、设计新项目、改造设备、承包工程、推销产品等活动。让学生在这些真实的经济活动中，亲身感受市场经济的压力，尝一尝闯市场的艰辛"滋味"，闻一闻商场如战场的"火药味"，让学生从中开阔视野，展现才华，检验不足，明确自己的努力方向。

3. 现代教育创新的方法

创新能力绝非仅是一种智力特征，更是一种性格素质，一种精神状态，一种综合素质。一个人成才有智力因素和非智力因素，非智力因素往往起主导作用。美国哈佛大学提出的情商教育观念，是对传统教育模式的巨大冲击。哈佛研究结果表明，人生的成就至多只有20%归诸智商，80%则受其他因素影响。例如，意志力、自信心、控制情绪、人际关系、团队精神、自我激励、思考方法等。一个人的素质像一座冰山，露出水面的容易被人看到的学历和专业知识只是一小部分，而真正决定一个人能否成功的是责任感、价值观、毅力、协作能力等。成小事主要靠业务本领，成大事主要靠德行和综合素质。对品德、合作精神、敬业精神的基本素质的要求，中外并无多大差别。美国多家公司招聘条件显示，尽管每个公司对职工都提出了不同的岗位要求，但几乎每个公司都必备的两条要求是：自我激励精神和团队精神。世界经合组织就21世纪人才培养目标，调查了数十位世界著名跨国公司总裁，他们共同强调的素质是责任心、主动性、创造性、灵活性。绝大多数诺贝尔奖获得者的智商处于中等或中上，他们最重要的品质是对事业孜孜不倦的追求和坚忍不拔的努力，以及对工作的执着。情商较高的人在各领域都占优势，成功的机会也大。情商其实就是一种为人的涵养，一种做人处事的道理，一种人格特征。心理学研究表明，人的创造性的发展程度与他的整个人格发展是高度相关的。这里包括他所持的世界观、人生哲学、生活方式、伦理准则、思维模式等。如富有创新性的人总是把世界上一切事物看作一种流动、一种运动、一种过程，而不是静止不变的。这种人不是固守过去，而总是展望未来；不是用过去来规定今天，而是善于用未来规划当今；他们总是不满足已经做过的，而是努力开拓未知的；他们满怀信心地面对明天，相信自己能使明天变得更美好。哈佛大学曾培养了6位美国总统，33名诺贝尔奖获得者，32位普利策奖获得者，数十位跨国公司的总裁。哈佛教育上的成就，在于教育方法的创新。思考方法作为思维方式，本身蕴含着巨大的智力价值，科学思维方式比某种专业知识技能更为重要。

（二）我国教育创新存在的问题

从我国的情况看，创新教育起步晚，水平低，开展的成效也不够理想。与我国发展的需要相比，与世界发达国家相比，我国的教育创新事业还不发达，特别是在培养和造就创新人才方面，我们还存在着很多不容忽视的问题。这些问题概括起来主要有以下几个方面：

1. 创新教育至今没有形成社会共识

教育，历来具有继承与创新两大功能。我国现行教育由于受传统教育观念的束缚，长期以来过多地注重了"继承"，甚至以"继承"为主导，而忽略了"创新"的地位与功能。中国在几千年的封建社会里，文化教育主要是沿袭儒家思想，总体上是崇尚传统、遵师守礼，不重视创新教育，更不重视培养创新型人才。

自从1905年正式"废科举，兴学校"以来，基本上承袭了西方的教育体制。西方传统的教育体制渊源于柏拉图的教育思想，认为只有通过理性获得的才是真正的知识，受教育为日后在等级分工的社会中就业做好准备，因而必须强调理性原则，侧重智育，并在教育过程的各阶段对受教育者进行分类、选择和淘汰。另一个有影响的是古希腊学者亚里士多德，他提出的是国民教育思想，认为国家为培养合格的公民，应对全民进行规范化教育，并按中等程度的标准进行合格考试。中世纪的宗教教学则为西方传统教育体制提供了教育方式、方法和形式，就是以教师为中心，以教材、教条为权威，注重课堂纪律，采取注入式或"填鸭式"教学，并且以惩罚作为管理手段，用严格的淘汰制度来维持纪律和迫使受教育者死记硬背。

这种教育制度强调知识不会过时，理论高于实际，动脑高于动手，强调形式主义的考试评分制度。这种偏重理性、智育，偏重专业知识的做法，往往忽视了创新开发和能力的训练，忽视了理论和实践的结合，培养出来的往往是"高分低能"式的受教育者。上述封建主义和资本主义的传统教育思想在创新教育中有形无形、自觉不自觉地阻碍着创新教育的开展。

新中国成立以来，由于对苏联教育模式的"照搬照抄"，加上长时间生活在计划经济的旧体制中，对教育创新的影响很深，烙印很重，出现了诸如守旧、怀旧、恋旧的现象，甚至使科举文化又以学业成绩至上的方式影响着学校的素质教育。缺乏机遇意识、竞争意识，不是主动创新，而是习惯于"等、靠、要"。只有个别学校自发地设置了"创新原理""创新设计"或类似的课程，绝大多数学校没有任何创新理论课程设置，也没有相应的机制鼓励教师去讲授与创新有关的课程内容。有计划地进行创新教育的还不多，没有形成社会力量。以上问题，严重地束缚了当代的创新教育，制约着现代文化创新的发展。

2. 创新教育方式落后

教育创新的功能是培养和造就掌握知识和创新能力的人才。这既是工业经济发展的需要，也是知识经济时代发展的需要。但是，中国的教育部门长期以来一直采取办培训班的灌输式教育模式，知识积累第一，能力培养第二，形成了从理论到理论，从书本到书本；重视照文理解，轻视求新求深；重视逻辑推理，轻视发散求异；重视概念内涵，轻视形象直观等弊端，结果使受教育者缺乏求异、求新的创新意识和竞争意识。

当前，在高等学校开展创新理论的教育培训存在诸多问题。我国创造学的理论基础薄弱，学校尚未形成以创新为主导的价值体系，长期重知识灌输，轻方法（能力）培养；重趋同性，轻标新立异，这些对开展创新教育极其不利。我们应该学习美国在20世纪50年代的做法，从创造性素质教育的理念出发，在教育思想、教育目的、课程设置、教学方法、管理评价及师资培养方面统筹规划，积极推动教育创新。

3. 师资队伍的知识结构不完备

要搞好创新教育，首先必须具备一支懂得创新教育的师资队伍。但是，我国目前的创新教育恰恰缺乏这一点。许多从事创新教育的教师本身并没有系统地学过创新理论，对创新性思维、创新力的开发、创新教育实施等知识知之不多，加上知识结构单一、狭窄、落后、专门化，造成了一代教一代、一代影响一代的非良性循环。特别是教师，要想真正搞好创新教育，必须除了精通自己所教的学科外，还要随时更新知识，并在其他的学科具备相应的知识，只有这样，才能在讲课时得心应手，左右逢源，讲深、讲透、讲准、讲好。因此，目前，当务之急是要为高校培养从事创新理论教学的教师队伍，然后尽快将这项理论融入高校的创新教育中，催生更多的创新人才。

4. 人才的创新力没有得到应有的开发

如果人才创新教育开展得好，文化就会发生显著的变化，形成"落后—创新—前进—再创新"的良性循环。反之，就会陷入"落后—引进—再落后—再引进"的恶性循环中去。这说明，在人才中蕴藏着巨大的创新力，这种创新力开发出来就可以转化为先进的生产力。在创新开发的实践中，文化程度的高低同创新力的开发关系并不大，即经过创新教育，具有高学历的工程师和具有中小学水平的普通职工都有可能开拓创新。所不同的是，文化水平高者，往往选择具有学术前沿的高深课题，而文化水平低者，可能选择的是实用性的、具体的课题。其共同点都是以创新型的方式或方法解决问题。

（三）我国教育创新的对策

我国的教育创新关系到祖国的前途、民族的未来和创新型国家的建设，是具有基础性、全局性、先导性的事业。因此，我们必须认清形势，制定出科学的发展对策。

1. 创新教育的根本目标是素质教育

创新是现代教育的时代课题，是教育兴旺发达的不竭动力。尤其是在21世纪的知识经济时代，知识在文化发展中的作用越来越重要。没有一定的知识积累，不掌握现代科技文化知识，就根本谈不上创新。进行教育创新，根本目标是要推进素质教育，把教育从应试型教育真正转变到素质教育上来。长期以来，我国的教育以应试为主，强调对学生进行知识的灌输，相对忽视学生的创造力的培养。近年来，党中央从提高中华民族的整体素质和国际竞争力的高度，提出了全面实施素质教育的要求。各级教育部门要重视教育在创新型人才培养方面的作用，真正把素质教育落到实处，把教育的着眼点放在学生的创造力和创新意识的培养上，消除妨碍学生创新精神和创新能力发展的教育观念和教育模式，使大批既有专业知识、又有创新意识和创新能力的人才脱颖而出。由此可见，只有转变传统教育的价值观和人才观，我们才能切实推进素质教育，促进人才的全面发展，培养造就创新人才。培养创新人才必须实施素质教育，坚持德、智、体、美全面发展，注重创新精神和能力的培养。

2. 推行以培养人才能力为主的教育体制

要推进教育体制改革，建立健全适应时代发展趋势、经济社会发展需求和符合创新人才培养规律的教育体制，是培养造就创新人才的基础与关键。其一，在教育思想上，要摒弃以传授知识为主的观念，树立以培养能力为主的思想，把培养人才的能力、增长才干作为教育的根本目的，为培养能力而传授知识。其二，无论是在课程设计上、内容选择上，还是在教学重点上、教学方法上，都要体现以培养能力为主的思想，要把创新教育作为重要的必修课纳入教育中。其三，应着重人才的形象思维能力、联想能力、想象能力、发散思维能力、综合思维能力等能力的培养。为此，在授课时，应给人才自由联想的空间，鼓励人才树立求新、求异的探索精神，其四，改革教学内容，增加与培养创新能力有关课程的分量。对于不同层次人才的创新教育，其教育内容也要有所不同，要针对不同教育对象实行多层次、多类型的教育方式和教育内容，对具有高、中、低不同知识与能力档次的受教育者，做到因材施教、因需施教，不能千篇一律。

3. 以培养创新型人才为宗旨，改革创新教育

在知识经济时代，重点将是技术的创新，而技术创新的关键是要有创新型的科技人才。因此，现代教育要以培养创新发明人才为主，在知识经济时代，经济的发展决定于创新能力，创新的基础是人力资本的积累，而人力资本的积累的规模又依赖于一个国家教育事业的发展。因此，中国的整个教育开始"面向世界，面向未来，面向现代化"，教育创新也开始由只重视同一性和规范性向同时鼓励多样性和创新性转变，由只重视指导学生被动适应性学习向同时鼓励学生主动求索、学习、创新转变，由对学生的灌输式教学向启发式教学转变，由重视知识单向传授向重视师生研讨、重视实践、探索和创造转变、把培育学生的创造精神和创新能力作为教育目的优先目标之一。目前，中国正在着力培养各行各业的创新型人才，如创新型营销人才、创新型管理人才、创新型公关人才、创新型开发人才等。与此同时，在对外引进人才方面也加大了力度。

4. 选择人才愿意接受的方式进行创新教育

由于人才教育长期以来没有规范化、科学化，许多人才对教育产生了"麻木感"，甚至于反感。所以，在对人才进行创新教育时，要采取人才喜闻乐见的方式和方法。如创新教育的普遍适用性，创新教育的通俗易懂性，创新教育的具体实用性，创新教育的鼓舞激励性，创新教育的灵活多样性，创新教育的效果持久性，创新教育的功能全面性等。只有当人才通过创新激发起创新热情时，他们才会自觉地投入创新，为创新而学科学、学技术、学文化并付诸实践。

5. 学习和掌握创新的方法。

古人云：工欲善其事，必先利其器。先进的思想方法和理论是开启创新思维的"利器"，学习、掌握创新的方法和手段是开展创新活动的关键。开展创新教育，要从源头上解决思想武器和"方法论"的问题。教育界和全社会都应该高度重视，掀起学习辩证法、学习创造创新学的热潮，这是培养创新人才、建设创新型国家的需要。

（四）现代教育创新的模式

西方教育创新自20世纪40年代以来，迅速地普及全世界，并取得了很大的成功。在这期间，创新式教育模式也曾出现过许多，但随着社会的发展，这些模式也在不断地更新和完善，现在被人们推崇的主要有三种。

1. 吉尔福特—米克模式

心理学家吉尔福特通过对人类智慧的研究，运用因素分析法和形态综合法，提出了智慧立体结构模型。他认为，人类的智慧结构取决于人们的思维运作、思

维对象和思维产品三个变项因素。三个变项的形状不同，便构成不同的智慧形式。吉尔福特称这三个变项为心智运作、内容形态、产品形状。心智运作，也称运作形态，指心智运作的方式方法，包括以下几种具体形式：

认识。认识指认识能力，是一切心智活动的基础，包括觉察和理解两个层次。

记忆。指记忆能力，是将储存的信息一成不变地保留并储存下来，以供再现或再认。记忆是联想的基础，联想是创新的重要环节，可见创新离不开记忆，但是记忆本身并不是创新，记忆的重组才可能构成创新。

发散。发散又称扩散，指由一个输入信息产生多个输出信息的思维形式。其典型的形式是辐射思维，即由一个中心信息向四面八方辐射出许多输出思维的信息。这其中又分为四个层次：一是流畅，即举一反三，由此及彼。这又可分为语言流畅、观念流畅、联想流畅、表现流畅；二是应变，指改变思维方向、转移思维入口的能力，又可分为自发应变和适应性应变；三是周全，指发散应保持周延性、全面性、系统性；四是创新，当发散发生转移时，若获得成功，便成为移植和创新。移植的本身就是创新。

收敛。收敛又称集中或综合，指由多个输入信息产生一个输出信息的思维形式。收敛实际上是一种认定或选择。逻辑思维属于收敛思维，没有收敛便不知道思维的结果是否成立。典型的收敛思维是辐辏思维，即由许多输入信息向中心集中而产生一个输出信息的思维。

评鉴。它指评价与鉴定思维成果的正确与否及其价值的大小等。评鉴必须有标准。逻辑证明是一种思维形式正确与否的标准，除此之外，还有不同的评鉴标准，如实践性、适用性、创新性等内容形态。也称材料形态，是指思维对象的形态，它包括：

形象，指事物的形状、大小、形态、声音、色彩等。

符号，指信号、字母、文字、数字、音符等。

语意，指信息的含义，一般用文字表示。

行为，指行动、举止、表情等，也包括注意、知觉等。

产品形状，也称成果形状，指思维加工后输出的结论信息的属性及状态。其中包括：

单位，指独立存在的输出信息，既可以是一件事物，也可以是一类事物。其本质特征是可以被视为"一"来看待的。如一个字、一句话、一个原理、一个系统等。总之，它是概念知识。

门类，也称类别，指具有共同特征的一类事物。其中心是共同的特征属性，其结论是给出事物的分类标准。如蜜蜂是昆虫，昆虫是门类。总之，它是分类知识。

关系，也称关联，是指事物间的联系。它强调知识之间的关联，而不是各个单独知识的本身。它是关系知识。

系统，也称整体或总体。它强调输出知识的总体效果和整体效应。它是总体知识。

转相，指输入信息和输出信息之间有较大的差别，它们分属于两个不同的知识类别。如将名词当作动词用，改革信息的形态、性质、含义等都是转相。它是变化知识。

含义，也称衍生或蕴含，指思维材料的寓喻，是一种不规范的含义。依接受者知识和经验水平的不同，其所悟出的含义也不尽一致，是"话中话""弦外音"，是一种暗中的蕴含。它是隐喻知识。

上述介绍的是吉尔福特在1956年提出的智慧结构模型，因其三个变量因素分别有各种具体形式，所以一共有120种智慧形式。1988年，吉尔福特又进行了修补，把心智运作变量中的记忆分为输入记忆和保留记忆，还把内容形态中的形象分为视象和听象。这样，智慧结构模式又有了180种。由此可见，吉尔福特的智慧结构是架构式、开放式的形态模式。如果在三个变量中再发现新的具体类型，都可以很方便地添加到原有的模式中去。如在心智运作中又发现一个"直觉"运作方式，便可在心智动作中增加"直觉"一项，构成六种或七种具体的心智运作方式。这样，一种新的智慧结构模式也就产生了。

在吉尔福特提出的智慧结构模式中，虽然包含100多种能力，但真正与创新活动关系密切的是包含扩散思维、转相输出的二十多种能力。

2. 帕内斯模式

帕内斯是行为主义者，他特别强调行为表现。他认为，创新行为以独特和价值为本质。独特和价值既可以相对于团体和社会，也可以相对于个人。他还认为，创新行为是创新主体的知识、想象和评鉴能力的综合。他把知识比作万花筒中的纸片，纸片越多越能变化出更多的花样。想象如同转动万花筒，不转动万花筒是出不了花样的。评鉴就是择优汰劣。没有评鉴能力，创新行为也是枉然。帕内斯认为，一个创新能力高的人，其行为表现为流利、变通，其敏感性、评鉴能力也较高。这些个性特征都可以经过培养而有效地提高。他提出的增进创新能力的基本教育方针是：帮助受教育者消除自身的障碍，如习惯性行为、从众心理、自信心不强和冲动性行为等。提供给受教育者有利于创新活动的环境，如增进其知识、经验，促进其想象，延缓批判，激励受教育者积极进行创新，培养他们永无止境的探索精神。

3. 维廉姆斯模式

维廉姆斯继承和发展了吉尔福特的理论，在1972年提出了自己的创新教育模式。他认为创新力包括知、情两个方面：知，即知识，重点是流畅性、变通性、独创性和精神性；情，即情意，重点是好奇、想象、冒险和不怕困难。知、情合一就能产生创新。因此，他提出的教育模式是：仅提示似是而非之处；引导受教育者关注事物的属性；使用类比法推敲事理；指出差异或缺陷；提出启发性问题；注视变迁事例；讨论习惯的影响力；允许受教育者有限度地自由探索；教会探索技巧；培养对暧昧的容忍；允许直觉表现；强调发展性胜于调适性；鼓励选读创新发明家的传记；教育受教育者在做决定之前应充分权衡利弊、优劣；教会创新性阅读法；发展创新性视听的技巧；提高创新性写作技巧；培养视觉想象技能。

上述三种创新教育的基本模式既有区别，又有联系。吉尔福特—米克模式是从分析智慧结构入手，提出了智慧结构三因素说，并建立了形象的立体结构模型。在这以前的智慧结构模型大都是二因素说，多从思维形式和思维对象两个方面进行分析研究。吉尔福特却创新性地提出，不同的思维产品形状也决定了不同的智慧能力。特别是1988年的补充完善，形成了开放的三维模型，成为当代世界上最系统、最完善的人类智慧结构模型之一。后经米克的进一步研究发现，与人们的创新力有密切关系的不是吉氏模型中的所有类型的智慧，而主要是其中的二十二种，从而为创新教育选定内容、确定方式指出了方向和范围。该模式有其明显的不足之处，如对收敛运作的创新性认识不足，没有将其放在应有的位置。实际上，综合就是创新，而在这个模式中，收敛是包括综合的含义的。

帕内斯模式则从阻碍创新的因素分析研究入手。在他看来，消除了阻碍创新的因素，自然就充分地开发了人们的创新能力。帕内斯特别强调消除创新主体的自身的障碍，并经过深入研究提出了为克服这些障碍应有的主客观条件。这实际上也是提出了创新教育的内容和方式方法。但是这一模式也有明显的不足之处，它仅把消除创新障碍当成创新力的着眼点，在教育中只重视创新环境因素和创新者心理因素的整合，淡化了创新者本身素质的提高。实际上，创新教育不只要开发创新者的创新潜能力，而且还要培养和提高受教育者的创新潜能力和创新显能力。

维廉姆斯模式是在前二者模式的基础上总结概括后提出来的。这一模式更为概括简明，是仅包括知、情二因素的模式。他强调的是智力教育和非智力因素培养的协调发展和优化组合。作为一个创新者，不仅要学会进行发明创新的必要知识，更重要的是培养创新意识和适应创新的心理状态，学会独立发现问题、分析问题、解决问题的基本方法和能力。维氏模式的成功之处是对前两种模式的综合和发展，它用"知"和"情"两个因素包括了能力、心理、环境三个方面的教育内容。但是，这种综合是粗糙的，在"知"中包含能力和环境两方面的内容，本身就是一种模糊，也冲淡了环境培养的重要性。

（五）教育创新的作用及影响

教育创新理论研究中蕴含和发挥的文化创新意义，比之教育创新理论研究的直接满足教育现实需要的意义，具有对教育科学发展更系统、更基础、更深刻、更持久、更理性的促进作用。

1. 教育创新有利于培养创新型人才

所谓创新型人才，是指富于独创性，具有创造能力，能够提出、解决问题，开创事业新局面，对社会物质文明和精神文明建设做出创造性贡献的人。这种人才，一般是基础理论坚实、科学知识丰富、治学方法严谨、勇于探索未知领域，同时具有为真理献身的精神和良好的科学道德。他们是人类优秀文化遗产的继承者，是最新科学成果的创造者和传播者，是未来科学家的培育者。

2. 教育创新有利于人才树立创新的志向

随着知识经济的来临，竞争意识和竞争能力在文化创新发展中所处的地位越来越重要，越来越突出。现在，人们已清楚地认识到，各类不同性质的竞争实际上是人才的竞争，而人才的本质又在于创新，所以，从这个意义上说，竞争的本质也在于创新。虽然一个有强烈创新意识的人不一定立即有所发明和创新，但是一个没有创新意识的人则决不会有所发明和创新。现在，我国中年以上的人才大多是在计划经济中成长起来的，依赖性比较大，缺乏强烈的创新意识。因此，对他们进行创新教育，可以启动他们对创新的追求和向往。

3. 现代教育创新使人才产生进入创新境界的紧迫感

创新论认为，一个人知识量的多少将会决定这个人可能创新的层次与深度，但它并不决定这个人能否进行创新活动。因此，要从各个方面鼓励人才在具备一定的知识后不失时机地进入创新境界，边学习，边创新，在学习中创新，在创新中学习，不等，不靠，不要，积极发挥自己的创新才能，为文化创新做出贡献。如现在有许多大学生怀揣高科技项目，登记创办公司。有的边学习边创业，有的学习期间搞科研，毕业时带着"瓜熟蒂落"的项目搞产业化。

4. 现代教育创新使人才发散思维能力有所提高

诺贝尔奖获得者艾伯特说过，所谓创新发明，就是和别人看同样的东西却能想出不同的事情，而要做到这一点，就需要思维的发散性。思维上的这种发散性，可以从多角度对事物进行观察、质疑和思考，并可能直接导致创新发明。这就要求人才凡事都要问一个为什么，敢于思索，敢于探讨，敢于打破一切旧的框框套套。

教育创新理论研究的文化创新使命启示我们，必须对我们的教育创新理论研究活动进行双向的反思。一是应该提高人们对于教育创新理论研究意义的认识，即既应理解其促进教育现实进步的工具性意义，又应理解其促进教育文化和社会文化发展和创新进步的价值性意义。二是应该提高教育创新理论研究本身的品质，即从事教育创新理论研究工作的人们，应该坚持发散思维，以科学、理性的态度探索教育的未知领域，使新创造的教育理论具有深厚的哲学基础和现代性视野，具有坚实的传统文化基础和现代化前景，推动教育和文化的双重创新。

教育创新有利于人才创新素质的提高。由于创新教育涉及的面较广，因此，对人才的各个方面都会起着意想不到的作用，使他们能主动地研究学习、研究创新、研究工作等，从而在潜移默化中提高其创新素质。

现代教育创新有利于树立科学的人才观。长期以来，我们的教育所形成的人才观过分强调共性，往往用一个标准、一个模式去要求所有学生，采取"划一主义"而忽视了学生的个性，压抑了学生的创新性。这种人才观的存在不适应当代科学技术迅猛发展对人才的要求，更难适应知识经济的挑战。为此，现代教育必须破除这种观念，树立不拘一格的人才标准。一方面，要重视学生个性的培养，为学生个性的发展和张扬提供广阔的生活空间、创造良好的文化氛围、建立可靠的制度保障。另一方面，要打破传统观念的束缚，真正把创造性、创新精神作为衡量、培养人才的一项核心内容，积极鼓励学生质疑问难、异想天开、标新立异、勇于进取、敢于开拓、大胆创新。

现代教育创新对文化创新具有重要的意义。因为文化作为"人类所创造的一切物质和精神的综合"，其存在是普遍的和必然的。我们在本文中所说的文化创新，并非指社会当下流行的现实，而是指超越于社会当下文化水平的、具有文明和进步意义的先进文化。这种文化的创造，是一种需要超越历史的高水平的价值观念，它要求参与者必须具有高尚的学者情怀、不屈不挠地追求真理和坚持真理的理想和精神，有敢于蔑视和质疑权威和权势的勇气。而能够对文化创造产生积极意义的教育理论研究，则必须是具有真正的探求真理性质的研究活动。教育理论研究的文化创新意义，主要表现在两个方面。一是教育创新的文字成果对社会整体文明、进步的推动和促进；二是教育的实践成果对社会整体文明和进步的推动和促进。其中，教育创新文字成果的表现形式是指由教育学专业书籍、教育学专业论文以及各种教育性专业资料等组成。实践性成果则是指由教育创新理论指导形成的教育经验、教育方法、教育传统、教育体制等，这两种成果形式除了在具体的教育过程中直接推动教育创新发展外，还在观念上开阔了人们的视野，震撼、冲击甚至改变了们的思想，引起了人们的思索、交流甚至争论，教育生活观念的革新和进步，在很大程度上都得益于教育创新理论研究成果的启示和引导。

教育理论研究的这种促进教育文化和社会文化创新发展的作用，是一种促进社会和教育进步的根本性作用，能够对社会的科学发展产生深刻的、持久的、全面的积极影响。

三、优秀传统文化融入教育改革的途径

知识经济时代是一个不断创新、创造的时代，创新是一个国家经济可持续发展的基石。一个拥有持续创新能力和大量文化资源的国家，就具备了进一步发展知识经济的巨大潜力；相反，一个缺乏文化知识储备和创新能力的国家，就会失去知识经济带来的各种机遇。一个国家、民族要有创新能力，就必须拥有大量的人才，而人才的培养就必须依靠现代教育创新。

教育创新首先是教育观念的创新。解放思想、更新观念是教学改革发展的先导和动力。没有教育新观念的萌动，没有变革现实的要求，没有勇于改革的胆略，就谈不上教育创新。要以现代教育思想为指导，对人才培养目标、培养模式、教育内容、教育方法重新审视，对现有教育思想、教育观念深刻反思。努力探索教育发展的增长点和深化改革的突破点，以教育思想观念的新突破带动教育改革发展的新突破。观念创新是一个复杂和深刻的过程，涉及许多理论和实践问题。

在知识经济时代，教育创新将发挥更为重要的作用，承担更为重要的使命。因此，必须从根本上确立适应知识经济要求的教育创新观，坚定不移地推进教育创新。

（一）教育创新是文化创新的内在支撑因素

现代教育创新在文化创新发展中的功能是综合性的，但教育的功能又是随着文化的发展以及教育自身的发展而发展的，是一个动态的变化过程。在工业经济向知识经济过渡时期，创新教育正在发生深刻的变化，其中最为显著的特点之一，就是它的经济功能体现得越来越充分，使之成为知识经济时代文化创新发展内在的支撑因素。

教育创新对文化创新的意义主要表现在教育工作者们所提出的教育思想、教育理论和教育方法对人们教育观念的改变、教育体制的改革、教学过程的革新所产生的影响和作用方面。这种影响一方面通过教育创新实践中的教育制度内容的创新和完善、教育思想的进步和发展、教育方针的修正和更替等行为表现出来，使新的教育文化逐步地生成和扎根；另一方面通过社会各种媒体的传播和各种教育要素的作用，逐步地内化和渗透于人们的思想和意识之中，形成人们在教育问题上的共识，从而通过人们的言行、习惯、传统，沉淀为具有更新意义的教育文化。特别是一些著名教育理论家的具有前瞻性、超越性的研究成果，对传统的教育思想、教育方法具有深刻的批判和革新意义，强烈地冲击了人们的教育观念，提高了人们的认识，有些还被教育决策部门采用或吸收，转变为政府的教育政策，被以制度的形式固定下来。这种通过渐变形式生成的新的教育文化，完成了对旧

的教育文化的超越和替换，使文化的创新成为现实。

就一般意义而言，教育在现代文化创新发展中已在两个层次上体现着重要的经济功能。一个是狭义的层次，即在直接的经济运行和发展过程中体现的功能，主要包括：通过教育赋予文化创新以需求动力；通过教育的发展提高人才的科学文化素质，使之不断地提高劳动生产率，提高科技竞争能力。这不仅有利于文化创新的良性发展，而且有利于文化创新的可持续发展。第二个是广义的层次，即在文化运行发展的环境创设中体现的功能，主要包括：创新教育使文化创新的发展建立起应有的价值文化体系，确立健康的经济行为价值标准，使文化趋向文明发展；通过教育的发展，为文化创新发展创造健康的文化环境，从而为文化的发展与社会文明进步提供现实的协调基础。在这两个层次上，教育的经济功能已得到较为充分的体现。从这个意义上说，创新教育是文化创新发展的内在支撑因素。

知识经济使教育的经济功能得到进一步强化，这是由知识经济的本质及特征决定的。知识经济从本质上来说是主要依赖知识的进步以及知识的生产能力、知识的积聚能力、知识的获取能力、知识的应用能力的提高而得到发展的经济。它的主要特征可以概括为：财富增长基础的知识化，即财富的增长、经济的发展主要依靠知识资源的开发和利用；产业的软性化，即所有产业的知识含量进一步提高，以致实现产业的知识化；经济的柔性化，即文化因素构成经济发展、经济运行的重要内在力量；发展的创意化，即经济的发展、财富的增长越来越主要依靠民族的创新意识、创造能力；竞争的隐性化，即经济竞争主要依靠战略策略制胜、依靠竞争者良好的心理素质、依靠企业良好的形象等柔性手段；就业的学历化，即企业劳动岗位对知识的要求越来越高，等等。这一切都直接依赖于教育的发展和教育功能的进一步发挥。教育本身就是知识的生产过程，教育越是发展，知识的生产能力、积聚能力、获取能力、应用能力也就越强。只有教育的发展才能实现知识的进步，也只有教育的发展，才能从根本上提高劳动者的知识水平和获取知识的能力，从而使知识经济的特征成为现实的经济优势和发展能力。

（二）教育创新是现代社会的重要产业

早在三十多年前，美国的经济学家舒尔茨就认为，教育是一项"人力资本"，具有巨大的"经济价值"，是收益率极高的一项"战略性产业"。他的这一理论，极大地推动了各国的教育创新。教育的这种产业属性主要表现在三个方面：一是知识生产；二是物质生产（如北大方正、清华同方等校办产业）；三是人才生产，这是教育最重要的、最有代表性的生产。

在农业经济和工业经济社会里，虽然也有知识和技能，但并不起核心的作用，关键是靠劳动力、资源和资本等非知识性资源。到了工业经济的后期，科学技术、知识的作用才日益显现，但也没有占主导地位。所以，长期以来，人们对经济的认识、对产业的认识，总是与劳动力、资本、土地、矿产资源、工具等联系在一起，而没有与科技、知识、教育等联系在一起。

然而到了后工业社会，科学技术的贡献率明显增大。比如，在一些西方发达国家，科学技术对经济发展的贡献率已达到60%以上，也就是说，在现代的知识经济社会里，发展生产的主要要素已转移到知识、信息和科学技术上来，而知识、信息和科学技术都是由教育生产出来的，教育已成为生产知识的产业。知识的生产、知识的积累、知识的更新、知识的创新，乃至知识的传播，都要依靠教育。

早在19世纪50年代，马克思就提出"生产力中也包括科学"，即把科学知识作为生产要素的一部分。到了20世纪80年代，邓小平提出"科学技术是第一生产力"，即把科学知识作为生产要素中的第一要素。这正是由于在现代工业经济中，知识和科学的地位日益突出，作用越来越大。

根据分类，人类社会的第一产业是农业，第二产业是工业，第三产业是服务业，包括信息、知识教育。把教育归为第三产业，说明教育是从事知识的生产、经营和传播的一种知识性新型产业。因此，只有教育发展了，才能生产出大量新的知识，才能促进经济的发展。

教育是经济的先导性、基础性产业，是当代经济发展的主要源头。教育作为一种新兴的产业，从总体上说，具有以下四个特征：

1. 知识性

教育作为知识性产业，由于不是直接从事物质资料的生产，因而必须与第一、第二产业所代表的以物质资料生产为主要内容的所有产业区别开来，因为教育是以知识的生产、服务为主要内容的特殊产业。

2. 基础性

创新人才的培养靠教育，教育是基础，是根本。在工业经济时期，农业、交通、能源等是重要的基础产业，它们在知识经济的发展中仍然是重要的基础。知识经济作为一种新的经济类型，又需要有赖以发展的新基础产业的支撑，如信息高速公路、通信网络、教育的现代化等。其中，教育不仅是广义的知识经济发展的基础，而且，教育作为知识的生产者和传输者，是知识经济发展的直接基础。

3. 全局性

知识经济发展的水平、质量直接取决于全社会知识的进步，取决于知识的生产、积累、更新、运用的能力，而这一切又直接取决于教育的发展水平、教育的质量状况。仅从这一方面就可以看到，教育的发展水平将关系到知识经济发展的全局，与其他新的基础产业相比，教育是事关知识经济全局的基础性产业。

4. 先导性

"经济增长—知识进步—教育发展"的内在逻辑决定了教育是具有先导性的基础产业，因为只有教育的发展才能实现知识的进步，并最终促进经济的增长。因此，"经济未动，教育先行"是知识经济发展的新思路。同时，只有不断进行教育创新，提高教育质量，才能从根本上不断地加快知识的进步，提高其更新速度，从而加快经济的发展。上述四个方面的特征是一个有机的整体，充分说明教育是事关经济发展全局的先导性和基础性知识的产业。这是知识经济所要求的崭新的教育产业观。它不仅对教育创新具有重要的理论意义，而且对现实的经济发展也具有重要的实践意义。

（三）教育创新是重要的知识资本

在知识经济的发展中，资本的运动、价值的增值将越来越依赖于劳动力的复杂程度的提高，无论是复杂的劳动力还是复杂的劳动，已不再是主要表现为适应于一定劳动部门所要求的技能和技巧的提高，而是主要表现为科学文化整体素质的提高。具体来说，就是劳动力的知识含量和水平的提高，获取新知识和运用各种知识的能力的增强。可以说，在知识经济时代，较高级、较复杂的劳动力就是知识型的劳动力，较复杂的劳动也就是知识型的复杂劳动。因此，知识已是实现价值增值、资本增值的关键因素。正是在这个意义上，依靠知识进步实现财富的增长、价值的增值，是知识经济的本质特征。也正是在这个意义上，确立了"知识资本"这一崭新的主要内容，使资本的范畴进一步拓展。既然知识是劳动力及劳动复杂程度提高的主要内容，是价值和资本增值的关键，这就决定了教育不仅是资本运动、资本增值的要素之一，而且是其中的关键因素。

不仅如此，知识经济的特征还使教育费用在可变资本中的比重得到进一步的提高。这一方面是由于整体劳动力的复杂程度都在提高，从而使原来的普通劳动力都逐渐成为复杂的劳动力。它具体表现为全体劳动者接受教育的范围不断扩大，接受教育的程度都在提高，从而使教育费用的总量，在可变资本的总量中占有越来越大的比重。另一方面，随着知识经济的发展，又必然出现部分劳动者需要接受更高层次的教育，并出现更为高级和复杂的劳动力。从动态的过程看，为此而花费的教育经费及商品等价物也会越来越高，在可变资本中的份额也会越来越大。这两个方面将使教育费用在知识经济中逐渐成为可变资本的主要部分。

知识资本作为知识经济的新特征，主要表现为：依靠知识的进步实现财富的增长、价值的增值，资本的新运动使知识成为重要的资本；依靠教育的发展促进知识的进步和劳动力及劳动的复杂程度的提高，使教育的资本属性得到进一步的充分体现，并使之成为知识资本的重要组成部分。就教育与知识的相互关系而言，又可以把教育直接称为"知识资本"。

既然教育是重要的知识资本，在知识经济的发展中具有极其重要的作用，那么，投资于教育就是一种直接的、重要的经济投资，而且是回报率最高的资本活动。教育费用也不再是单纯的公共消费，而是一种预付，是一种经济活动，是价值的增值过程。明确这一点，对现代教育创新的发展具有重要的现实意义。

（四）教育创新是培养创新人才的保证

知识经济的基本内涵及总体特征表明，教育作为知识的生产过程，其发展水平和质量不仅直接决定着一个国家知识总量的积聚能力，而且从根本上决定着一个民族的知识进步和创新能力。总之，教育创新的质量直接决定着社会经济的知识化程度和人们的创新能力。知识经济的核心问题是知识的创新，而知识创新又需要具有创新意识的新型人才。这类创新型人才必备的素质，概括起来主要有下述两个方面：

1. 多种知识的综合及多元文化的融合能力

作为知识经济基础的"知识"，是各种知识的整合，或者说是各类知识的有机综合体。强调知识的系统性、综合性、整合性是知识经济与工业经济相区别的重要特征之一。作为工业经济的主体，强调人才的知识分类，重视某一领域学科知识的掌握和运用，即通常意义上所说的专门人才，这是由工业经济的技术性基础决定的。作为知识经济的主体，强调的不仅仅是对劳动的某一方面知识的掌握和应用，而且还包括对各类知识的整合。作为知识化的人才，必须具有对各种知识的系统掌握、融会贯通、互相渗透、综合运用的能力，这是由知识经济的知识性基础所决定的。因此，目前的教育创新必须注重基础知识的整合性。

同时要看到，知识经济不仅以整合性、综合性知识为基础，而且是以多元文化的并存和融合为纽带的。因此，在强调知识的整合、综合的同时，必须重视对多元文化的融合意识及能力的培养。在鉴别和扬弃的过程中，重视兼容并蓄。没有对多元文化的认同，没有对多元文化的兼容意识，没有对多元文化进行融合的能力，知识的整合性和素质的综合性也就缺乏内在的基础。因此，在进行教育创新的过程中，应当把多元文化的兼容意识和融合能力的培养放在应有的位置。

运用现代技术手段获取新知识的能力。作为知识经济的主体，强调的不仅是对过去及现有知识的继承、积累、掌握和应用，还要实现知识的不断更新，以期推动经济的发展。未来的知识经济的竞争，将主要取决于知识经济主体的知识更新和创新能力。因此，现代教育创新强调知识创新意识的培养是十分必要的，但仅仅停留在此是不够的，还必须充分重视获取新知识的能力的培养。为此，现代教育要通过创新性教学，不仅开发受教育者的潜能和促进个性发展，更为重要的是训练创新性思维。创新性思维是人才获取新知识、实现知识进步的关键。与此同时，要重视现代教育教学新技术的使用。在新技术的使用问题上，必须强调以下两点：

（1）要使新技术真正成为所有的人才获取新知识的手段，重在培养运用新技术、获取新知识的能力，而不是仅仅作为教学条件现代化的物质标志。

（2）增强"技术的透明度"，即打破新技术使用上的神秘感，强调让人才学会操作、学会使用，而不应为新技术本身的许多复杂问题所束缚。运用新技术更新知识、获取新知识，是知识经济时代人才素质的重要特征之一。

2. 把知识转化为现实财富的观念和能力

教育是创新人才的主要培养者，是文化创新的知识源。在知识经济时代，知识是财富增长中最具有决定意义的要素和力量，知识也是最重要的资本。但知识要真正发挥资本的作用，转化为现实的财富，还需要一系列的条件和环节。这里既有文化的体制问题，也有教育的机制问题，但最为重要的是使所有知识的主体即知识的拥有者，具有将多种知识转化为财富的能力，即以教育创新为本，以文化创新为先，以推进文化产业化为主要途径。

（五）教育创新能促进网络文化科学发展

教育创新不仅承担着为现实的教育发展提供革新思路和方案的使命，而且承担着创新教育思想、发展教育理论、建构新的教育理念和教育文化、推动整个社会文化科学发展的使命，包括方兴未艾的网络文化。

网络文化不仅构筑起一种全新的网络生活方式和生存方式，而且深刻地影响和潜移默化地改变着人们，特别是今天校园青年的认知、情感、思想与心理。大学生群体是网络的受众主体之一。因此，网络文化带来的严峻挑战非常明显。

1. 网络信息内容的多元化与现有教育理念的主导性

当今网络的优势赢得了学生的青睐和追逐，也自然伴随着产生了内容的多元性。特别值得重视的是，匿名传输是网上信息传输的一大特色。这不仅使别有用心者在摆脱了道德约束的状态下获得了同样便捷的制造流言与谣言的可能，增添了法律约束的难度，而且极易使痴心迷恋者受到蛊惑和诱导，跌入各种美丽的陷阱，显然，在这样的背景下，教育的主导性理念受到了多元信息流强烈的冲击、挤压与挑战。受众对信息的选择性又空前增强，多样化的社会经济成分、社会组织形式和社会生活方式，必然会带来多元化的思想观念、价值判断和情感评价。这些同样会在网络信息中以各种面目出现。因此，现代教育以什么样的对策来保证自身理念转输的主导性地位，就成为摆在眼前的问题之一。

2. 网络成员沟通的交互性与现有教育方法的单向性

导致学生乐在"网吧"的另一因素，则是在这一开放式系统中网络成员之间沟通的交互性。聊天室内，你可以不露声色地翻动"四海云水"，呼唤"五洲风雷"；公告板下，你也可以从容不迫乃至于毫不负责地说三道四，指点江山。每个上网者既接收信息，又制造信息，既相互沟通，又相互感染；而构成学生广泛参与、积极投入的暗含前提，就是交互性中沟通双方的资格平等，由此导致个体的心声可以纵情张扬。

在网络所构建的这样一个交互式平台上，学生的主体意识会被极大地调动和刺激起来，并将使其认知方式与情感评价产生连贯性的感染。这对我们教育传统的单向的教育方法的冲撞是最为突出的。所以，现代教育以什么样的途径来保证教育的实效性，是摆在我们眼前的问题之二。

3. 网络发展形式的创新性与现有教育模式的滞后性

网络是创新的产物，其创新的形式使信息的传输过程变成参与者主动的认知过程。

然而，现行的教育改革与学生的内在需求还有相当大的距离，某些效果并不尽如人意。在教学内容、教材建设、教学方法、教师自身素质等关键环节，自身改革的速度还跟不上发展的步伐。空泛的高谈阔论与媚俗的市井传闻都在教育中并存。现代教育以什么样的形象来适应这个创新的时代，是摆在我们眼前的问题之三。

今天，知识的创新对教育工作者而言更具有迫切性。因此，古人的"勤于睿思、博于问学"，更应成为教育工作者每日的自省。要找准教育创新的立足点。传统社会天经地义的师生关系，在信息社会有可能发生某种程度的动摇。因此，网络时代的现代教育应当构筑起教育中一种新型的师生互动关系。认识并尊重学生的主体性，调动和引导其选择性，与其在更加平等的教育环境中共同面对亦真亦幻的现实生活。在这种新型的互动关系中，除了思想导航者这一传统角色外，教育工作者更应是现代文化的传授人，是学生心灵的守护者。要积极探索教育创新的切入点。当前，教育创新不仅是保持思想政治工作生机与活力的需要，也是面向21世纪的现代教育真正吸引学生的前提。而切入点的选择既是创新的起点，也在很大程度上与最终的效果正相关。现在，教育创新的重要任务是帮助学生发现他自己的需要，并根据这种需要及其变化选择教育的切入点，这样做，往往会事半功倍，能帮助学生明辨他自己的长远利益，知道他自己的重大利益，拉动他眼前的现实利益，就有可能促使其在潜移默化中既获得利益，又受到教育。由此可见，文化时空发生的转换，对教育创新提出了很多的全新问题，传统教育正面临网络文化严峻的挑战，这些并非十分遥远的新事物、新观念，它将迫使人们"用冷静的目光"对现行教育思想、教育观念、教育制度、教学内容和方法进行全方位的反思。而教育的作用，特别是在大力普及电脑科技知识和传授文化观念教育的形势下，显得格外重要。

　　总而言之，面对21世纪的竞争和挑战，中国的教育创新应该如何发展？这是一个世纪性的问号，也是一个世纪性的话题。借鉴国际教育创新的发展特点，结合当前我国教育的现状，创新教育只有按照邓小平指出的"面向现代化，面向世界，面向未来"，才能顺应和适应世界的教育创新潮流，走出一条具有中国特色和时代特征的教育创新之路，为现代文化创新奠定坚实的基础，使中国的文化创新和教育创新在21世纪再创新的辉煌。

第二节　中国优秀传统文化带动文化产业

一、优秀传统文化传承创新对文化产业的影响

　　发展文化事业和文化产业，是社会主义文化建设的重要组成部分。发展各类文化事业和文化产业，都要坚持正确导向，把社会效益放在首位，做到社会效益和经济效益的统一，努力宣传科学真理、传播先进文化、塑造美好心灵、弘扬社会正气、倡导科学精神。要坚持解放思想、实事求是、与时俱进，根据新形势下社会主义文化建设的特点和规律，按照文化事业和文化产业的发展要求，不断推进文化体制和机制创新，支持保障文化公益事业，增强文化产业的整体实力及竞争力。这充分说明，随着信息时代的到来和知识经济的发展，文化的价值在人类创造文明历史的实践中已经日益凸显出来，尤其是计算机、互联网和数字技术的成熟，催生了高新技术支持的新媒体，改变了文化的生产、传播和消费的方式，以文化价值为灵魂，以科学知识为支撑，以现代传播手段为标志，由文化创意、文化继承、文化制造、文化传播、文化消费以及文化娱乐、服务、交流等诸多环节所构成的新兴文化产业已经成为产业集群。

（一）文化产业的内涵

　　文化产业理论诞生于19世纪40年代法兰克福学派著名学者霍克海默与阿多诺对文化工业的批判。其后，文化产业理论更多地在文化学、哲学的视野中进行研究，侧重于研究文化产业活动对文化、艺术等的影响。虽然文化产业在世界上引起关注已有半个世纪的历史，但是至今并没有统一的定义，甚至没有形成统一的称谓：它在美国叫版权产业，在英国叫创意产业，在西班牙叫文化消闲产业，在中国、德国、韩国等许多国家则叫文化产业。

　　国家统计局公布我国首个《文化及相关产业分类》，其中定义文化产业是：为社会公众提供文化、娱乐产品和服务的活动，以及这些有关的活动的集合。大致

分成三类：核心层，包括新闻、出版、广电和文化艺术等，主要是文化和旅游部、国家新闻出版广电总局、新闻出版总署管理范围；外围层，包括网络、娱乐、旅游、广告、会展等新兴文化产业；相关服务层，包括提供文化用品、文化设备生产和销售业务的行业，主要指可以负载文化内容的硬件产品制作业和服务业。

1. 文化产业是经济社会发展的必然产物

文化产业的出现，从一定意义上说，是文化自身的目的要求或者说是角色的回归。

人类社会的生产分为物质产品生产和精神文化产品生产，物质产品生产的目的是满足人们的物质生活需要，精神文化产品生产的目的是满足人们精神文化生活的需要。无论哪种生产，无论哪种需要，都是人类生存和发展所必需的。人们为了满足物质产品的需要，就必须不断提高征服自然、改造自然的能力，不断提高科学技术水平和生产效率。精神文化产品的生产也是如此，为了能够满足人们不断增长的文化生活需求，就必须不断提高文化产品的生产能力，扩大文化产品生产的规模，增加文化产品的品种、质量和产量，以满足人类的这一需求。为满足这一需求，一些成功的、被证明是有效的物质产品的生产方式、组织方式以及先进的科学技术在文化产品需求的作用下渗透到文化产品生产领域，而产业化或者说工业化的生产方式就是其中提高生产效率、促进经济发展的最有效的手段，这种物质产品生产方式在文化产品生产领域的渗透，就形成了文化产业，进而形成了多种门类、多种层次和多种类型的文化产品生产和服务体系，并从数量、质量、品种等多个方面满足人们的文化产品需求。因此，文化产业的出现是文化产品自身目的的一种自我实现，是自身角色的回归。通过这种自我实现和回归，文化产品实现了其满足人们精神文化生活需要的目的。

发展文化产业是文化产品生产方式和传播方式的要求。传统意义上的文化产品生产主要以个人生产为主，效率低、产量低，文化产品的传播也主要以生产者和传播者自身作为产品的载体和传播的媒介，传播范围窄、速度慢，不利于文化知识的传播和推广以及社会的进步。文化产品生产和传播作为观念、符号和意义的生产和传播，要求有着更快的速度和更大的范围，这是文化产品本身所需要的。在经济不断发展的情况下，物质产品效用的相对降低使人们有了对精神文化交流更迫切的渴望，于是打着科学技术印记的生产工具被越来越多地应用于文化产品生产领域，从活字印刷术、机械印刷再到今天的电子印刷，科学技术在文化产品生产中的应用越来越深入，极大促进了文化产品的生产，使文化产品能够以更快的速度在更广泛的范围内传播，也在更大程度上满足了人们的文化需求，实现了文化自身的目的。

发展文化产业是受众也即文化产品需求者的要求。受众是传播学中的一个概念，是指文化产品的接受者或者说消费者。传统生产方式和传播方式的落后，使得文化产品的受众范围狭窄。在传统的文化产品生产方式中，文化产品生产周期长，难以复制，产量少、成本高、价格昂贵，因此它只能作为一种精英文化、经典文化产品而只被上层社会所享用，对于普通消费者来说，文化产品是可望而不可即的奢侈品。而普通消费者作为社会最广大的需求和消费群体，对文化产品同样有着需求和消费的欲望，并且这种欲望随着收入水平的提高也变得越来越迫切。那么，如果文化产品继续维持在精英文化、经典文化的定位，就难以实现文化自身的目的，为了实现这一目的，就有了文化产业。文化产业的出现，使文化产品能够大规模地生产和复制，成本降低，价格也变得低廉起来，适应了大众的消费能力，拓宽了受众范围。从这个角度来看，这也是文化自身角色或定位的回归。在文化产业的作用下，文化产品从个别走向了一般，从精英文化转变为大众文化，从奢侈品转变为普通的消费品，它使得大众能够更多地消费文化产品，实现自身的享受需求和发展需求，从而在更大范围内满足了人们的文化产品需求，提高了人们的精神文化素质。

发展文化产业是文化自身价值的体现，或者说是文化价值的回归。文化产品价值可分为两个层次，第一个层次是文化产品的经济价值。在商品经济发展初期，文化产品是作为物质产品的附属物存在的，文化产品的生产和交换都在低水平上进行，文化产品生产者是非生产性劳动者，其生产劳动不作为社会生产性劳动的一部分，文化产品生产者在社会中地位低下，正如斯密所言："有一些非常令人愉快的和优美的才能，其拥有者能得到某种赞赏；但是为了施展这种才华，出于理性或偏见，被认为是出卖色相。"因此，文化产品生产没有自身独立的存在形式，而只能成为物质产品生产的附属物存在。在这种情况下，文化产品生产者的劳动不被社会所认可，文化产品的价值就很难体现，"这些非生产劳动者……艺术家、音乐家、律师、医生、学者、教师、发明家等等"也就只能获得菲薄的报酬。由于文化产品的生产也是一种投入产出的经济行为，在文化产品不成其为商品的情况下，文化产品生产的投入就很难得到补偿，如密尔顿精心创作的《失乐园》，只能得到五磅的收入，谈利润就更是一种奢望。文化产业出现以后，文化产品生产获得了正当的形象和社会地位，成为生产性劳动，文化产品生产者成为生产性劳动者，文化产品也变成了商品，成为必须通过市场交换、通过有偿手段才能获得的消费品。在文化产品的交换中，文化产品生产者的劳动得到社会的承认而成为社会劳动的组成部分，生产者的投入也就得到了补偿，文化产品生产获得了连续生产的经济保证。在这一文化产业化的过程中，文化产品的经济价值得到真正的体现。

文化产品价值的第二个层次是文化产品的文化价值或者说文化产品的智力价

值。在传统经济时代，由于文化产品生产者社会地位的低下，不仅本身得不到社会的认同，而且文化产品由于是无助于生产力发展的纯消费品也得不到社会的承认。因此，文化产品以及凝结于其中的生产者的心血成为任何人可以任意处置的东西，文化产品生产者的智力成果被忽略和滥用，影响了文化产品生产者的积极性。伴随着文化产业而来的是文化产品的商品化，在文化产品商品化的过程中，文化产品生产者的智力成果受到尊重，文化产品生产者成为自身智力成果的占有者，而要对智力成果这一无形效益进行使用必须通过有偿交换的方式。文化产品智力价值在文化产业条件下的实现，成为文化产业进一步发展的动力，提高了文化生产者的积极性和创造性，推动了文化产业的发展。综上所述，文化产业从社会需求、科学技术、文化产品自身三个方面来看，都有其产生和发展的合理的经济基础。文化产业是符合历史和社会发展规律的结果，是经济、社会发展的必然产物，是文化产品生产在商品经济条件下的具体表现形式。

2. 文化产业的特性

与一般物质生产的产业比较，文化产业的特殊性从产品看表现在六个方面：一是文化产业产品是满足人们的精神需求的，这是更高层次的需求。二是文化产业产品的生产者，必须是文化人力资本的拥有者，劳动者必须是具有创作才能的个人。生产文化产品中劳动的支付，完全是脑力的支付。三是文化产业是通过创造供给来培育和创造消费需求的。在文化产品未被生产出来之前，市场对比的需求是难以判断的，投资文化产品是要承担市场高风险的。创造文化产品，创作者或是靠涌动的创作激情，或是靠对市场需求的理性预期，不可能有明确的消费对象。四是文化产业的生产极具有创造性和个性。文化产品的生产是具有自主知识产权的原创性研究和发明的过程。每一件文化产品之间都具有不可重复性、不可替代性和不可再生性。五是文化产业的产品创造的是无形资产，积累的是品牌效应。同一产品被拷贝的次数越多，其产生的产值就越高。六是文化产业与其他产业有共生性和融合性。任何一个产业形态，都融入不同的文化内涵，酒文化、茶文化、饮食文化等，无一不反映着不同的文化价值取向。

（二）文化创新与文化产业的关系

从逻辑上讲，现代文化创新与文化产业二者是种属关系，文化是属概念，其内涵和外延比文化产业更广；文化产业是种概念，它包含在文化之中，是文化中可以用产业方式运作的那一部分。这一部分文化可称为经营性文化，在市场经济条件下，其范围越来越广，主要包括娱乐业（国外对娱乐业的界定范围很广，包括演出、电影等，我国的娱乐业主要指歌舞厅等娱乐场所）、演出业、影视业、出版业、网络业等等。文化中不可以用产业方式运作的那一部分，可以称为非经营性文化，主要包括义务教育、学术研究（包括人文科学研究和自然科学中的基础研究）、文学艺术以及图书馆、博物馆、文化馆等公益性文化。当然，这两部分文化并不是截然分开的，常常交织融合在一起。但是，区分这两类不同性质的文化具有非常重要的意义，这是我们认识文化与文化产业的关系的基本立足点。

既然文化当中的一部分并且是很大一部分可以通过产业运作方式获得利润，有时甚至可以获得高额利润，文化产业必然就应运而生。据此，文化产业可以界定为从事文化产品的生产和经营的行业，是一个以精神产品的生产、交换和消费为主要特征的产业系统，是一个涵盖包括文化艺术业、新闻出版业、广播电视业、电影业、音像制品业、娱乐业和版权业等在内的庞大的体系。随着经济的发展和社会的进步，人们的闲暇时间越来越多，对文化的需求和消费也日益旺盛，因此，文化产业通过满足人们的文化需求和消费，创造和积累了大量的社会财富，起到了增加就业、创造价值、刺激消费、涵养税源等重大作用，成为新的经济增长点。

因此，可以说文化产业从本质上讲是一个经济学的概念。文化产业的投资者和经营者的根本目的或者说主要目的是赚取利润，如果无利可图，人们绝不会去投资兴办任何一种文化产业，例如，世界上没有哪一个老板会去投资兴建一座图书馆或者一个歌剧院的。文化产业的经营者在经营当中必然要遵循经济规律、市场规律。尽管我们强调，从事文化产品的生产者和经营者不同于一般物质产品的生产者和经营者，要把社会效益放在首位，争取社会效益和经济效益的双丰收，但是在实际当中往往很难做到，因为这两个效益既统一又矛盾，以营利为目的的文化产业的经营者往往更多的是注重经济效益，那只"看不见的手"总是起着决定性的作用。

尽管文化产业的发展客观上能够满足人民群众不同层次的文化需求，能够在一定程度上促进文化艺术的丰富和繁荣，但文化产业作为一种经济行为，它不可避免地带有自身难以克服的缺陷和弊病。如果所有的文化都通过产业方式运作，一味地追求赚钱和利润，那将是文化的悲哀，也是发展文化产业的误区。那么，为了文化的繁荣和发展，为了社会的全面进步，如何消除和弥补文化产业带来的负面影响呢？除了要不断完善文化产业的政策法规，促使其健康发展之外，还要依靠国家和政府的力量，把文化中不可以用产业方式运作的那一部分，即非经营性文化建设好、发展好。

如果说经营性的文化产业其本质是一种经济行为、市场行为、商业行为的话，那么不可以采取产业方式运作的非经营性文化，即前面提到的义务教育、学术研究、文学艺术以及图书馆、博物馆、文化馆等文化的特殊本质就是它的创造性和公益性，其根本目的是提高国民的思想道德素质和科学文化素质。这一类文化是最本质最重要的文化建设，是一个国家发展的动力，是一个民族进步的灵魂，必须依靠政府的投入，或者国家制定相应的政策，予以必要的扶持和引导。这就是文化与文化产业的根本区别，也是政府与文化企业家的不同职责。

二、文化产业的地位与作用

文化产业不同于一般物质产业，文化符号、知识咨询与审美娱乐能够成为资源再生的文化资本，是因为人们有文化交流的需求与文化创新的能力。文化产业就是文化创造与文化交流的内容生产与知识服务，内容生产的知识元素与创新要素则是文化制作与文化资本的细节与灵魂，其中蕴含着文化资源的知识体系与文化资本的符号体系，形成文化产业的博弈规则与文化传播的知识服务，使人们在文化传播的知识、元素中不断学习到新的东西，又使文化资源形成产业元素的咨询服务与符号交易，形成文化资本的放大效应与内容再生产的增长方式。从中可以看到，从文化资源到文化资本的产业组织过程是社会交换与文化交流的交易模式基本内容，由此文化力变为生产力，在内容生产中促使整个生产方式与增长方式的变化。

文化产业不再单纯是文化，而是文化形态的经济活动，于是便产生了经营问题，要取得经济效益，就要求用经济的办法来经营文化产业，使它在发挥其固有的精神文明建设作用的同时，实现经济效益。这是一个全新的课题。近年来，我国的文化产业得到了较快发展。这是改革开放特别是党的十四大确立社会主义市场经济体制的必然结果，也是国际经济文化的交流与合作日益扩大的必然结果。文化产业的不断发展和壮大，有力地促进了人们的思想解放和观念更新，推动了文化体制改革，并且在社会经济生活中产生了重大作用和影响。

（一）文化产业的地位

文化产业已成为经济社会发展的新主角。一方面，我们应该利用当前国际文化产业分工格局正在形成过程之中的机遇，利用我国的比较优势，大力发展本国文化产业，抢占产业分工的有利地位；另一方面，我们不能过于强调比较优势，防止陷入"比较优势陷阱"。我国文化产业发展应走以资源为依托的需求导向型模式。

（二）文化产业的作用

文化产业是一个动态发展的概念，随着科技进步和经济的发展，其作用会越来越大。这些作用概括起来，主要有以下几个方面：

1. 发展文化产业能促进文化创新

文化产业是一种古老而年轻的产业门类，是各种门类文化产品和各种形式的文化服务在生产、交换、分配和消费领域得到实现的综合。自进入文明时代以来，人类所特有的经济活动和文化活动就成为人类发展的两翼。在我国古代，文化与经济已经发生了各式各样的联系。据《京师寺记》记载，东晋著名画家顾恺之为瓦棺寺画维摩诘像，点睛之日，公开向前来围观者索取施舍：第一日观者请施十万，第二日可五万，第三日可任例责施。结果第一天就"俄而得百万钱"。这比17世纪初在西方开始出现的艺术收费展览整整早一千三百多年。清代郑板桥公开悬挂笔榜，以卖画为生，更体现了文化的经济价值。我国古代艺术市场、艺术经营人才也出现得较早。唐初由于宫廷遣使购画，培养了一批精明活跃的名画商；宋代有了专做某一画家作品的书画经销商；清代乾隆年间出现了发达的书画市场，并且开拓了中国艺术品的国际市场。在我国古代艺术市场上出现的专门促成艺术交易、评价艺术品市场价格的"牙人"，实际上是我国较早的文化经纪人。

至于文化经济，则是到了近现代才开始出现的。随着工业社会的来临，科学技术的迅猛发展，文化生产、文化载体、文化消费发生了质的变化，文化艺术获得了空前丰富的发展和前所未有的影响力，出现了所谓的"文化工业"。当历史进入21世纪的时候，人类的经济活动已经逐步进入了知识经济时代。在这个时代，文化与经济已密不可分，不研究经济已无法更准确地认识文化，而不研究文化也无法更深刻地认识经济。文化作为人类精神的花朵，如果植根于经济的沃土，就会更加根深叶茂。而不断提高经济的文化含量，为物质产品注入文化之魂，已经成为经济进程日益强烈的呼唤。人们推动文化与经济的结盟，建设共同繁荣彼此支撑的经济文化共同体，警惕过度商业化对文化的负面效应，必将有效地消除当代社会普遍存在的文化的经济贫困和经济的文化贫困现象。

波特指出，经济发展的最后阶段实际上成了一种文化阶段，它关注人们个性的全面发展，因此指向了文化。日本知名学者日下公人在《新文化产业论》一书中还断言："21世纪的经济学将由文化与产业两部分构成"，"文化必将成为经济进步的新形象"。因此，文化经济的巨大潜力和它在21世纪经济社会发展中的巨大影响，引起了当今世界各国政府的极大关注。大力发展文化产业有利于培植新的经济增长点。经济的迅速增长，必然导致文化的迅速发展；而文化的迅速发展，也为经济发展提供了强大的动力。1985年，我国正式把文化艺术列入第三产业的行列之中，从而在整个国民经济体系中正式确认了文化的经济地位和作用。

2. 发展文化产业化能促进市场经济发展

文化产业的崛起是建立完善社会主义市场经济体制的必然结果，是顺应文化经济一体化发展趋势的必然选择，是满足人民群众日益增长的精神文化需求的迫切需要，是参与文化国际竞争的必然要求。

"文化产业"一词，自20世纪80年代传入我国后，对其内涵与外延的界定差别较大。当然，这种分歧是在承认文化产业的前提下的争论。广义地讲，文化作为一种产业是毋庸置疑的，因为一切有投入产出、按照社会劳动分工体系发展的要求而形成的事业都可称为产业。根据我国社会主义初级阶段的实际情况，可以把文化生产分成以下三类：

现阶段还难以产业化的文化生产。这主要包括：一是以知识、审美为取向的高雅的文化艺术和严肃的学术著作；二是以教育功能为主、思想和艺术相统一、具有很强的导向性的文艺作品；三是以提高全民文化素质为己任的部分公益性文化场所和文化事业；四是以青少年为对象，陶冶青少年情操，向青少年灌输正确的世界观、人生观、价值观的文化活动、作品和场所。这类文化生产的主要目标是追求社会效益，体现国家的意志和愿望，无法以市场为中介自负盈亏，因而不能产业化，只能由政府来生产和管理。

可以完全产业化的文化生产。其中包括大量消遣性、娱乐性、益智性的文化活动、作品和场所，如演出业、音像业、旅游业、体育业、广告业、集邮业、收藏业、印刷发行业、信息传输业、教育培训业、咨询服务业、文化经纪业、装饰设计业、工艺美术制作业、文化设施工程业等。这类文化生产以经济效益为主要目标，它们能够以市场为中介实现自负盈亏，应该完全产业化。政府对其生产经营应只"管"不"办"。

以上两种类型的文化生产，其界限是不断变动的。由于文化产品具有两重性质，人们看到更多的是文化产品的教化审美导向属性，把文化生产单位看成非物质生产部门。因而，从一开始，文化生产单位就被定性为事业单位，文化产品的商品属性被长期掩盖了。在这种认识的支配下，文化产品所特有的巨大的经济价值得不到开发，文化产业的地位迟迟不被认可。在市场经济初期，由于认识的滞后和混乱，文化生产经营机制和管理体制还远未建立起来，从而导致文化市场的脆弱和失范。因此，推进文化产业的发展，必须对文化生产和文化市场进行战略调整。

总之，创新是文化产业的生命力，文化产业的精神性、流动性和意识性，都在选择性的竞争中，新的内容、形式、风格样式层出不穷，任何文化工作者，实际上都自觉不自觉地进入了一个与时俱进的更新境界，这是文化产业和文化的神韵之所在。发展文化产业，就要坚持创新、支持创新、鼓励创新，对自己不认识、不理解的文化产业的新事物不要扼杀。创新性的关键是解放思想、尊重科学、重视人才，政策要宽容，环境要宽松，无论是内容创新、形式创新、经营模式创新，还是文化体制创新，都需要精心地研究支持，都需要更多的关心和爱护、理解和帮助。

三、文化产业存在的问题及对策

在国际社会越来越重视软实力的今天，大力发展文化产业和文化贸易，全面提升文化竞争力，对于中国的科学发展具有重要意义。早在1980年，联合国教科文组织大会就对文化产业的作用有两种不同观点：一种认为文化产业带来希望，大众传播媒体是文化对话的工具和手段，而文化对话是和平的基础；另一种则强调文化产业可能带来副作用，可能会对原生文化和生活态度造成破坏。因此，我们要在充分认识发展文化产业的战略意义的同时，认清文化产业的两面性。在世界文化多样化面前，趋利避害，扬长避短，大力发展先进文化，支持健康有益文化，努力改造落后文化，坚决抵制腐朽文化，保持和发扬中华民族文化的特色，借鉴和汲取人类文明的成果，坚持文化创新精神，不断提高我国文化产业的整体实力和竞争力。

（一）文化产业的特点及分类

文化产业是以智力资本、文化资本、数字资本为运营方式的新兴朝阳产业，有巨大的包容性和潜力，完全可以发展为我国经济的重要支柱。

1. 文化产业的特点

文化生产（文化创造）属于精神产品的生产，其不同于物质产品生产的根本区别有以下几个方面：

物质产品的生产以经济效益为主，追求利润的最大化是天经地义的；精神产品的生产以社会效益为主，当社会效益与经济效益发生冲突时，必须把社会效益摆在首位，或者说"以社会效益为最高准则"。

物质产品的生产成果为物质形态，一般都有可以计量的价值和价格；精神产品的生产成果为观念形态（虽然总是附着在一定的物质载体上），它的价值和价格往往难以明确计量，有时甚至出现价值与价格乃至投入与产出的严重背离。

物质产品的生产满足人们的物质需求，其使用价值是短暂的；文化产品的生产满足人们的精神需求，这种精神的消费是可以重复进行的，其价值是永恒的。鉴于此，精神产品的生产亦即文化生产，其投入产出不能搬用物质产品生产的规律。特别是在市场经济条件下，物质产品的生产由市场自然调节，政府一般不进行干预，也很少投入，而精神产品的生产，尤其是原创性的文化创造和公共文化建设，则必须由政府通过财政投入给予经费保障，或者制定法律和有关政策引导社会予以扶植。

由于科学技术的推动和经济全球化进程的加快，文化产品的生产出现了"按照工业标准生产、再生产、存储以及分配文化产品和服务的一系列活动"，人们称为"文化产业"或"文化工业"。作为一种产业，文化产业与传统意义上的文化生产（文化创造）有着很大的区别与不同。首先，文化产业是一种经济行为，其投入产出和生存发展取决于市场；传统意义上的文化生产必须依靠政府的投入，目的在于繁荣文化。其次，传统意义上的文化生产是一种发挥个人想象力和独创性的文化创造，即原创性文化生产；文化产业则是一种工业化、标准化的文化生产和服务。最后，传统意义上的文化生产是文化产业赖以发展的基础和条件，前者是"源"，后者是"流"；前者是"创新"，后者是"传播"，如果没有原创性的文化生产，批量化、机械化的文化产业就只能是无源之水、无本之木。

2. 文化产业的类型

繁荣发展文化与文化产业，必须遵循一个重要的原则，就是分类指导的原则。文化与文化产业没有截然的界限，经营性文化与非经营性文化也不总是泾渭分明，相当多的情况下是交叉混杂在一起的，因此大体上可以分为三种类型：

（1）公益性文化

这一类文化主要是为公众提供无偿的文化服务，这一类文化不可以通过产业方式进行经营，必须由政府投入予以保障。对政府兴办的图书馆、博物馆、科技馆、文化馆、革命历史纪念馆等公益性事业单位，应给予经费保证。

（2）准公益性文化

这一类文化虽然可以通过产业方式进行经营，或者可以获取一定的经济收益，但其收入远不能达到其从事文化创造或艺术生产所付出的劳动价值，需要国家予以补偿。对反映国家和民族学术、艺术水平的精神产品，代表国家水平的艺术院校、表演团体和国家重点文物保护单位，有代表性的地方、民族特色艺术团体，要加大扶持力度。

（3）经营性文化（营利性文化）

这一类文化完全通过市场用产业方式进行经营，其中有可获得高盈利者（如歌舞厅等娱乐业），可采取高税收；也有属于弱质产业者，则需要国家通过政策予以扶植。对于这三类文化，政府应主要集中精力管好前两类，尽管第二类文化中包含有文化产业的成分；后一类是纯粹的文化产业，则应当交给市场，国家通过制定必要的政策法规，规范其经营，促进其发展。

诚然，这里说的政府要管好前两类文化，并不是说像计划经济时代那样由政府包办一切。特别是第二种类型的文化，必须建立起与市场经济相适应的竞争激励机制，在管理方式上可以也应当引进产业运作方式，这正是文化体制改革的重要内容。但是，需要明确的是，在文化事业领域引入必要的产业运作方式，不能说成"文化产业化"，"产业运作"与"文化产业"是两个不同的概念范畴。

（二）文化产业存在的问题

我国是一个文化资源大国，近年来，在党和政府的正确领导下，文化事业和文化产业发展很快。但是，目前在文化产业发展中还存在一些问题，这些问题主要是经济、科技、体制等方面的原因，使文化产业发展很不充分，总量规模偏小，社会化、产业化程度低，处于弱势产业的地位。我国文化资源和文化市场的优势尚未转化为文化产品和文化产品竞争力的优势，文化产品和文化服务在国际国内文化市场中所占有的份额与发达国家相比还有很大的差距，限制了文化产业与文化创新的发展。具体表现在下述几个方面：

1. 文化创新能力不强

这些年大量引进的各种西方学说、思潮，无不影响和制约了中国文化界的原创能力的焕发。因此，要推进国家文化创新能力建设，就必须首先着眼于思想观念的转变、更新和理论的创造，立足于中华民族五千年文明所承传下来的丰富的思想文化资源，在总结近百年来中华文明创造的全部文化成果的基础上，融合世界一切优秀的文明成果，以独立之精神，自由之思想，创造属于当代中华文化的新概念和新理论、新艺术，建立新国学，全面寻回对中华民族文化创新能力的自信。

2. 在认识上存在片面性

文化的繁荣是文化产业发展的前提条件。没有高水平的文学艺术，包括小说、诗歌、戏剧、电影、音乐等原创性的文化的繁荣，演出、音像等文化产业便成了无源之水、无本之木，如何能够发展起来呢？同时，没有一定的经济环境和条件，没有相当购买力的文化消费者，发展文化产业也只能是一句空话。因此，文化产业既有赖于文化的发展水平，也有赖于经济的发展水平，没有高度发展的经济和高度发展的文化，要想取得文化产业的大发展是不可能的。换句话说，发展文化产业必然受一定的经济和文化的制约。

目前，与发达国家相比，我们发展文化产业必须扬长避短，发挥我国历史悠久，文化内容优秀、多样和底蕴深厚等优势，充分释放所隐含的巨大经济潜力，这是发展我国特色文化产业十分重要的方面。

3. 文化产业结构不合理

文化产业发展的城乡差别明显。与经济发展程序相适应，文化产业的发展在城镇与乡村存在着极大的差别，居民用于文化方面的消费结构产量失调。如城乡间特别是不同阶层居民间收入差距过大，大量中低收入阶层在扣除衣食住行、医疗、养老和教育准备后，可用于文化消费的收入其实很少，消费能力严重不足。基于城镇与乡村在生活环境及消费需求方面的差异，政府在构建产业政策方面必然表现为优先发展城镇文化产业，激活城镇文化消费，其次才是考虑农村文化产业的规划。经过近十年的激烈竞争，文化产业在城镇确实取得了突飞猛进的发展，农村文化产业的发展则相对较为薄弱，但随着生活条件的逐步改善，农村文化产业的发展相对于城镇文化产业而言，具有更大的潜力，对于就近解决农村劳动人口就业，促进农村城镇化进程具有极为重要的意义。

文化产业的投资结构严重不合理，民营资本应当成为文化产业发展的强劲动力。文化产业的投资结构不合理，主要表现为国家投资的比重过大，利用外资和社会资本的比重则相对过小。文化产业仍然被作为社会福利事业，主要由国家予以扶持和支撑。但是，实践证明，单凭政府的力量无法解决长期困扰中国文化产业发展所需的资金和技术、人力、管理不足的问题，因此，要真正在推进现代化进程中做到中国文化生存和创新发展的长治久安，就必须借助民营的力量，制定和实施文化产业民营化的发展战略。

第六章　中国优秀传统文化传承与发展的路径

第一节　完善中国优秀传统文化的传承机制与对策

一、完善我国历史传统文化传承机制

近年，我国在弘扬优秀传统文化，探索优秀传统文化传承路径上取得了很大的进展，涌现出了一大批优秀文化、文艺作品，成就辉煌。但是，我们也应该看到，中国优秀传统文化在传承过程中面临着不少问题和缺陷，严重影响着我国传统文化的健康发展和传播。

建设优秀传统文化传承体系是一项系统工程，需要从不同方面进行努力。我们要全面认识传统文化，取其精华、去其糟粕；应该强化对优秀传统文化书籍的整理和出版，使传统文化典籍数字化、规范化、标准化，同时加大对少数民族特色文化进一步发掘的力度，做好非物质文化遗产的保护工作等等。在建设优秀传统文化传承体系和传承机制方面，我们还有许多问题有待解决。

第一，尚未完善相关传统文化保护的法律、法规建设和政策保护措施。

随着时代的发展和进步，尤其是在经济全球化和世界一体化的日益加深，社会主义市场经济体系不断健全和完善下，人们的生活方式发生了翻天覆地的变化，科学技术飞速发展，新型的产业和文化形式层出不穷，持续不断地冲击着传统文化，致使我国的优秀传统文化发展面临着巨大压力，甚至面临失传和消失的境地。加上缺少相关法律和政策的支持和保护，一些传统的民间技艺和文化艺术形式等非物质文化遗产正日益淡出人们的视线，人们对其保护的重要性认识不足，保护意识有待进一步提高。

第二，没有完善的传统文化传承工作机制和管理机制。

没有完善的工作机制和管理机制，文化传承就没有办法系统、有效地开展。在市场经济的今天，文化也变得越来越离不开市场。由于缺乏系统的工作机制和有效管理，文化市场秩序混乱，参差不齐。一些文化企业和文化集团为了追求片面的眼前利益，使其过于商业化，完全不顾社会效益，一些传统文化形式和产品，被商家拿来炒作，变成了他们盈利的工具，导致文化品质的急剧下降，使传统文化变了味，低俗化。正所谓"文化搭台，经济唱戏"，一切为了金钱，致使传统文化庸俗化。上述这些现象都需要相关部门进行干预，甚至控制，加大管理力度，完善目前的工作机制。

第三，宣传和传播机制不健全，文化的传播品位不断下降。

在市场经济的今天，文化的商业化不断加深，加上没有相关文化传播机制的制约和管理，致使一些文化产品的宣传变成了相关人员和部门企业的赚钱工具，严重偏离了注重社会效益的原则和传播优秀传统文化的责任，过度迎合市场，传播过程中文化品位不断下降。一些主流电视媒体，忘记了自己的文化身份，缺乏文化自觉，不能推动文化内容形式、体制机制、传播手段的创新。比如，电视节目单纯追求收视率、报刊书籍盲目追求发行量、名著改编沦为"戏说"等，致使文化品质急剧下降，甚至沦为精神毒药。一些网络和媒体在传播过程中，不惜传播低劣内容，曝光名人隐私，传播封建迷信，热衷于恶意炒作。

所以，优秀传统文化的传播必须配以健全的传播工作机制来制约和管理文化传播主体，引导正确的传播形式、内容以及手段。加强和改进新闻舆论工作，把握正确的政治导向、价值导向和稳定导向，创新宣传工作，加强宣传工作的宏观管理和服务，加强和改进舆论监督。

二、完善我国历史传统文化传承机制的途径研究

（一）建立政府主导下的利益导向机制

1. 完善传统文化管理制度，加强政府倡导

优秀传统文化的传承，离不开政府部门的大力支持和管理。政府要建立权威的传统文化管理制度，就要不断强化管理，进行有效的组织和有力领导，把相关工作落到实处，切实履行职责，突出传统文化建设的重要作用。各级各部门应该把这项工作纳入日常工作日程，做好协调和统筹工作，加大宣传力度，制定相关有利于传统文化发展的法律和规章制度，完善政策利益导向机制。同时，要做好责任分工，明确责任，一定要确保各项传统文化建设工作落到实处。另外，做好监督、检查和预警机制，强化奖惩措施和力度，要始终明确传统文化建设各项工作的进展情况，层层分解，层层把关，完善具体的奖惩方法、业绩考核机制，把

传统文化建设和发展纳入领导班子年终考核体系之中，并作为一项衡量领导班子成员相关业绩的主要内容来抓，使各级各部门的积极性能够最大限度地调动起来，共同投身到传统文化建设的大潮中。努力实现党的十八大关于传统文化建设和弘扬传统文化的各项要求、各项任务，实现传统文化建设的奋斗目标和具体任务，大力宣传文化战线涌现出的先进典型，形成全党全社会共同推进传统文化大发展、大繁荣的浓厚氛围。

同时，要不断强调建立健全党政统一管理、组织协调、分工负责的工作机制的重要性，争取形成全党全社会齐抓共管、积极参与的良好工作局面，完善传统文化建设的相关目标责任管理制度，出台具体的工作细则和日常考评办法，加大对传统文化建设进程的监督和考核力度，讲究实效，确保完成党的传统文化建设的各项工作目标。把握传统文化发展的新脉搏，研究传统文化宣传工作的新特点和新规律，并制定新的行之有效的工作办法，切实解决传统文化建设和发展过程中所面临的新问题、新困难。把加强传统文化建设、弘扬优秀传统文化与经济、政治、社会各领域工作一同研究部署、一同组织实施、一同督促检查。

2.健全传统文化建设工作机制，加强部门协作

建立和完善传统文化工作机制，是实现文化兴国，推进文化大发展、大繁荣，传承优秀传统文化的重要保障。要从继承和创新相结合的角度，加强党和政府的统一部署和领导，各级各部门齐抓共管，互相协调分工，各尽其职、各负其责，从思想上重视传统文化建设，将全社会、全国的力量拧成一股绳，合成一股劲，形成全民参与的工作局面，激发阶层参与传统文化建设的热情。要根据传统文化发展的具体内在要求来稳步推进传统文化建设工作机制的发展和完善，同心同德，齐心协力共同把我国的传统文化建设推向新高潮。

（二）切实完善相关的政策保障机制

建立健全优秀传统文化的传承机制，相关的政策法律保障要先行，我们的传统文化传承不仅需要我们个人的重视，还需要国家配以完善的法律和政策来保障实施，为传统文化的不断传播保驾护航。这就需要我们充分发挥主观能动性，制定文化管理政策，科学地管理和开发文化资源，勇于创新，建设一套完整的、科学的传统文化建设保障体系。

1.加大投入力度和政策扶持力度

优秀传统文化建设是个系统工程，需要不断注入相关资金投入来支撑，没有资金投入，传统文化建设将寸步难行。我们应该为长远考虑，为子孙后代和国家、民族的兴衰考虑，加大投入力度，合理规划资金的使用支出，完善相关财政和政策保障机制。引导各项资金向传统文化事业和传统文化领域流动，积极拓宽资金来源渠道，提高文化事业的财政支出比重。加大对传统文化产业在土地、财税、

价格和投资等方面的扶持、奖励力度，设立专项资金，合理安排年度预算计划，切实保障好传统文化建设的顺利进行。同时，加大对个体企业和其他社会组织投身传统文化建设的鼓励和支持力度，千方百计地筹措资金用以支持传统文化建设领域，加强传统文化政策的开发与创新建设，积极拓展传承体系建设。充分发挥政府职能，从宏观上引导，从微观上调节，利用一切手段和方法为传统文化建设铺路，搭建平台，加强国际合作，主动参与国际竞争，保护好弱势企业，防止受到过分的冲击，为其建设良好的政策环境和氛围，从根本上创造有利于传统文化发展的宽松环境。

2. 加强基层文化人才队伍建设

传统文化人才的培养与开发与传统文化产业发展相互影响、相互促进。把加强人才队伍建设作为重中之重，发展、壮大传统文化事业，需要大批的专业人才，紧紧围绕文化体制改革加大人才培养力度，完善人才培养体系，做好人才后期培训，把文化人才的培养纳入传统文化建设的体系之中，作为一项经常性工作来抓，牢固树立"人才资源是第一资源"的观念，加快人才引进和保障措施建设，合理规划，科学编制，积极引导具有高水平文化知识的人才走出城市，进入城乡，扎根基层、服务基层，树立服务基层、面向基层的价值观、世界观和人生观。党和政府应该把文化人才的开发作为重点来抓，着力培养一批有实力的文化企业家。完善人才培养的工作、政策机制建设，为文化人才创造良好的培养和工作环境，使人才队伍不断壮大，传统文化创新和创造力得到最大限度的发挥。

加快传统文化产业发展创新，要紧紧依靠专业的文化人才，特别是具有全面的综合素质的高端人才。但是我国这方面的人才还比较匮乏，人才需求与传统文化建设失衡，传统文化人才市场质量普遍不高。国家必须加强人才队伍建设，完善政策利益导向措施，面向社会、面向市场，树立传统文化创新离不开优秀文化建设人才的理念，狠抓落实，建成科学的选才用才体系。

3. 鼓励各地开展地方特色文化事业

文化是地理环境、社会形态和生产方式等相互作用的产物，它的生成和发展无不带上地方特有的传统印证。文化积累越浓厚，地方特色越久、越鲜明、越独特。我国优秀的传统文化就是由各个民族、地方各具特色的文化组合而成，鼓励不同地方和民族开展特色文化是传承传统文化的重要内容和方式之一。

充分认识少数民族优秀文化对于整个中国优秀传统文化的重要作用和意义，是繁荣少数民族文化的思想前提。在建设少数民族传统文化的过程中，要时刻保持头脑清醒，要有强大的历史使命感和责任感，切实增强为少数民族地区服务的本领，贯彻和落实科学发展观，满足少数民族群众基本的文化权益和需要。把繁荣少数民族文化这个任务放到战略性高度，加强对各少数民族传统文化的进一步挖掘和保护，做好文物以及非物质文化遗产保护工作，做好文化典籍的整理和出版工作。同时要求我们实事求是，一切从实际出发，根据不同地区的不同情况，包括经济社会发展水平、民族风俗习惯等，因地制宜。完善少数民族地区传统文化保护的各项规章制度，实行特殊的优惠政策对少数民族地区进行照顾。进一步发掘不同地区的特色传统文化深刻内涵和宝贵价值，实现少数民族地区传统文化的不断繁荣和发展。为少数民族地区文化的发展添砖加瓦，最终实现党的民族政策和文化建设目标。近年来，国家先后出台了一系列优惠政策，颁布了一系列的法律法规，切实加强了对少数民族地区传统文化的保护工作。

（三）以产业化之路推进文化传承机制创新建设

文化产业化一词最早是由法兰克福学派的阿多诺（Theodor Adono）和霍克海默（Max Horkheimer）提出的，在1947年出版的《启蒙的辩证法》一书中，他们首次提出了"文化工业"的概念。他们认为，工厂运用现代化的科学技术，生产出来大量被集约化、规模化和市场化的文化产品。这些文化产品通过大众媒体，如电影、电视、广播、报纸、杂志等传播给民众，也就是文化产品的消费者。所以说，文化产业化就是指将文化业进行集约化、规模化和市场化发展，以便创造出符合社会和大众需要的文化产品。

在当今这个社会，科学技术突飞猛进，经济社会不断转型、变革，人民的生活日益丰富多彩，对文化产品的要求也就愈来愈高。要推进传统文化建设不断前进，满足人民的文化需求，就要走文化产业化的道路，要推动文化产业跨越式发展，也就必须构建现代文化产业体系，需要我们不断创新，创新传统文化产业的生产方式。传统文化发展的根本动力在于改革创新，改革是促进传统文化建设不断前进的必由之路，创新则是文化发展的制胜之道。我们要抓住机遇，进一步探索文化改革的新思路，以改革盘活存量资源，以创新增强发展活力。要继续深化文化体制改革，推进国有文化单位改革，加快经营性文化单位向企业制的改革，正确引导社会资本、非公有制文化企业以多种方式参与国有经营性文化单位的改制，促进文化生产要素和社会资源、力量向文化产业聚集，促使传统文化产业不断壮大、做强，形成规模。

（四）完善依托现代传媒技术的传播机制

文化的发展就是一个传播的过程，一个民族的文化影响力，取决于其包含的思想内容和其所具备的传播能力。文化传播能力越强大，其文化覆盖的范围就越宽广，他们的思想文化和价值观念就能在全世界范围内得到广泛的传播，也就必然更有力地影响这个世界。党的十八大报告提出，要构建和发展现代传媒体系，提高传播能力。这是弘扬中华民族优秀传统文化的重要手段和必由之路，关系到优秀传统文化传承的成败。建立健全现代化的传统文化传播体系，形成覆盖范围广、传播技术发达的现代化的传播机制，这是提高我国优秀传统文化在世界上的影响力的重要举措和必然出路，所以就要求我们加强对相关报纸杂志、出版社以及广播电台和电视台的管理，深化传统文化传播媒体的机制改革和创新，加强国际传播能力建设，打造国际一流媒体。近年来，我国文化宣传部门大力加强了传播能力建设，统筹报刊、通讯社、广播电视，以及互联网和出版社等多种媒体，统筹有线、无线、卫星等技术手段，加快建设现代化文化传播体系的步伐，积极拓宽文化信息传播渠道，丰富传播手段，成立专业的传播队伍，会聚专业文化传播人才，凝聚力量为传统文化的传播贡献力量。但是，由于我国目前正处于经济社会飞速发展时期，人民群众的文化、精神需求在不断增长，与此相比我们的传播体系还略显单薄，传播技术和传播能力与世界先进国家还有一定差距。在今后的工作中，我们要努力发展具有高科技含量的传播技术，使其与我国经济社会的发展相适应，与人民群众的需要相适应。这项工作任重道远，需要付出相当的智慧和汗水。

三、优秀传统文化传承与发展的对策

在继承和发展传统文化的实践中，坚持正确的传承原则只是做好传承工作必不可少的前提，要使传承工作落到实处且卓有成效，还必须通过政府主导和社会参与的模式，采取合理有效的保护方法和措施。传统文化保护工作不仅是单个群体和个人权益的实现，更是政府行使公共文化服务职能的重要体现，是社会公益文化事业的重要组成部分。中国大地悠久的历史和深厚的文化底蕴形成的传统文化遗产，是延续中华文化的命脉。因此，应按照科学发展观的要求，采取多样化的方法和手段，构建起有效的传统文化传承体系。

（一）长效机制的建立

所谓长效机制，即能长期保证制度正常运行并发挥预期功能的制度体系。为了传统文化的继承和发展，各级政府必须制定相关的政策与法规，为传统文化的继承和发展提供制度上的保障。通过传承传统文化的长效机制保证传统文化在当下西方强势文化和现代多元价值观的冲击中，在急功近利的经济效益诉求下，冲破自身本体农耕性的束缚，摆脱商业附庸性，从而保持传统文化的纯度。该长效机制突出各级政府在传统文化传承主体中的主导作用。政府是建立这一长效机制不可或缺的领导者、策划者、组织者和协调者。为确保传统文化传承工程的顺利进行，各级政府需做好以下几个方面的工作。

1. 进一步制定保护传统文化资源的具体措施

保护传统文化资源是当代传承传统文化的前提。要使保护工作落到实处且卓有成效，还必须采取合理有效的保护方法和措施，具体措施如下：

其一，实行系统性立法保护。目前，我省根据国家相关的文化保护法规，对传统文化资源采取了相应的立法保护措施。

其二，实行传承性保护。传承性保护主要是针对非物质文化遗产项目传承人的保护。在非物质文化遗产的保护中，对项目传承人的保护应该是保护工作的重点。被命名为民族民间传统文化传承人的应当是"本地区、本民族群众公认为通晓民族民间传统文化活动内涵、形式、组织规程的代表人物"，或者是"熟练掌握民族民间传统文化技艺的艺人"，或者是"大量掌握和保存民族民间传统文化原始文献和其他实物、资料的公民"。其命名应当经过本人申请或他人推荐，并经初审、审核、批准的程序。传承人可以按师承形式选择、培养新的传人。民族民间传统文化传承人依法开展的传艺、讲学及艺术创作、学术研究，受到政府条例的保护。对于被命名的民族民间传统文化的传承人，命名部门应当为他们建立档案，支持其传承活动。生活确有困难的，由当地政府适当给予生活补助。只有对传承人实施有效保护，才能保护遗产类文化资源的原真性、多样性和完整性。

最后，实行知识产权保护。近年来，优秀传统文化被抢注事件屡屡发生，杭州就发生过老字号被抢注，最后不得不高价购回商标的事件，为传统文化保护敲响了警钟。传统文化遗产是人们在长期的生产生活过程中在前人经验的基础上进行了自己的创造，形成了自己的特色。因此，很多项目涉及知识产权的问题。保护传统文化，明确传承人也好，确定项目也好，这本身也是对于这些传承人所创造的技艺和文化传统的认可。对于设立保护人、保护项目本身也是保护知识产权的重要措施，有些还要和保护知识产权的法律法规结合起来，使保护逐步走向科学化、规范化、法制化的道路，使创造成果能够得到法律的保护。

2. 因地制宜开发本土传统文化资源

全省范围内开展"家乡传统文化再兴行动"，鼓励各地结合自身特色，采取灵活多样的形式，开发利用本土传统文化资源。

其一，依托现代艺术设计开发地方本土文化资源。对地方文化资源的开发是一项长期艰巨的任务，是一项规模宏大的系统工程，对文化资源开发的宣传传播，必须营造其舆论氛围并形成开发的共同信念和文化联系，以吸引全国各行各业都参与进来，并吸引国外资本、技术、人才投入开发中，加快开发的进程，提高开发的效果，实行最广泛的信息交流与沟通。现代艺术设计可凭借本身具有的文化特质和丰富的内涵，担当起实现最有效地沟通的角色。

其二，以旅游为突破口，开发地方本土传统文化资源。旅游在促进文化发展方面能发挥重要作用。首先，文化发展应该是一个内容和形式协调共进的过程。文化的内容通过各种形式表现出来，这些形式主要包括语言文字、艺术表现、生活习俗、家居建筑等等。通过旅游这个媒介，文化表现形式得到了发展和创新，其蕴含的内容也通过旅游者的鉴赏得到传播和发展，文化发展的内容和形式有机地匹配在一起，实现了二者的协调共进。其次，文化发展应该是一个继承和摒弃共同存在的过程。通过旅游这个平台，提供了让广大社会公众自发地、共同地了解传统文化内容的机会，使人们对传统文化的重新审视和整体把握建立在符合社会公众的整体需求之上，从而为传统文化的继承与扬弃提供了时代标准。此外，旅游对文化发展最直接的作用表现为，它将文化资源转化为社会大众可以消费的商品，随之又为文化的发展提供了资金。在发挥旅游对文化促进作用的同时，必须注意到，旅游自身的发展并不会带来对文化资源的自觉保护。因此在发展旅游的过程中，应提高对保护文化资源的认识，做到合理开发利用，实现旅游与文化双赢。合理地开发利用文化资源是旅游的可持续发展之道。合理开发利用文化资源的关键是要保持文化资源持有者的主体地位。这个主体地位既表现在经济利益的获取上，也表现在文化的保护创造发展上。文化的保护创造发展都要以当地群众为主体，使保护创造发展的文化仍然是本来的文化，而不是仅仅为吸引游客生造出来的"伪文化"。

（二）学术研究与大众普及的兼顾

传统文化的传承必须做到学术研究和大众普及的兼顾。一方面，调动各地、各级学术界参与传统文化传承的积极性，使之深入研究，为传统文化的继承提供学术保障。另一方面，调动民众的积极性，让传统文化的继承和发展成为自觉的民间行为。

1. 加大学术研究的力度

传统文化的传承首先离不开深入的学术研究。只有通过学术界的深入研究，才能剔除糟粕，吸取精华，正确认识和把握传统文化，才能更好地弘扬传统文化。

2. 加快大众普及的进程

传统文化博大精深，然而，传统文化在大众中的普及度还不够。大众虽然生活在具有深厚传统文化的大地上，被传统文化包围着，但是对传统文化的精髓知道的还是很少的，这是不利于传统文化继承和发展的。传统文化的传承离不开传统文化在大众中的普及。即要求各个阶层、各类群体社会成员的积极参与，每一个社会成员，不论其身份、地位和职业如何，都能认同传统文化，并且都应以适当的方式致力于传统文化的继承和发展。广泛普及优秀传统文化，让传统文化的继承与发展成为自觉的民间行为，使传统文化变成民众的精神食粮，加快传统文化大众普及的进程。

（三）传承内容的符号化

符号是什么？维基百科中将符号定义为"在一种认知体系中，符号是指代一定意义的意象，可以是图形图像、文字组合，也不妨是声音信号、建筑造型，甚至可以是一种思想文化、一个时事人物"。总之，它是从自然基础上构筑的第二性的、派生的模式化的内容。这个性质一方面意味着在抽象、创造文化符号的过程中，人的想象力和创造力有无尽的发挥空间，另一方面符号是一种抽象的东西，它可以通过最现代的手段传播及派生。文化符号化是什么？所谓文化符号化是文化的物化，即把较为抽象的文化内容用具体的物象来表示。通过文化物化构成的文化体系要让文化传播形成一种气势。

在传统文化继承和发展的过程中，由于中国文化的博大精深，因此传承过程中有一定的难度。为了让传统文化更好地、更快捷地深入人心，让传统文化的内容有相应的物质载体，如城市的公共场所、小区建设、街道名称甚至道路、桥梁的建设都要容纳、渗透传统文化内涵，使之成为优秀传统文化的符号显得尤为重要。也只有通过传统文化的符号化，才能加速其发展，扩大其普及范围，进而提高文化竞争优势。由于城市和乡村有着迥异的文化传承方式、特征和主体，因此下文就城市和乡村的传统文化符号化分别加以研究。

1. 城市传承传统文化的符号化

就目前城市的市政建设来看，大多具有现代或西方气息，传统文化内涵的凸显还不够。就我国大部分城市的街道命名来看，几乎都是千篇一律：和平路、文明路、建设路、劳动路等缺少传统文化内涵的名字。当然，这样的命名无可厚非。但是，如果从传统文化的继承角度或者从一个城市的文化品位、文化底蕴来说，这样的命名还是需要商榷的，毕竟一个城市有一个城市的内涵、历史和文化积淀。经营城市不仅要重视高楼大厦的建设，还要重视城市传承的文化积淀，要将城市文化经营好，用城市已有的传统文化资源来促进经济的发展。

通过将传统文化符号化，使一个城市的传统文化向人们的生活深处渗透，进而向人们的心灵深处沉浸，使文化与城市的现在与永久的未来相生相容，永久地影响着一个城市。

2. 农村传承传统文化的符号化

农村是传统文化存续的主要空间，而传统文化则是新农村文化的根基。近年来，一些地方在村庄建设中，不少老村庄因为拆迁等诸多原因已渐趋消失，古民居、古祠堂、古石刻、古桥、古井等文化遗址也不复存在，一些具有乡村自然生态文化特色的村庄也逐渐被一个个千篇一律、面孔雷同的村庄所取代。为了优秀传统文化在农村得到更好的继承与发展，将传统文化的内容符号化是比较可行的一个措施。

通过农村传统文化的符号化，解读出它的历史年轮、演变规律，尤其是内在的精神意蕴，确保有效传承。

（四）传承模式的日常化

传统文化因其大众化的特点而与民众生活紧密联系、不可分割。所谓传承模式的日常化就是要凸显传统文化在民众日常生活中的普遍性和广泛性。传统文化不仅仅是在课堂里、书本中学习和研究的文化符号，还应当变成一种能够不断地向民众日常生活的各个领域推延、扩展的内在力量。传承传统文化需要建构一种能够对传统文化资源进行转化、传播的有效机制，让传统文化具有恒久价值的经典内容进行复制与"拷贝"，使其家喻户晓。充分挖掘传统文化中的优秀因子，将它们转化成不同类型、不同样式的艺术作品，通过电影、电视、漫画、网络游戏等现代媒体技术形式进行广泛传播。用传统文化将不同社会群体的思想聚合在一起，以这种方式来提高不同社会群体的文化共识，使那些在艺术的审美与文化的消费领域相对自由的个性取向在对文化身份的认同中得到整合，进而建构公众对于传统文化的普遍共识。传统文化只有实现传承模式的日常化，与广大民众的日常生活紧密联系，才能突破因经典厚重而易被"束之高阁"的命运，以鲜活的生命和永久的魅力在民众的日常生活中得以世代传承。

第二节　提升中国优秀传统文化的竞争力与影响力

文化交流使得许多不同性质、形态的文化相互交流、相互学习、相互包容、相互借鉴，在碰撞中产生出一种全新的更高层次性质的文化形态。"文化一旦产生，首先开始在民族内部传播，继而传播到民族地区以外去，这就形成了文化交流。文化交流是推动社会前进的动力之一。"当今世界最显著的特征莫过于全球化，不管人们欢喜还是厌恶，全球化的浪潮已经席卷到世界的每一个角落，推动世界绝大多数的国家和民族发生剧烈的动荡和变化。全球化推动了世界各民族的文化交往，使文化对话和交往在现代高科技基础上迅速发展，使文化开放潮流不可抗拒。因此，中国进一步加大传统文化走出去力度，走向世界，加强与世界各民族文化的交流与交往，中国优秀传统文化才有更强的辐射力、影响力和生命力。没有世界竞争能力和扩张能力的文化，终究会归于被影响和被融合。同时在走出去的过程中，还要牢固树立文化安全意识，抵御文化霸权，保持中华民族传统文化的独特性与单一性。

一、推广中国优秀传统文化

文化起源于交往实践。马克思指出："语言也和意识一样，只是由于需要，由于和他人交往的迫切需要才产生的。"改革开放以后，中国打开国门，实行自由开放的市场经济政策，从此中国经济、社会、政治、文化等方面取得了巨大成就，中华民族逐渐屹立于世界东方，全世界都开始将眼光聚焦在中国。所以在当代，中国优秀传统文化传承面临近现代以来前所未有的大好时机。所以我们要加大实施中国优秀传统文化走出去和引进来的力度，积极向世界推广和传播中国优秀传统文化。

二、树立文化安全意识

国家文化安全，是一个涉及国家民族文化主权、文化形象、民族精神创造力、综合国力以及国家长治久安的战略性问题。在全球文化日益多元化发展的今天，文化安全更加成为影响和制约民族国家生存和发展的重要战略安全中非常重要的一部分。虽然和平与发展成为当今世界的主题，但是在经济全球化的冲击下，当前我国文化发展依旧面临非常复杂的形势："既要参与经济全球化的历史进程，又要抵御西方国家推行的文化霸权和文化殖民即全球化进程中强势文化形成的超时空、跨地域的浪潮，正在有力地冲击着以民族国家为基础的世界文化存在的全部合法性与合理性"。既要大力传承中国优秀传统文化，又要应对处理好我国社会向现代转型过程中的西方落后腐朽价值理念和文化商品化倾向在中国思想心理、文化领域的渗透和冲击。因此，文化安全是国家安全综合体系中一个非常重要的组成部分，对于确保和维护国家政治、经济、军事等各项安全具有非常重要的意义。

后　记

　　中华优秀传统文化是中华民族数千年思想观念、价值理念、道德情操等的凝聚，是中华民族的根与魂。因此，传承和发展中国传统文化具有十分重要的社会价值及现实意义。对此，本书主要研究了中国优秀传统文化的传承与发展，探究其发展与传承的意义、路径等，分析在长期的历史发展中，中华民族以"崇尚道德"和"礼仪之邦"的精神文明；研究中国优秀传统文化中的爱国、诚信、厚仁、重义、敬亲、贵和、求新、好学、勤俭、奉公等美好道德。

　　中国优秀传统文化经过数千年的不断陶冶、实践和发展，已经融入中华民族的血脉，成为中华民族精神的一个不可分割的组成部分。对于中华民族的这些传统道德，只要我们能够用马克思主义的历史唯物主义的态度，吸取其精华、批判其糟粕，传承其美德，抛弃其局限，并力求在新的市场经济条件下赋予其新的社会主义的时代精神，就一定能够成为先进文化建设的重要内容，进一步提高广大人民群众的思想道德水平，有利于公民道德建设的发展，有助于"以德治国"的实施。

　　本书在撰写过程中参考和借鉴了有关专家、学者的研究成果，在此表示诚挚的感谢！由于作者水平有限，书中难免存在疏漏与不妥之处，欢迎广大读者给予批评指正！

作者
2023 年　月

参考文献

[1] 秦海燕. 优秀传统文化的传承与创新 [M]. 长春：吉林出版集团股份有限公司，2018.

[2] 陆通. 中华优秀传统文化与文化自信 [M]. 长春：吉林出版集团股份有限公司，2018.

[3] 张斌. 中国传统文化概论 [M]. 长春：吉林出版集团股份有限公司，2020.

[4] 张义明，易宏军. 中国传统文化概论 [M]. 西安：西北大学出版社，2019.

[5] 王淑卿. 文化自信视域下传统文化的传承发展研究 [M]. 长春：吉林出版集团股份有限公司，2020.

[6] 马俊平. 中国古代文学与优秀传统文化精神的传承 [M]. 长春：吉林出版集团股份有限公司，2019.

[7] 张康有. 中华优秀传统文化与马克思主义 [M]. 重庆：重庆出版社，2019.

[8] 费君清，刘家思，朱小农. 中华优秀传统文化论丛 [M]. 杭州：浙江工商大学出版社，2020.

[9] 汤一介，乐黛云，杨浩. 中国传统文化的特质 [M]. 上海：上海教育出版社，2019.

[10] 李安增. 马克思主义与中国传统文化研究 [M]. 济南：齐鲁书社，2020.

[11] 亓凤香. 中华优秀传统文化融入思政课教学研究 [M]. 长春：吉林大学出版社，2020.

[12] 任继愈.中国传统文化的光明前景 [M].上海：上海教育出版社，2020.

[13] 杨敏.历史传统文化传承与发展 [M].长春：吉林大学出版社，2018.

[14] 李欢，张杰，曾菊.中华优秀传统文化与青少年教育研究 [M].长春：吉林大学出版社，2020.

[15] 陈尧.中国传统文化与时代践行研究 [M].北京：中国商业出版社，2020.

[16] 李文军，李彦青.传统文化教育现代课程方法 [M].济南：山东大学出版社，2021.

[17] 杜茜."一路一带"视野下中国传统文化的传承与发扬 [M].北京：中国商业出版社，2018.

[18] 荣跃明，郑崇选，饶先来.当代中国文化发展的逻辑 [M].上海：上海人民出版社，2019.

[19] 汤忠钢.传统文化与人文精神 [M].北京：光明日报出版社，2020.

[20] 陈晓霞.新时代传统文化创新性发展研究 [M].北京：中国国际广播出版社，2018.

[21] 吴江.中国传统文化的思想政治教育价值研究 [M].北京：北京理工大学出版社，2019.

[22] 李丹.中国优秀传统文化 [M].长春：东北师范大学出版社，2020.

[23] 邢娜，白宁.中国优秀传统文化与语言文学 [M].长春：吉林出版集团有限公司，2020.

[24] 从云飞.中华优秀传统文化 [M].北京：华文出版社，2021.

[25] 张忠纲.中华优秀传统文化 [M].济南：山东文艺出版社，2019.

[26] 姚倩倩.优秀传统文化传承与创新研究 [M].北京：中国纺织出版社，2021.

[27] 王卫平.中华优秀传统文化 [M].苏州：苏州大学出版社，2018.

[28] 翟博.中华优秀传统文化教育导论 [M].西安：陕西师范大学出版社，2020.

[29] 中国孔子基金会.儒家文化与中华优秀传统文化 上 [M].济南：齐鲁书社，2018.

[30] 冯雪燕，王永红.中国优秀传统文化概论 [M].北京：新华出版社，2022.

[31] 隋子群.中国优秀传统文化概论研究 [M]. 长春：吉林文史出版社，2020.